“筑黔”国际战略、绿色治理与区域国别“教学-科研”互构丛书

# 印度尼西亚概论

唐欢　编著

中国大百科全书出版社

图书在版编目（CIP）数据

印度尼西亚概论 / 唐欢编著 . -- 北京 : 中国大百科全书出版社 , 2025. 9. -- ISBN 978-7-5202-1942-6

Ⅰ. K934.2

中国国家版本馆 CIP 数据核字第 2025KJ2495 号

印度尼西亚概论

编　著　唐　欢

出 版 人　高世屹
策 划 人　赵　易
责任编辑　赵春霞
责任校对　宋　杨
责任印制　魏　婷
出版发行　中国大百科全书出版社
地　　址　北京市阜成门北大街 17 号　邮政编码　100037
电　　话　010-88390767
网　　址　http://www.ecph.com.cn
印　　刷　北京九天鸿程印刷有限责任公司
开　　本　710 毫米 ×1000 毫米　1/16
印　　张　15.5
字　　数　245 千字
印　　次　2025 年 9 月第 1 版　2025 年 9 月第 1 次印刷
书　　号　ISBN 978-7-5202-1942-6
定　　价　78.00 元

# 目　录

## 第二编 历史政治篇

## 第三编 社会文化篇



## 第四编 经济贸易篇

# 导 言

自2013年习近平主席提出“一带一路”倡议以来，国家多部门全面推进“一带一路”建设，努力加强与“一带一路”沿线国家和地区的政策沟通、设施联通、贸易畅通、资金融通、民心相通。截至2023年8月，我国与“一带一路”沿线152个国家、32个国际组织签署了200多份共建“一带一路”合作文件。为推动“一带一路”建设，我国对“一带一路”沿线国家和地区的知识需求更为迫切，以促进我国与相关国家和地区各领域的合作。2022年9月，国务院学位委员会将“区域国别学”确定为《研究生教育学科专业目录（2022年）》第14类交叉学科的一级学科，授予经济学、法学、文学、历史学学位。有关“一带一路”沿线区域和国别情况的教材急需补充。本教材也是基于此付诸笔墨。

印度尼西亚（Indonesia）区域/国家称谓由希腊语印度（Indus）+岛屿（nèsos）合成，意为印度群岛。[①] 但该名称并不古远，最早只能追溯到18世纪。20世纪初，荷兰仍称印度尼西亚殖民地为东印度群岛，执政中心在巴达维亚（今雅加达），但其他国家学术界已通用印度尼西亚的叫法。印度尼西亚民族主义者以此伸张政治诉求，独立建国后，称为印度尼西亚共和国（Republik Indonesia），简称“印尼”，是单一的共和制国家，政治权力集中于总统和中央政府。中国古代对今印度尼西亚区域称谓很多，最早见于《后汉书》，对该地的称谓有诃陵、阇婆、三佛齐等。及至元代，南洋爪哇国名逐渐普及。《元史·外夷三》、《明史·列传·外国五》、汪大渊《岛夷志略》都有专述。[②]

---

① Tomas Tom Tomascik, AJ Mah, A. Nontji, MK Moosa, *The Ecology of the Indonesian Seas-Part One*. Hong Kong: Periplus Editions, 1996.

② 史为乐：《中国历史地名大辞典》，北京：中国社会科学出版社，2005年，第446页。

印度尼西亚有着重要的地缘战略地位。印度尼西亚地处太平洋、印度洋，欧亚大陆与澳大利亚大陆交汇之处，印度尼西亚的苏门答腊岛就在马六甲海峡南岸，控制着全球海上交通十字路口，是“21世纪海上丝绸之路”的必经地带。我国与印度尼西亚友好合作，对我国的海上贸易、“一带一路”合作、国际关系乃至国家安全，都具有重要的战略意义。

印度尼西亚有着重要的文化地位。印度尼西亚有着“万岛之国”的美称，有特殊的生态环境和历史文化，有数百上千种民族和语言，且其自古以来先后深受古印度文明、阿拉伯文明、中国文明、西方现代化文明的影响，是全球各种文明的汇聚之地，这使之拥有丰富的民族、宗教、文化多样性。不同的民族、宗教和文化在这里交融共存，加强印度尼西亚的文化研究与学习，或对构建人类命运共同体，具有重要的启发意义。

印度尼西亚有着重要的经济地位。印度尼西亚是东南亚（东盟）经济规模最大的经济体，也是东南亚唯一的二十国集团成员国家，还是经济高速发展的“亚洲四小虎”之一。2022年，印度尼西亚国内生产总值排名东盟第一、亚洲第五、全球第十六，属于中高收入水平国家。印度尼西亚人口数量排名世界第四、东南亚第一，巨大的人口规模使之有着巨大的消费市场，其独特的自然、人文资源优势，也使其农林渔业、能源产业、采矿业、制造业、旅游业有着重要的经济地位。

印度尼西亚是我国“一带一路”倡议中重要合作伙伴和全面战略合作伙伴之一，与我国签署了“一带一路”和“全球海洋支点”建设备忘录，中印尼友好合作对于全面推进“一带一路”建设和构建“中国—东盟命运共同体”，都具有极其重要的作用。

基于区域国别学学科建设的需求，本教材共分为四编十五章，全面介绍印度尼西亚的生态、政治、经济、文化概况：

第一编为人文地理篇。该篇分为“人种起源”“民族分布”“地理生态”和“自然资源”四章。第一章“人种起源”，介绍印度尼西亚原始人类化石的考古发现，以及现代印度尼西亚人的来源。可知印度尼西亚在100多万年以前已经出现直立猿人，这些原始居民与后来从东西两条路线先后南下而来的原始马来人和新马来人融合形成今天的印度尼西亚人，且部分印度尼西亚人与中国有着深厚的历史和血缘渊源。第二章“民族分布”，介绍了印度尼西亚的民族数量和人口，着重介绍了印度尼西亚主要民族的分布地区、人口比例、语言和文化。印度尼西亚主要民族包括爪哇人、巽他人、马来人、马都拉人、巴塔克人、米南佳保人、贝塔维人、布吉人、万丹人、班查尔人、亚齐人、巴厘人、达雅人和华人。第三章“地理生态”，介绍了印度尼西亚如今的地理形态及其形成的时间和过程，以及印度尼西亚的地质和气候等生态环境。第四章“自然资源”，介绍了印度尼西亚的能源与矿产资源，包括石油、天然气、煤炭、金属矿产资源的储量与开采情况；介绍了印度尼西亚的森林与栽培作物资源，包括名贵木材、经济作物、粮食作物与水果等；介绍了印度尼西亚的珍稀动植物，包括苏门答腊虎、爪哇独角犀牛、婆罗洲猩猩、科莫多巨蜥、苏拉威西黑冠猴、尸香魔芋等；还介绍了印度尼西亚的水资源与水产资源，包括河流、湖泊、水产等情况。

第二编为历史政治篇。该篇分为“原始社会”“古代王国”“西方入侵统治历史”“民族国家建构”四章，概述了印度尼西亚古往今来的社会组织形态和政治历史文化。第五章“原始社会”，介绍了印度尼西亚古代国家出现之前的原始群时期、氏族公社时期和农村公社时期的社会形态。第六章“古代王国”，将印度尼西亚的古代王国时期分为两个阶段，前期是印度教和佛教信仰轮替的时期，后期是伊斯兰教王国时期，分别介绍了印度尼西亚地区重要的古代王国的起源、发展与消亡的历史过程；信仰印度教与佛教的古代王国，包括古戴王国、达鲁玛王国、巽他王国、室利佛逝王国、前马达兰王国、谏义里王国、新柯沙里王国，以及满者伯夷王国；信奉伊斯兰教的古代王国，包括琼帕王国、佩拉克苏丹国、苏门答腊巴赛苏丹国、亚齐苏丹国、淡目苏丹国、马达兰苏丹国、万丹苏丹国，以及日惹苏丹国。第七章“西方入侵统治历史”，介绍了16世纪以来，印度尼西亚地区先后被葡萄牙、荷兰、法国、英国、荷兰、日本入侵或统治的历史。第八章“民族国家建构”，介绍了20世纪以来，印度尼西亚的民族国家建构历史过程，包括20世纪初印度尼西亚地区的民族解放运动，新思想的传入与政治组织的建立，印度尼西亚在日本统治时期的独立过程，日本投降以后面对荷兰殖民统治卷土重来的革命战争时期与短暂的联邦制，印度尼西亚共和国独立建国后第一任总统苏加诺执政时期的政治治理，第二任总统苏哈托“新秩序”时期的政治治理，以及苏哈托下台后的后“新秩序”时期的各任总统的政治治理情况。

第三编为社会文化篇。该篇分为“多元文化的历史形成”“物质文化”“非物质文化”三章。第九章“多元文化的历史形成”，介绍了印度尼西亚自古以来外来文化传入和融合的时间与传入方式和过程，如今印度尼西亚多元文化的现状，以及印度尼西亚“异中求同”的文化箴言。印度尼西亚外来文化的传入历史，包括印度文化的传入、中国文化的传入、伊斯兰教文化的传入，以及欧美文化的传入。“如今印度尼西亚多元文化的现状”部分，介绍了印度尼西亚的民族、语言、法律、宗教、政治、经济的多元化。第十章“物质文化”，介绍了印度尼西亚的饮食文化、服饰文化和居住文化。饮食文化介绍了印度尼西亚的饮食品种、饮食口味与结构、饮食方式与餐制、饮食禁忌，以及稻作文化等。服饰文化介绍了印度尼西亚的传统服装巴迪克、可巴雅、纱笼的特色与制作方法，以及装饰品中克里斯短剑的特色与制作方法。居住文化介绍了印度尼西亚颇具特色的爪哇人、巴厘人、达雅人、班加尔人、阿斯玛特人、托拉查人、萨萨克人、米南佳保人和巴瑶人的传统住房样式。第十一章“非物质文化”，介绍了印度尼西亚的风俗习惯、文学艺术、文化节日和世界级的人类非物质文化遗产情况。风俗习惯部分介绍了印度尼西亚主要民族的礼仪、生育习俗、成人习俗、婚姻习俗和丧葬习俗。文学艺术部分介绍了印度尼西亚不同历史时期的文学艺术的特色，包括古代时期、封建社会前期、封建社会后期、近代过渡时期、现代民族运动时期和民族独立时期。文化节日部分介绍了印度尼西亚法定的国家纪念日、民族节日和宗教节日的时间与文化内涵。人类非物质文化遗产名录部分介绍了印度尼西亚十二个人类非物质文化遗产的特色。

第四编为经济贸易篇。该篇分为“经济发展概况”“农业经济”“工业经济”“旅游经济”四章。第十二章“经济发展概况”，介绍了印度尼西亚的宏观经济概况和独立建国以来各阶段的经济发展情况。宏观经济概况部分介绍了印度尼西亚在世界上的经济地位、经济资源、产业结构和发展短板。各阶段的经济发展情况部分，根据印度尼西亚前副总统布迪约诺（Boediono）亲自撰写的《历史大变局中的印尼经济》，介绍印度尼西亚 1950—1965 年经济巩固、停滞、恶性通胀时期，1966—1968 年政治稳定时期，1969—1981 年经济建设和石油红利时期，1982—1996 年摆脱石油依赖和建设非油气产业时期，1997—2004 年亚洲金融危机时期，2004 年以来的经济复兴、危机和出口“繁荣”时期等六个时期的经济发展情况。第十三章“农业经济”，介绍了印度尼西亚的农业资源，主要的粮食作物稻谷、玉米、大豆和木薯的生产情况，主要的经济作物棕榈油、天然橡胶、咖啡、可可、椰子、茶、甘蔗的生产情况，以及印度尼西亚的土地政策、粮食政策、农业投资政策、农村政策和农民文化技术培训政策等的制定情况。第十四章“工业经济”，介绍了印度尼西亚的自然资源、人力资源、市场资源、基础设施等情况，印度尼西亚的能源工业、冶金工业、制造工业、采矿业、化工工业、建筑材料工业、食品 / 食品加工工业和消费品工业等工业生产的情况，以及印度尼西亚的工业发展政策制定情况。第十五章“旅游经济”，介绍了印度尼西亚的自然景观和文化景观等旅游资源的情况，印度尼西亚特色的旅游资源开发情况，印度尼西亚特色的旅游资源开发的问题，以及印度尼西亚的旅游政策制定情况。

希望本教材可以为我国培养了解东南亚区域、印度尼西亚国家的区域国别学专业人才略尽绵薄之力，以期促进我国与印度尼西亚乃至东南亚各领域的合作与发展。但由于个人水平所限，加上时间仓促和资料不足，书中错误、遗漏之处在所难免，敬请读者特别是同行专家不吝批评指正。

**唐欢**

**2025 年 7 月**

# 第一编

# 人文地理篇

# 第一章　人种起源

印度尼西亚人口数排名世界第四，现有 2.81 亿人口，拥有悠久的历史文化，是人类最早的发祥地之一。印度尼西亚文化史学家索莫诺（Soelmono）引用考古成果确认爪哇岛在第四纪已有人类活动，属亚洲最古老的人种之一。这些古人类化石显示东爪哇 200 万年前曾有“惹班猿人”，直立人在百万年前出现。“爪哇猿人”留有 70 万—50 万年前骸骨。现代智人约 4.5 万年前出现并构成印度尼西亚原始先民，包括早期的尼格利陀人（Negritos）——“小黑人”原住民，中期东来的维达人（Vedda），后期南来的马来西亚人（Malaysian）。而今印度尼西亚人口中，除了新几内亚岛上的部分原住民外，绝大多数的人都是外来移民的后代。从人种分类来看，如今印度尼西亚人中绝大多数人口为蒙古人种，另有少数人口为赤道人种东支——澳大利亚人种（包括巴布亚类型、美拉尼西亚类型、维达类型和尼格利陀类型），以及混合类型人种——蒙古人种与赤道人种的混合类型、赤道人种与欧罗巴人种的混合类型。

## 第一节　考古发现

19 世纪末以来，古人类学家和考古学家等纷纷在印度尼西亚寻找早期人类的遗存，先后发现“瓦查克人”“爪哇直立猿人”“梭罗人”“惹班猿人”“古爪哇魁人”“弗洛勒斯人”等古人类化石。[①]

① 参见汤平山:《印度尼西亚》，北京：当代世界出版社，1998 年；梁敏和:《印度尼西亚史纲》，广州：世界图书出版广东有限公司，2019 年。

## 一、瓦查克人

1889—1890年，荷兰古人类学家、解剖学家尤金·杜布瓦（Eugène Dubois，1858—1940）在印度尼西亚中爪哇多隆阿贡附近的瓦查克发现一个完整的原始人类的头盖骨化石和一些碎片，它们被称作“原始澳大利亚人”，又被称作“瓦查克人”。据考查估计，“瓦查克人”可能生活在1.2万—4万年前，其脑容量已经与现代人完全一样，已经进入“真人”阶段，为“晚期智人”。有些学者认为“瓦查克人”可能就是马来－印尼人种。

## 二、爪哇直立猿人

19世纪末以来，在中爪哇附近还陆续发掘了直立猿人的化石。最早是杜布瓦于1890—1892年在中爪哇梭罗河谷的特里尼尔（Trinil）附近发现的古人类化石，包括下颌骨、头盖骨、大腿骨等。杜布瓦1894年将之命名为“直立猿人”，后来古人类学家和考古学家将之称为“爪哇直立猿人”或简称“爪哇人”。杜布瓦最初认为其是现代人的祖先，但因没有发现与之共生的文化遗物，未得到科学界公认。杜布瓦后来受外界压力的影响改变了看法，认为这是一种已经灭绝的大型长臂猿，与人的进化系统无关，并坚持这种观点直到去世。

直到在我国北京发现与爪哇直立猿人同阶段的“北京人”化石后，科学界才普遍承认爪哇直立猿人是早期人类的真正代表之一。20世纪30年代后，荷兰古人类学家孔尼华（G. H. R. von Koenigswald）和印度尼西亚古人类学家雅各布（Jacob）等，又在梭罗河畔特里尼尔附近的桑义兰（Sangirang）发现了20多个古人类化石材料标本。1938年，考古学家还在这里发现了爪哇直立猿人制作和使用的石器工具。1969年，一位农民耕种时意外发现了一个头盖骨，这是爪哇直立猿人化石中保存最完好的，也是唯一的一块成年男性的头盖骨化石。

学者们从出土的头盖骨和腿骨推断，爪哇直立猿人存在于50万—70万年前。从头盖骨的构造来看，爪哇直立猿人早期成员脑容量约为900毫升，数值低于“北京人”，多于类人猿，晚期成员脑容量达到1200毫升左右，结构更加复杂，表明爪哇直立猿人已经有了相对复杂的文化行为。头盖骨还显示其大脑左右两个半球出现不对称性，表明爪哇人可能已经掌握了有声语言的能力。从腿骨来看，爪哇直立猿人的股骨的形态同现代人极为相似，骨干直，骨脊突起，股骨头浑圆，已经能够完全直立行走。从手骨来看，爪哇直立猿人的上肢已发展为手。结合在骨骼化石附近发现的粗糙的石器工具，可确定爪哇直立猿人是生活在旧石器时代早期的原始人类。

### 三、梭罗人

1931—1941 年，荷兰古人类学家孔尼华和考古学家欧普恩诺斯（W. F. F. Oppennoorth）等人在距离特里尼尔不远的梭罗河畔昂栋（Ngandong）发现了 12 个头盖骨和 2 根胫骨，对比可知是与爪哇直立猿人不同的古人类化石，这些化石被称为“昂栋人”，又因在梭罗河边发现，故被称为“梭罗人”。梭罗人存在于与爪哇直立猿人同期或较晚时期，形态与爪哇直立猿人大致相似，但有着进一步进化的特征。如梭罗人头盖骨壁较厚，眉脊分开，前额倾斜，脑容量 1150—1300 毫升。考古学家还在这里发现了许多石器和骨器，包括石斧、骨质的鱼叉、鹿角农具等，还发现了用这些工具的痕迹。依据这些特点，科学界一般认为梭罗人属于“早期智人”阶段。

### 四、惹班猿人

1936 年，古人类学家和考古学家在东爪哇惹班附近发现的“惹班猿人”化石，是在印度尼西亚发现的最古老的古人类化石。有学者估计，惹班猿人出现在 200 万年以前。但多数学者估计，惹班猿人生存在约 35 万—45 万年以前，或 60 万年以前。

### 五、古爪哇魁人

1941 年，考古学家在梭罗河畔的桑义兰附近发掘出一个下颚骨化石。从其臼齿看，该化石已具有人的特征，但猿的特征还很明显，被命名为“古爪哇魁人”，估计生存在 60 万年以前。也有学者认为古爪哇魁人即“爪哇直立猿人”，只是不同学者命名不同。

### 六、弗洛勒斯人

2004 年 10 月，一队印度尼西亚和澳大利亚人类学家，在印度尼西亚弗洛勒斯岛的梁布亚（Liang Bua）洞穴中，发现了一名古人类女性的头骨和部分骨架化石，将其命名为“弗洛勒斯人”。该女性骨骼化石身高仅 1 米左右，刚开始科学家判断其为一名古人类儿童的遗骸，但后来发现化石的牙齿磨损严重，研究显示这名女性已有 20 岁，化石约有 15000 年的历史。从该头骨化石来看，弗洛勒斯人的脑容量约 426 毫升，相当于现代人脑容量的三分之一，但其脑前叶非常发达，证明其推理能力较强，能够制造一些精巧的工具。结合其身高特色，弗洛勒斯人又被称为“穴居矮人”“小矮人”。最新研究推测，弗洛勒斯人早于 175 万年前于非洲发迹，他们在迁移时被海啸冲走流转到弗洛勒斯岛上生存。

## 第二节 人口起源

印度尼西亚诸岛人口的起源有两种说法：一是“非洲起源”说，推测百万年前的先民从非洲经亚洲南缘经马来半岛抵达印度尼西亚诸岛；二是“本地起源”说，认为印度尼西亚人在当地进化。结合考古发现，实际情况更可能是两源综合。如爪哇直立猿人、梭罗人为印度尼西亚本地祖先，而弗洛勒斯人大概率是经各种情况抵达的非洲先民。印度尼西亚最早人种是东南亚古老人种尼格利陀人、南亚的维达人和太平洋群岛的美拉尼西亚人等原始居民。印度尼西亚当前人种主要由当地原始居民特别是尼格利陀人与印度东来的印欧人及中国南下的蒙古人种暨印度 – 马来人混合而成。①

大约在公元前 1500 年，讲“太平洋中南诸岛语族”语言的原始马来人因自然灾害或战事沿两条路线向印度尼西亚大量移入：一条从中国西南滇桂大陆

---

① 参见 Soelmono. *Pengantar Sejarah Kebudayaan Indonesia 1*. Yogyakarta: Penerbit Kanisius, 1973；史蒂文・德拉克雷:《印度尼西亚史》，郭子林译，北京：商务印书馆，2009 年；梁敏和、孔远志:《印度尼西亚文化与社会》，北京：北京大学出版社，2002 年；林惠祥:《南洋马来族与华南古民族的关系》，《厦门大学学报（社会科学版）》，1958 年第 1 期，第 189—213、215—221、223—234 页。

入中南半岛，再经暹罗（今泰国）到马来半岛并越过马六甲海峡到达苏门答腊岛，再扩散到其他岛屿；另一条从东亚闽粤沿海到菲律宾，再到印度尼西亚加里曼丹、爪哇诸岛。这批人到达印度尼西亚时，当地已有尼格利陀人和维达人居住。尼格利陀人和维达人受压逃到偏远地区或与原始马来人通婚混血。公元前 200 年到公元 300 年，又有新马来人从亚洲南部来到印度尼西亚，他们与原始马来人通婚形成后来的印度尼西亚民族主体。更古老的澳大利亚—美拉尼西亚人原住民则分布在新几内亚及周边更偏远地区。[①]

当今印度尼西亚人与中国有着深厚的历史渊源。大量学者研究指出，分批迁移而来的原始马来人与新马来人中有相当一部分人来自中国云南及相邻地区。如德国考古学家赫尔德林研究指出，印度尼西亚苏门答腊岛、爪哇岛、努沙登加拉岛和伊里安岛等地发现的方形、圆形石斧，是从中国南方传来的。印度尼西亚学者如萨尔托诺 · 卡尔托迪尔佐（Sartono Kartodirdjo）等，均在各自印度尼西亚民族史相关著作中指出，印度尼西亚人的祖先源于中国云南一带。

**思考题：**

1. 简述印度尼西亚人的人种起源。
2. 印度尼西亚人与中国有何渊源？

---

① 参见梁敏和：《印度尼西亚文化概论》，广州：世界图书出版广东有限公司，2014 年。

# 第二章　民族分布

当今印度尼西亚学界对“民族”概念使用严苛，对国内人群通常不称“民族”（Nationality）甚至不称“族裔”（Etnik），而是沿用殖民时期惯用的“部族”（Suku Bangsa）称谓。因此，印度尼西亚国内民族群体至今没有权威定数，政府也不用“民族”作为分类范畴，皆因担心民族识别会增强地方民族意识，进而影响国家整合。印度尼西亚政府将国内各族分为三类：部族、外籍人后裔、边远部落。不同部族各有自己的文化生态家园。外籍人后裔包括中国人、阿拉伯人、印度人、欧美人和其他印欧人混血后裔，其中阿拉伯人后裔同化最深，跟本土人区别仅在体态特征上。边远部落指生活在封闭环境里的原住民，他们仍操游耕渔猎生计，且用刀耕火种方式开垦山林，粗放种植水稻和芋头等块根作物。[①]不论部族、外籍人后裔或边远部落，本书均用“民族”称谓，与中国的“民族识别”“少数民族”中的“民族”同义。

希尔德雷德·格尔茨（Hildred Geertz）曾估算印度尼西亚民族群体300多个，语言超过250种，地方语言分三大语群：波利尼西亚马来语群，分布在印度尼西亚西部及中部岛屿;北哈马黑拉语群，分布在北马鲁古省及哈马黑拉岛；巴布亚语群，分布在安汶东部，苏拉—巴坎及南哈马黑拉巴布亚地区。[②]印度尼西亚某些网站和书籍称印度尼西亚有民族300多个，语言700多种。祖雅尼·希达雅（Zulyani Hidayah）1997年出版、2015年再版的《印度尼西亚部

---

① Syarif Moeis, “Pembentukan Kebudayaan Nasional Indonesia” , Disajikan dalam diskusi Jurusan Pendidikan Sejarah FPIPS UPI Bandung, 2009.

② Hildred Geertz. *Aneka Budaya dan Komunitas di Indonesia*, Penerjemah: A Rahman Zainuddin, Jakarta: Yayasan Ilmu-Ilmu Sosial dan FIS-UI, 1981.

族百科全书》中，罗列了印度尼西亚约700个族群部落名称。维基百科“印度尼西亚人口”词条指出印度尼西亚拥有族群超过1300个。

## 第一节　民族人口分布

根据祖雅尼·希达雅的《印度尼西亚部族百科全书》，印度尼西亚苏门答腊岛及周边岛屿分布有约100个民族；爪哇岛与巴厘岛分布有10个民族；加里曼丹岛及周边岛屿分布有约100个民族；苏拉威西岛及周边岛屿分布有100多个民族；马鲁古群岛分布有几十个民族；努沙登加拉群岛分布有几十个民族；西伊里安岛及周边岛屿分布有200多个民族；其他小岛有民族近百个。除了爪哇岛与巴厘岛，其他诸岛民族分布密集且复杂多样。

根据印度尼西亚中央统计局2010年人口普查数据显示，印度尼西亚人口总数约2.38亿人。其中人口最多的民族为爪哇人（Jawa），约9522万人，约占全国人口总数的40.1%。其他民族人口比例从高到低分别是，巽他人（Sunda）约占全国人口总数的15.4%，巴塔克人（Batak）约占全国人口总数的3.6%，马都拉人（Madura）约占全国人口总数的3.0%，贝塔维人（Betawi）约占全国人口总数的2.9%，米南佳保人（Minangkabau）约占全国人口总数的2.7%，布吉人（Bugis）约占全国人口总数的2.7%，马来人（Melayu）约占全国人口总数的2.3%，万丹人（Banten）约占全国人口总数的1.9%，班查尔人（Banjar）约占全国人口总数的1.7%，亚齐人（Aceh）约占全国人口总数的1.7%，巴厘人（Bali）约占全国人口总数的1.6%，萨萨克人（Sasak）约占全国人口总数的1.3%，达雅人（Dayak）约占全国人口总数的1.2%，华人（Cina）约占全国人口总数的1.2%。

根据印度尼西亚中央统计局2020年人口普查数据显示，印度尼西亚人口总数约2.70亿，比2010年上涨了3000多万，其中大约有55%的人口居住在爪哇岛。其中，民族人口占全国人口总数的比例和排名有所变化，从高到低分别是，爪哇人占42.65%，巽他人占15.41%，马来人占3.45%，马都拉人占3.37%，巴塔克人占3.02%，米南佳保人占2.72%，贝塔维人占2.51%，布吉人占 2.49%，万丹人占 2.05%，班查尔人占 1.74%，亚齐人占 1.66%，巴厘人占 1.51%，华人占 1.20%。

## 第二节　主要民族简介

### 一、爪哇人

爪哇人是印度尼西亚的主体民族，第一大民族，祖居地为爪哇岛，在苏哈托当政时期移民政策的影响下，爪哇人如今已扩散至印度尼西亚全境。爪哇人的祖先大约在公元前 5 世纪从亚洲大陆的南部来到爪哇岛，在公元 2 世纪至 3 世纪，建立起古代城邦国家，包括诃陵、阇婆、爪哇等王国，与中国友好往来，中世纪建立了满者伯夷帝国，拥有悠久的历史文化传统。

爪哇人的传统语言是爪哇语，属于南岛语系印度尼西亚语族，深受梵语的影响。公元 9 世纪，爪哇人在梵语的基础上创造了爪哇语，其中大约 10% 的词汇来自梵语。爪哇语词汇丰富，不同身份的人用不同的词汇用语，如根据身份等级有雅语、中等语和平民语的区别，其中雅语又分为宫廷用语和长者用语。男性用语和女性用语也有区别。如今爪哇语已成为民族方言，绝大多数人均使用印度尼西亚的官方语言印度尼西亚语。

爪哇人的宗教信仰多元且随着时代的改变而不断发生巨大的改变。爪哇人最早信仰原始宗教，包括自然崇拜、万物有灵论和祖先崇拜。后来爪哇人把原始宗教信仰与印度传入的印度教、佛教融合，形成独特的爪哇印度教、佛教信仰，如今在爪哇岛各处遗留着印度教、佛教建筑和神像，最著名的包括佛教的婆罗浮屠寺庙群和印度教的普兰巴南寺庙群，其中婆罗浮屠寺庙群已被联合国教科文组织纳入世界遗产名录。在 15 世纪西方殖民统治后，绝大多数爪哇人改信伊斯兰教，属于逊尼派。20 世纪中叶后，部分爪哇人又改信基督教。如今绝大多数的爪哇人信仰伊斯兰教，另有少数爪哇人信仰基督新教、天主教、印度教和佛教。如今爪哇人的宗教信仰仍然多样，在爪哇人的宗教仪式中还能见到原始宗教的影子，爪哇农村还流行着巫术，存在着巫师。如今爪哇人的割礼、婚礼和葬礼均按照伊斯兰教的教规传统进行，而其他节日、喜庆活动仍然受传统的印度教、佛教文化的影响。

爪哇人代表性的传统文化元素包括加美兰（Gamelan）音乐、爪哇舞蹈、巴迪克服装、哇扬皮影戏和印度尼西亚佩剑克里斯短剑（Keris）。其中，加美兰乐器、巴迪克的蜡染工艺、哇扬皮影戏和克里斯短剑均被联合国教科文组织选入了世界非物质文化遗产名录。

加美兰音乐是以金属的敲击乐器为主体的合奏音乐，包括锣、鼓、木琴、管弦乐器等，音乐典雅、柔和。加美兰音乐具有悠久的历史，在公元8世纪建设的婆罗浮屠寺庙群的浮雕上就有加美兰的一些乐器图形。

爪哇舞蹈多以加美兰乐器伴奏，舞蹈动作主要是保持两腿半蹲，上身直立，头部不随便摆动，眼睛视线向下，伴随手部的精细动作而动。爪哇舞蹈动作包括模仿动物动作，表现大自然和植物的动态，以及取材传统故事和爪哇皮影戏的内容等。爪哇传统舞蹈在1918年之前只在宫廷表演，之后开始在民间流行，分为宫廷体系、寺庙与节日祭祀体系和公众的娱乐体系等三大体系。

巴迪克是爪哇人的民族传统服装，拥有悠久的历史，公元5世纪的达鲁玛纳卡拉王国时期用染料制作的服装就是巴迪克的雏形，起初是爪哇皇室和贵族家庭专用的，后来蜡染工艺流入民间。如今印度尼西亚人在出席重要场合时也是多穿巴迪克服装。

哇扬皮影戏的角色主要是三维的木质人偶和平面的皮影人偶，其中皮影人偶一般由牛皮制作。皮影戏的表演内容多取材于历史故事、本土神话故事、古代印度史诗和波斯故事，通过艺术表演，传播哲学、道德、审美价值观念和针砭时事。

克里斯短剑形态独特，刀刃形态各异，总体而言是非对称形的直剑和波形剑，剑刃上还有形态各异的独特花纹，可以说世界上没有两把一样的克里斯短剑。克里斯短剑也拥有悠久的历史，一般用于宗教仪式、庆典饰品，也被用来当作护身符和传家宝。现在发现的最早的克里斯短剑，是满者伯夷王朝时期铸造的，但在婆罗浮屠和普兰巴南寺庙群的浮雕上已有类似克里斯短剑的形象。

爪哇人性格温和，待人热情，讲究礼貌，崇尚协商和互助的精神，自我控制和忍耐能力较强，对其他民族和外来文化极具包容性。爪哇人的这种包容、协商、合作、忍让的文化精神，是印度尼西亚在历史进程中不断吸收融合外来文化，形成其独特的多元文化的基础。

## 二、巽他人

巽他人是印度尼西亚的第二大民族，主要分布在爪哇岛西部和苏门答腊岛南部的高原地区，在爪哇岛中部、东部和加里曼丹岛、苏拉威西岛、巴厘岛和巴布亚岛也有少量分布。巽他人属于蒙古人种的马来类型，是新马来人与后来移民的混血后裔。巽他人曾建立了巽他王国、巴查查兰王国和万丹王国，也拥有悠久的历史文化传统。

巽他人的传统语言是巽他语，同样属于南岛语系的印度尼西亚语族，但与爪哇语有所区别。巽他语有自己的文字，原本使用爪哇字母，后来改用拉丁字母，而宗教用语使用阿拉伯字母。巽他语与马来语和爪哇语相似，和爪哇语一样拥有雅俗之分，会用不同的敬语来表达说话人的等级和对对方的敬重，但没有爪哇语那么复杂。巽他语是印度尼西亚使用人数第二高的区域民族传统语言，如今在西爪哇还定期举办巽他语的国际研讨会，不断丰富和发展巽他语，努力恢复以前使用的巽他语字母。

巽他人的宗教信仰也随着时代的改变而改变。巽他人早期也信仰原始宗教，信仰巫术、自然崇拜、万物有灵论和祖先崇拜，尤其崇敬自然力量和祖先神灵，这可在巽他人最古老的史诗故事中找到印证。巽他人崇拜稻米女神戴维·丝莉，认为她是主管稻米和生育的神灵。公元4世纪后，巽他人建立古代王国，开始信奉印度教和佛教，在考古遗址中均可以发现印度教、佛教的神庙遗迹。在15世纪到16世纪，伊斯兰教开始在巽他人中传播。1579年，信仰印度教的巽他王国被信仰伊斯兰教的万丹苏丹国所灭，伊斯兰教的传播加速，巽他人成为虔诚的穆斯林。18世纪后，因荷兰东印度公司和荷兰政府殖民统治，基督教开始在巽他人中传播，但传播成效不大。如今，巽他人仅有很少的人信仰基督教，大多数人信仰伊斯兰教，恪守伊斯兰教教义，同时仍保留了原始宗教和印度教、佛教的一些元素。

巽他人代表性的传统文化元素包括被称为巽他板顿的口述历史传颂和昂格隆竹筒音乐，两者均被联合国教科文组织纳入了世界非物质文化遗产名录。

巽他板顿是一种配合弦乐器的诗歌颂唱形式，经常用来讲述巽他人的民间传说故事，如当地大山大湖形成、神猴帮助人、巽他人古代王国，以及一位女孩和她的宠物金鱼间的故事等。通过口头的故事的颂唱，传颂巽他人建立的古代王国创造的盛世。

昂格隆是巽他人的传统乐器，结构主体用5根细竹条支撑，中间悬两根竹筒，演奏时只需要轻轻摇动，竹筒间碰撞会发出清脆悦耳的音乐。昂格隆演奏人数可以是十余人甚至上千人不等，被印度尼西亚人视为民族团结的象征，是印度尼西亚国宝级的乐器。

巽他人的生活习俗与爪哇人相似，主要从事农业耕种，种植水稻、旱稻和玉米，20世纪后开始种植茶、咖啡、椰子和橡胶等经济作物，也从事畜牧业和手工业，其中纺织业尤为突出。不同于爪哇人有浓厚的等级观念，巽他人讲求平等、保守、独立的观念。

### 三、马来人

马来人又称为“巫族”，是印度尼西亚原居族群之一，是新马来人的后裔，在印度尼西亚境内主要分布在苏门答腊岛和加里曼丹岛沿海地带。马来人曾在苏门答腊岛和加里曼丹岛上建立过诸多古代王国，包括末罗游王国、三佛齐王国（又叫“室利佛逝王国”）、坤甸苏丹国、锡亚苏丹国和廖内 – 林加苏丹国等，也拥有悠久的历史文化。

马来人的传统语言是马来语，属于南岛语系的印度尼西亚语族，是印度尼西亚语的前身，如今已经成为印度尼西亚官方语言。马来语曾用多种文字来书写，最早是借用爪哇语来书写，后来使用仁崇字母、卡维文、拉让文书写，20世纪前还用改良的阿拉伯字母书写，荷兰殖民后又用罗马字母书写。马来语中还有中国福建话借词和英语借词，如今印度尼西亚语与马来语在书写上几乎统一。

马来人的宗教信仰同样随着时代的变化而变化。马来人早期也是信仰原始宗教，包括自然崇拜、万物有灵论和祖先崇拜。后来印度教和佛教传入，马来人改信印度教和佛教，其中三佛齐王国曾是大乘佛教的中心之一。15世纪后，马来人逐渐改信伊斯兰教。如今大多数马来人信仰伊斯兰教，还有些马来人信仰印度教、佛教和原始宗教。

马来人的文化深受其他民族主要是印度人和爪哇人的文化影响，传统文化艺术与爪哇人相近。马来人具有强烈的封建等级制度观念，村长由平民担任，但区长多由贵族担任。马来人主要从事渔业和农业，以捕捞鱼虾和种植水稻和旱稻为生，现在也种植橡胶、椰子、咖啡、油棕等经济作物。

## 四、马都拉人

马都拉人也是印度尼西亚的主要民族之一，主要分布在印度尼西亚爪哇岛东部和马都拉岛等地区，少数分布在加里曼丹岛。

马都拉人的传统语言是马都拉语，属于南岛语系印度尼西亚语族，与爪哇语、巽他语、马来语接近。马都拉语传统上使用爪哇语书写，现在普遍使用拉丁字母书写。马都拉语分浊辅音和清辅音，而清辅音发音分送气和不送气两种，所以马都拉语辅音数量比周边的语言要多。马都拉语中名词没有文法意义上的性别区分，复数以双写来表达。

马都拉人的宗教信仰与爪哇人、巽他人、马来人相似，也随着时代变化而变化。马都拉人最早信仰原始宗教，包括自然崇拜、万物有灵论和祖先崇拜。15 世纪前，受爪哇古代佛教、印度教王国统治时，马都拉人信仰印度教、佛教。15 世纪以后，马都拉人逐渐改信伊斯兰教，属于逊尼派。如今多数马都拉人信仰伊斯兰教，少数人还信仰印度教、佛教和原始宗教。

马都拉人有着男人不进厨房的传统习俗，关于此还有一个古代传说。一个仙女下凡嫁给了一名马都拉男子，丈夫每天出门种田，妻子在家做家务，家中粮仓一直满满的吃不完。有一天，丈夫因进厨房帮忙揭开锅盖查看破了妻子的仙法，妻子因此无法再做饭而离开。从此，马都拉男人不再进厨房。

马都拉人主要从事农业，土地归村社集体所有，种植水稻、玉米、豆类、花生和烟草等。部分马都拉人从事畜牧业，饲养马、牛和山羊。沿海地带的马都拉人从事渔业和盐业。

## 五、巴塔克人

巴塔克人也是印度尼西亚主要民族之一，主要分布在印度尼西亚苏门答腊岛北部的多巴湖地区和西部地区，另有少数分布在爪哇岛西部地区。巴塔克人又分多个支系族群，包括托巴人、曼代林人、卡罗人、昂科拉人、代里人、西马隆贡人、阿拉斯人、可鲁特人、新葛吉尔人等。巴塔克人的历史文化记载不多，但学者推测，明朝资料中记载的百花国，宋朝资料中记载的婆达国，以及三佛齐王国曾经的属国拔沓国，可能都是由巴塔克人建立的。

巴塔克人的传统语言是巴塔克语，属于南岛语系的印度尼西亚语族，巴塔克语又分南、北两大分支和七种方言，被不同的支系民族使用。巴塔克语也有自己的文字，使用苏拉特巴塔克字母，是一种元音附标的文字，多用于历法和宗教仪式方面的记录，被神职人员使用。巴塔克文可能源自印度的婆罗米文，也有学者称其源自原始的苏门答腊文，受婆罗米文的影响而产生。

巴塔克人的宗教信仰也深受不同时代的政治历史的影响，如今，传统信仰、伊斯兰教信仰和基督教信仰各占三分之一。巴塔克人的传统信仰比较有名，是由巴塔克人的原始宗教信仰与印度教的婆罗门信仰融合而产生。巴塔克人将世界分为上、中、下三界，上界是神灵及祖先居住的地方，中界是人类生活的地方，下界是鬼怪和普通人死后居住的地方。巴塔克人具有浓烈的图腾崇拜意识，他们相信每个人有 7 个灵魂（最少有 3 个），其中一个永远在体外，推测可能寄存在某种动物或植物图腾之内，如果这个灵魂死亡，那么其人也会随之死亡。所以巴塔克人会特别尊崇某种动物或植物，认为他们是该动物或植物的后裔，死后灵魂会转生为该动物或植物。图腾崇拜的传统也体现在他们独特的饮食禁忌上，不同的巴塔克人会禁食某种动物或植物，原因主要有三个：一是这种动物或植物被其视为祖先，二是认为自身死后灵魂会转生成这种动物或植物，三是自身或祖先受过这类动物或植物的恩惠。巴塔克人中还存在着巫术，认为祭司与宗师拥有超自然的力量，可以进行医疗救治，并且能够预测未来。

巴塔克人主要从事农业、渔业和畜牧业，种植水稻、旱稻、玉米、咖啡、椰子、橡胶等。随着多巴湖旅游业的兴起，巴塔克人如今也发展观光旅游业，制作和贩卖传统手工艺品，如木雕、皮制品和贝壳制作的项链、手链等。

## 六、米南佳保人

米南佳保人也是印度尼西亚主要民族之一，主要分布在印度尼西亚苏门答腊岛西南部的巴东高原地区，又被称为“米南人”和“巴东人”。据传，米南佳保人的祖先自公元前500年从云南迁至苏门答腊岛居住。曾建立起两个古代王国，即哈尔玛斯拉雅王国（1183—1347）和帕加尔鲁荣王国（又称米南佳保王国，1347—1833）。

“米南佳保”意为“水牛的胜利”，当地人以此为族名是为了纪念斗牛的胜利。据传，在14世纪时，爪哇人建立的满者伯夷王国派遣舰队试图征服米南佳保人的土地，双方决定以斗牛的方式决定胜负。爪哇人派出一头强壮的水牛，米南佳保人派出一头还未断奶的小牛犊。米南佳保人将小牛犊饿了一天，并在小牛犊头上绑上尖刀。斗牛时，小牛犊奔到大水牛腹下找奶吃，小牛犊头上的尖刀刺进大水牛的肚子，最终小牛犊获胜。水牛成为米南佳保人部落的图腾，牛也是当地人的主要生产力量。但也有学者认为族名米南佳保其实是槟榔佳保（Pinang Kabau），是水牛部的槟榔氏族，因误传而变成Minangkabau（米南佳保人）。

米南佳保人的传统语言是米南佳保语，属于南岛语系的印度尼西亚语族，下分多种方言，与马来语颇为相似，但两者的关系还未明确。米南佳保语是北苏门答腊省的通用语，在亚齐特别行政区被称为“亚齐语”，但与真正的亚齐语有所不同。

米南佳保人的宗教信仰同样随着时代的变化而变化。起初米南佳保人信仰原始宗教，敬畏自然，以母系为中心，主张万物有灵论。后来受从印度传入的印度教、佛教影响，部分米南佳保人改信印度教、佛教。14世纪后，米南佳保人多改信伊斯兰教，属于逊尼派。如今米南佳保人中大多数人信仰伊斯兰教，但仍保留有印度教的教规习俗、艺术珍品和神话传说，也保留着万物有灵信仰，如在每年农作物收获前后会举行祭祀稻灵的仪式。米南佳保人依然遵循传统的习惯法“阿达特”，阿达特源于万物有灵论，这也是其能够保留母系氏族公社传统的根源。有一段谚语描写了米南佳保人的伊斯兰教与习惯法之间的关系:“传统习惯法基于伊斯兰教法，伊斯兰教法基于可兰经。”（adat basandi syara', syara' basandi Kitabullah.）在1821年到1837年，米南佳保人还发生了遵循习惯法的派系与伊斯兰教改革派系之间的战争，被称为巴德里战争。

米南佳保人仍然保留着母系氏族社会的特点，是世界上最大的保留母系氏族传统的民族。他们在婚姻上实行男嫁女娶，夫妻成婚后居住在女方家庭。米南佳保人社会最小单位是家族公房，由母系长辈与其女儿们、孙女们组成。财产与土地按照母系继承，传承给女儿，但宗教与政治事务还是多由男性掌握。

米南佳保人主要从事农业和商业，种植水稻、旱稻、玉米、咖啡、橡胶、甘蔗和烟草等作物，贩卖编织、木雕和金属等手工业制品。也有少数米南佳保人从事狩猎与渔业。

## 七、贝塔维人

贝塔维人也是印度尼西亚的主要民族之一，主要分布在印度尼西亚爪哇岛西北部的雅加达及相邻郊区，又被称为“巴达维亚人”。贝塔维人是印度尼西亚新融合形成的民族之一，形成于17世纪以后的荷兰殖民统治时期，荷兰殖民政府当局从印度尼西亚各地甚至其他国家向巴达维亚输入劳动力和奴隶。贝塔维人是当时到巴达维亚工作的各族群人们的后裔或混血后裔，包括巽他人、爪哇人、马来人、巴厘人、阿拉伯人、华人等。到19世纪末20世纪初，这个群体自称贝塔维人，1930年巴达维亚居民人口普查时首次将贝塔维列为一个族群类别。

贝塔维人的传统语言贝塔维语，是一种以马来语为基础的克里奥尔语，是爪哇岛北部地区使用的方言，有大量的闽南语、阿拉伯语和荷兰语的借词。如今贝塔维语是印度尼西亚使用最广泛的地方语言之一。

贝塔维人的宗教信仰具有多样性。其中约97.1%的贝塔维人信仰伊斯兰教，属于逊尼派，约2.2%的贝塔维人信仰基督教（1.6%信仰新教，0.6%信仰天主教），其余贝塔维人信仰佛教、印度教和其他宗教。伊斯兰教的信仰是贝塔维人文化和身份形成的主要因素之一，大多数贝塔维人都是虔诚的穆斯林。有些信仰基督教的贝塔维人声称他们是与当地人通婚的葡萄牙人的后裔。

贝塔维人的代表性文化艺术是贝塔维面具舞，这是一种结合舞蹈和戏剧的传统戏剧舞，由传统音乐和喜剧性的内容组成，呈现贝塔维人社区的日常生活。贝塔维人相信表演所戴的面具充满魔力。

## 八、布吉人

布吉人也是印度尼西亚主要民族之一，主要分布在印度尼西亚苏拉威西岛西南部地区，少数分布在苏拉威西岛其他地区、加里曼丹岛东南部地区和小巽他群岛部分地区，又被称为“武吉斯人”。布吉人也是印度尼西亚原始居民之一，大约在公元前2000年从中国南部地区迁移定居在苏拉威西岛西南地区，是新马来人的后裔。布吉人在14世纪时与望加锡人联合建立了一些小王国。

布吉人的传统语言布吉语，属于南岛语系印度尼西亚语族。布吉语同爪哇语、巽他语一样，不同的阶级会使用不同的表达方式。布吉语也有自己的文字，从14世纪开始就有用布吉语创作的文学作品，但如今原始的布吉语仅剩不到100个人能够辨认和理解。

布吉人的宗教信仰同样随着时代的改变而改变。布吉人早期也信仰原始宗教的万物有灵论，信仰萨满教。后来布吉人受从印度传入的印度教、佛教影响，改信印度教、佛教。17世纪后，布吉人改信伊斯兰教，也有少数布吉人因为婚姻等因素改信基督教。如今98.99%的布吉人信仰伊斯兰教，属于逊尼派，0.46%的布吉人信仰基督教，0.41%的布吉人信仰印度教，还有少数人信仰天主教、佛教和原始宗教。

布吉人的文化中比较特别的地方是其社会中存在着五种性别。布吉人将性别分为五种，分别是Oroané、Makkunrai、Calabai、Calalai、Bissu。其中Oroané、Makkunrai属于顺性别，代表生理性别、社会性别与自我性别认同一致。Oroané是男性，生理性别和自我认同性别均为男性。Makkunrai是女性，生理性别和自我认同性别均为女性。Calabai、Calalai属于跨性别，代表生理性别与自我认同的性别不一致。Calabai是生理性别为男性，但自我认同的性别为女性。Calalai是生理性别为女性，而自我认同的性别为男性。Bissu属于第三性，是指同时具有男性和女性的生理或心理特质的人，是一种抽象的性别，一般指萨满，他们拥有神力和与神沟通的能力。

布吉人主要从事农业和畜牧业，以种植水稻和饲养牛、马、羊为生。布吉人也擅长航海和经商，被视为航海民族。

## 九、万丹人

万丹人也是印度尼西亚主要民族之一，主要分布在印度尼西亚爪哇岛万丹省。万丹人曾是巽他人的一部分，后分离出来，成为不同的民族，曾建立万丹苏丹国。万丹人使用的语言属于巽他语的万丹方言。万丹人普遍信仰伊斯兰教，也有少数万丹人信仰其他的宗教，包括印度教、佛教、原始宗教。

万丹人的文化中比较有特色的是万丹蜡染，万丹蜡染是第一个拥有联合国教科文组织颁发的专利权的蜡染。万丹蜡染相较于其他蜡染更具有故事性和独特性，其图案多取自历史文物，并且每个图案中都有灰色元素。万丹蜡染图案蕴含丰富的哲学意义，体现在不同主题的命名上，如以苏丹国的空间布局命名，以具有不同意义的地名命名，以国王、王子、亲王的头衔命名等。

## 十、班查尔人

班查尔人也是印度尼西亚主要民族之一，主要分布在印度尼西亚加里曼丹岛南部和东南部沿海地区，又称“沿海马来人”，如今在加里曼丹岛邻近地区乃至文莱、马来西亚和新加坡也有少数人口分布。班查尔人主要由新马来人与移民而来的爪哇人、达雅人和布吉人混血而来。班查尔人曾建立班查尔王国等古代国家。

班查尔人的传统语言班查尔语同样属于南岛语系的印度尼西亚语族，与马来语相近，是印度尼西亚加里曼丹岛东部、中部和南部地区原住民的通用语言，其下至少有三种方言。

班查尔人的宗教信仰同样根据时代的变化而变化。班查尔人最早也信仰原始宗教，而后受印度教、佛教的影响改信印度教和佛教，15 世纪后逐渐改信伊斯兰教。如今大多数班查尔人信仰伊斯兰教，属于逊尼派，少数班查尔人信仰印度教、佛教和原始宗教。

班查尔人曾是达雅人的一部分，后来分离为不同的族群，但班查尔人与达雅人关系亲密，经常通婚，互有对方的血统。因此班查尔人的文化深受达雅人的影响，有些地区仍保留着原始氏族公社的传统。

班查尔人主要从事农业、渔业和手工业。农业种植水稻、胡椒、橡胶等作物。手工业主要制作珠宝、钻石首饰，因为当地拥有钻石矿源，班查尔人公开采钻石并制成首饰贩卖。

## 十一、亚齐人

亚齐人也是印度尼西亚主要民族之一，主要分布在印度尼西亚苏门答腊岛北部的亚齐特别行政区。亚齐人是新马来人与巴塔克人、爪哇人、尼亚斯人及印度人、阿拉伯人的混血后裔。亚齐人曾建立著名的亚齐苏丹国。

亚齐人的传统语言是亚齐语，属于南岛语系印度尼西亚语族，与马来语、米南佳保语和巴塔克语关系密切，至少有 10 种方言。亚齐语早期用阿拉伯字母的爪夷文书写，后来主要用拉丁字母书写。

亚齐人的宗教信仰同样随着时代的改变而改变。亚齐地区早期受印度教、佛教国家统治，亚齐人信仰印度教、佛教。亚齐地区是伊斯兰教在印度尼西亚传播的源头，自 12 世纪或更早已有穆斯林商人将伊斯兰教传到这里，亚齐人逐渐改信伊斯兰教，到 17 世纪强盛的亚齐苏丹国建立时，多数亚齐人成为虔诚的穆斯林。但亚齐人中也有少数人信仰基督教、天主教和原始宗教。

亚齐人的文化深受伊斯兰文化的影响。在其音乐、舞蹈、书法、雕刻、珠宝和礼仪等方面均能看到伊斯兰文化的元素。如今亚齐人是印度尼西亚穆斯林比例最高的民族，并且因为亚齐特别行政区特殊的自治地位而遵循伊斯兰法制。亚齐人严格遵守伊斯兰教法，禁止饮酒、娼妓、通奸、赌博等行为，禁止一切违背伊斯兰教法的行为。

亚齐人主要从事农业、渔业和手工业。农业种植水稻、旱稻、玉米、甘蔗、橡胶、椰子、咖啡和烟草等作物。亚齐人的手工业主要是纺织和金属加工，其金银首饰的制作远近闻名。

## 十二、巴厘人

巴厘人也是印度尼西亚主要民族之一，主要分布在印度尼西亚巴厘岛和龙目岛，少数人口分布在爪哇岛、努沙登加拉群岛、苏拉威西岛部分地区等。巴厘人主要是新马来人的后裔，主要分为三波来到当地。第一波是史前从爪哇岛和加里曼丹岛移民而来的原马来人，第二波是 15 世纪之前陆续从爪哇岛移民而来的人，第三波是 15 世纪到 16 世纪之间因伊斯兰教王国的崛起而落败的原古代佛教、印度教王国贵族与平民。

巴厘人的传统语言巴厘语，同样属于南岛语系印度尼西亚语族。巴厘语也有自己的文字，是基于婆罗米文字的元音附标文字，现存的最早的巴厘文碑刻大约可以追溯到 11 世纪，现在主要用拉丁文字母书写。巴厘语与爪哇语基本一致，通过用于彰显说话人的身份和关系，分高级、中级和低级三种语言，其中高等级的语言中有很多梵语和爪哇语的借词。

巴厘人的宗教信仰与之前的民族有着较大的区别。15 世纪之前的大多数巴厘人仍然信仰原始宗教万物有灵论。随着 15 世纪后爪哇岛贵族和农民的流亡移民和建立起印度教王国，多数巴厘人改信印度教。如今绝大多数巴厘人信仰印度教，少数巴厘人信仰伊斯兰教、基督教、佛教和其他宗教，但同时保留有原始宗教信仰的祖先崇拜和巫术信仰。

巴厘人中也存在着与印度相似的种姓制度，种姓等级从高到低分别是婆罗门、刹帝利、吠舍和首陀罗四种种姓，实行种姓内通婚，但巴厘人不同种姓的身份角色与印度各种姓略有不同。巴厘婆罗门主要是圣人、祭司、宗教仪式专家，刹帝利是战士阶级，包括国王和贵族，吠舍主要是商人和行政人员，首陀罗是底层民众、奴隶。且婆罗门的实际地位并不会像印度种姓制度那样越过刹帝利。

巴厘人的文化深受印度教文化传统的影响，爪哇岛的皮影戏和加美兰音乐在这里也随处可见。巴厘人的文化中，最突出的是三种传统舞蹈，均被联合国教科文组织纳入了世界非物质文化遗产名录。巴厘岛的舞蹈按照是否与宗教相关分为三种：神圣的舞蹈、半神圣的舞蹈和社会娱乐功能的舞蹈。其中，神圣的舞蹈主要在巴厘岛寺庙的内部圣殿表演，半神圣的舞蹈在巴厘岛寺庙的中间院落表演，社会娱乐功能的舞蹈在寺庙外院或其他地方表演。游客经常看到的是一些非宗教用途的社会娱乐功能的舞蹈表演。比较有名的传统舞蹈包括，雷贡舞（Legong）、凯恰舞（Kecak）和巴龙舞（Barong）等。巴厘岛的传统舞蹈题材大多与巴厘岛的古印度教文化历史有关，来源包括史诗、诗歌、寓言和浪漫故事，常见的故事包括《吠陀经》《薄伽梵歌》《摩诃婆罗多》和《罗摩衍那》等。

巴厘人主要从事农业生产，修筑梯田，种植水稻、甘薯、木薯、玉米、咖啡、椰子、烟草和茶叶等作物。巴厘岛的水稻种植技术较高，每个村庄都有自己的灌溉设施。巴厘人的稻田水利管理体系被称为苏巴克，发源于9世纪，以苏巴克为三界和谐哲学载体的巴厘文化景观，已被联合国教科文组织纳入世界遗产名录。水利管理掌握在庙宇内的神职人员手中，这些祭司笃信“三界和谐”的哲学，苏巴克系统即当地人践行“三界和谐”信仰的一个例证，展现人类活动与自然环境和谐共生的关系，收获的稻米作物被视为神灵赐予的礼物。

## 十三、达雅人

达雅人或称达雅克人，也是印度尼西亚主要民族之一，主要分布在印度尼西亚加里曼丹岛内陆地区，是印度尼西亚的原始民族之一。达雅人的构成比较复杂，曾泛指加里曼丹岛上所有非穆斯林的原住民，下分七个支系族群和十几个部落，包括恩加珠人（Ngaju）、阿波·卡扬人（Apo Kayan）、伊班人（Iban，又称海上达雅人）、比达友人（Bidayuh，又称陆地达雅人或加里曼丹人）、穆鲁特人（又称北婆罗洲达雅人）、普南人（Punan）、奥特丹姆人（Ot Danum）。

达雅人的传统语言也比较复杂，不同的支系族群有各自的方言，均属于达雅语族，达雅语族实际上是几十种甚至上百种方言的统称，属于南岛语系的印度尼西亚语族。达雅语族分三大类别，一为婆罗洲语群，一为马来—松巴哇语群，一为南苏拉威西语群。

达雅人的宗教信仰情况与印度尼西亚其他主要民族有所不同。达雅人早期信仰原始宗教，信仰万物有灵论和祖先崇拜，他们的信仰称为卡哈林干（Kaharingan）。19世纪后，达雅人逐渐改信基督教、天主教和伊斯兰教。如今约32.5%的达雅人信仰天主教，31.2%的达雅人信仰基督教，30.6%的达雅人信仰伊斯兰教，还有部分达雅人信仰原始宗教。达雅人认为人死后会到达一个特殊的地方，为了到达那里，需要一些特殊的宗教仪式。达雅人会请专门的仪式专家在其居住的长屋中举行这些仪式，以保证亲人的灵魂到达那个特殊的地方。

达雅人的文化特色是其宗族制度和长屋建筑。达雅人村寨通常建在河边，一个村寨由几座长屋组成。长屋是一种高脚建筑，类似加长版的干栏式建筑，长屋有的长达几百米，可以容纳几十户人家数百人居住。通常同一宗族的人会住在一座长屋之中，宗教仪式和庆典活动也会在长屋中举行。达雅人以前还有猎头的习俗，通过猎头来彰显勇猛。19 世纪后，达雅人不同群体部落间达成和平决议，放弃了猎头传统。

达雅人主要从事农业、狩猎、渔业和手工业生产。农业主要采用刀耕火种的轮耕方式，种植稻米、玉米、豆类、薯类作物，还种植西瓜、南瓜等。加里曼丹岛多热带雨林，有各种野生动物，最多的就是野猪和鹿，达雅人会以狩猎和捕鱼补充生计。达雅人手工业主要制作竹编、藤编和铁制品，其中铁制的砍刀——满叨（Mandau, 马来语和印尼语称帕朗刀 Parang）较为著名。

## 十四、华人

华人也是印度尼西亚主要民族之一，因不同的祖籍和移民时间而分布于印度尼西亚不同的地区。李学民与黄昆章在《印尼华侨史》中指出，20 世纪前期，福建华侨多分布于“爪哇各地，苏门答腊西部、南部及东岸，加里曼丹东南部，苏拉威西，马鲁古等地”，客家华侨多分布于“爪哇、苏门答腊北部、邦加、勿里洞、西加里曼丹等地”，潮州华侨多分布于“苏门答腊东岸、廖内、西加里曼丹等地”，广府华侨多分布于“加里曼丹东南部、苏门答腊东岸、邦加、苏拉威西、马鲁古及小巽他群岛等地”。[①]

现在的印度尼西亚华人，主要是 16 世纪到 20 世纪上半叶前来定居的华人移民和在身份上保持华人认同的移民后裔。所以华人占印度尼西亚全国人口 1.2% 的数据，只是人口登记时华人自报，实际华人人口可能远多于此。李学民和黄昆章考证，印度尼西亚华侨源于汉代，续于三国两晋南北朝，成批定居则始于唐末黄巢起义，华侨社区形成于宋、元、明三朝。清初荷兰殖民印度尼西亚又有大批移民和契约劳工前往定居。明末清初的广东、福建地区大规模“下南洋”人口，是印度尼西亚华人的公认祖先。

华人的传统语言因其祖籍的不同而不同，主要是汉语的方言变体，包括闽南话、潮州话、客家话、粤语和闽东话（福州话）等方言。如今印度尼西亚

---

① 李学民、黄昆章:《印尼华侨史》，广州：广东高等教育出版社，2016 年，第 229 页。

大多数华人的母语都不是汉语而是印度尼西亚语。

华人的宗教信仰与印度尼西亚其他主要民族也有所不同。华人早期信仰中国传统信仰，包括祖先崇拜、儒教（印度尼西亚将之定为孔教）、佛教等。后由于复杂的历史原因，部分华人改信基督教、天主教和伊斯兰教。根据印度尼西亚中央统计局 2010 年的人口普查数据显示，如今在印度尼西亚，50.06% 的华人信仰佛教，20.04% 的华人信仰基督教，14.76% 的华人信仰天主教，11.32% 的华人信仰孔教，3.65% 的华人信仰伊斯兰教，还有少数华人没有明确宗教信仰。[①] 华人小区常见佛教、孔教寺庙，香火鼎盛，里面供奉佛像、土地公和孔子像。

华人主要从事服务业和工业，善于经商，涉及进出口贸易、矿物开采、商品批发、超市零售及餐饮等行业。闽南华人在印度尼西亚地位较高，多能参与国家自然资源经营等生财领域。讲潮州客家语的潮州人相对贫困，荷兰殖民时多做苦力，分布在苏门答腊东部、邦加、勿里洞和加里曼丹西部。客家人更喜欢做买卖，19 世纪扩展到爪哇到西部和雅加达等地。广府人讲粤语，多围绕邦加锡矿谋生，或在其他地区开店或办工商企业。雅加达中国城有的华人开中药铺、地方特色菜系中餐馆、修建中国特色建筑，有些小商家制作传统脸谱，卖“福”“喜”贴纸灯笼等传统年货及红白喜事物件。

**思考题：**

1. 印度尼西亚有哪些主要的民族？
2. 简述印度尼西亚主要民族的文化与分布。

---

① Aris Ananta, Evi Nurvidya Arifin, M Sairi Hasbullah, Nur Budi Handayani, Agus Pramono, *Demography of Indonesia's Ethnicity*. Institute of Southeast Asian Studies, 2015, p. 273.

# 第三章　地理生态

印度尼西亚位于亚洲东南部，经度跨东经 94.45° 到东经 141.05° ，纬度跨北纬 6.08° 到南纬 11.15° ，地跨赤道，为印度洋与太平洋、亚洲与大洋洲的交界之处，与马来西亚、巴布亚新几内亚、东帝汶接壤，与泰国、新加坡、菲律宾和澳大利亚等隔海相望。印度尼西亚国土面积 1913578.68 平方公里，排名世界第 14。

印度尼西亚由 17508 个岛屿组成，素有“万岛之国”的美称，东西横跨 5500 千米以上，这些岛屿可划分为四大岛群，包括大巽他群岛、马鲁古群岛、努沙登加拉群岛和巴布亚及周边岛屿。印度尼西亚岛屿中，面积由大到小前五大岛屿分别是加里曼丹岛、苏门答腊岛、伊里安岛、苏拉威西岛和爪哇岛。其中加里曼丹岛、苏门答腊岛、苏拉威西岛和爪哇岛均属于大巽他群岛。爪哇岛面积排名第五，却居住着印度尼西亚约一半的人口。

## 第一节　地理形成[①]

魏格纳的“大陆漂移说”，赫斯的“海底扩张说”，勒皮雄、麦肯齐和摩根等人的“板块构造说”，都明指印度尼西亚群岛原属于亚洲板块。各群岛在地质史上逐渐形成后迄今仍在渐变。

印度尼西亚地质学家索莫诺 1973 年将地球史分为四代，第四代即新生代（约从 6000 万年前延续至今）略分为两期，即第三纪（印度尼西亚语

① 参见唐欢:《印度尼西亚民族学 / 人类学叙事》，北京：知识产权出版社，2023 年。

Tertiair）、第四纪（印度尼西亚语 Quartair，约 260 万年前至今）。印度尼西亚群岛出现于第三纪中期且形态不同于现在。当时爪哇岛由两块山地普里昂干（Priangan）与塞乌（Sewu）合成。苏门答腊与加里曼丹两岛之间的勿里洞（Belitung）岛，苏门答腊岛以东、新加坡岛以南的林加岛（Lingga），苏门答腊以东及加里曼丹岛以西的廖内群岛（Riau）后来加入，连绵到马来西亚西部而达缅甸。苏门答腊岛原先或仅是爪哇的外围小岛，爪哇北边还有数个岛屿。从苏腊巴亚（Surabaya，即泗水）纵向到苏拉卡塔（Surakarta，亦称梭罗 Solo）的肯登山（Kendeng）出现最晚。亚洲各类哺乳动物曾经这些陆桥到达印度尼西亚，分布在西爪哇省东部及中爪哇省西部。第三、四纪交接时，爪哇岛与北边各岛间海域缩小，最终演变成内陆淡水湖。湖泊消失后就有了连接塞乌—肯登两山的平原。此时爪哇岛虽然变大了，但其北部、东部地区仍是海洋。

第四纪最近"冰川期"，导致印度尼西亚海平面大幅下降。地球版块漂移及火山喷发导致多地隆起，很多海区成陆地，包括巽他诸岛板块。苏门答腊岛、爪哇岛、加里曼丹岛、马来西亚西端因此连片，成为亚洲大陆东南缘。加里曼丹岛北部与近邻的菲律宾诸岛也曾在海退时期延伸到亚洲大陆。苏拉威西岛则通过米纳哈萨、辛吉尔（Sngir）岛连到菲律宾。爪哇岛东部和苏拉威西南部则通过努沙登加拉群岛（Nusa Tenggara）连接东帝汶。爪哇岛、苏拉威西岛、菲律宾等地同期动物化石表明，亚洲大陆到印度尼西亚的迁徙路线不仅有南线马来西亚，还有一条东线，即从菲律宾到加里曼丹岛和爪哇岛再分支到苏拉威西岛。远古人类循这些路线建立起亚洲与印度尼西亚的文化联系。印度尼西亚一度连成大陆。最后冰期结束，海平面再次升高，巽他诸岛从陆地沉没，印度尼西亚又变回列岛并形成当前地貌。

## 第二节 生态环境

印度尼西亚位于太平洋板块、欧亚大陆板块和印度—澳大利亚板块的交界之处，属于环太平洋火山带，因而印度尼西亚境内有众多火山，据统计有

400 多座火山，活火山有 100 多座。其中，爪哇岛有 100 多座火山，活火山有 30 座。著名的火山包括苏门答腊岛的克拉克托火山，爪哇岛的婆罗摩火山、伊真火山、覆舟火山、默拉皮火山，巴厘岛的阿贡火山、巴杜尔火山，努沙登加拉群岛的林贾尼火山，等等。印度尼西亚时有火山喷发、地震、海啸等自然灾害。这也使印度尼西亚诸岛产生独特的与火山相关的文化信仰。从地貌来看，印度尼西亚各岛屿内部多崎岖山地和丘陵，沿海地区有狭窄的平原。印度尼西亚最高山峰是位于巴布亚岛的伊里安查亚山脉的查亚峰，海拔 5029 米。

印度尼西亚地处赤道两侧，接受强烈太阳辐射，全年昼夜时长均衡，属于典型的热带气候，全年气候温暖湿润。其中，苏门答腊、加里曼丹、西爪哇、巴布亚等大部分低地地区为热带雨林气候，爪哇东部、巴厘岛、龙目岛等为热带季风气候，努沙登加拉群岛、东爪哇岛部分地区为热带草原气候，苏门答腊、爪哇、巴布亚的高海拔地区为高原山地气候。印度尼西亚年平均气温为 25—27℃，山区气温较低，可低至 20℃，海边气温较高。印度尼西亚全年气温变化不大，没有春夏秋冬四季之分，只根据季风造成的降雨量不同分为旱季和雨季，每年 11 月到次年 3 月为雨季，4 月到 10 月为旱季。因降雨量较大，印度尼西亚全年湿度较高，高达 70%—90%。印度尼西亚各地，降雨量最多的是爪哇岛中部地区，最低的是苏拉威西岛中部地区。

**思考题:**

1. 简述印度尼西亚的地理位置与地貌。
2. 简述印度尼西亚的生态环境。
3. 印度尼西亚的生态环境与我国有何不同?

# 第四章　自然资源

印度尼西亚独特的地理位置与温润的气候环境，使其具有丰富的自然资源，包括丰富的能源资源、矿产资源、森林资源、栽培作物资源、动植物资源、水资源与水产资源等，素有“热带宝岛”的称号。

## 第一节　能源与矿产资源

能源业、矿业在印度尼西亚的经济中占有重要的地位，印度尼西亚拥有丰富的石油、天然气等能源资源，以及煤炭、锡、铀、镍、铜、铬、铝矾土、锰、金刚石等矿产资源。

### 一、石油

印度尼西亚的石油储量丰富，主要分布在苏门答腊岛、爪哇岛、加里曼丹岛、巴布亚岛等地，是世界上第十六大产油国。印度尼西亚在 20 世纪 80 年代曾是重要的石油出口国，由于自身石油消费的持续上升和石油产量的降低，2004 年起成为石油净进口国。如今印度尼西亚石油需求缺口巨大。

印度尼西亚主要的油田包括米纳斯油田（Minas field）、杜里油田（Duri field）、罗干油田（Rokan field）、希普油田（Cepu field）等。其中，位于苏门答腊岛东海岸的米纳斯油田的产量最大，大约占到印度尼西亚石油全年产量的 20%—25%。

## 二、天然气

印度尼西亚的天然气储备丰富，位居亚太地区第三位，世界第十五位，据印度尼西亚能源和矿产资源部 2023 年发布的数据，其天然气储量达到 35.5 万亿立方英尺（约 1.005 万亿立方米）。印度尼西亚的天然气气源主要分布在加里曼丹岛东部、巴布亚岛西部、苏门答腊岛北部、爪哇岛东部和帝汶岛东部等地区。其中，东加里曼丹是印度尼西亚最大的天然气生产地，产量约占印度尼西亚全国总产量的 20%，有着世界最大的液化天然气加工厂。据《BP 世界能源统计年鉴》2019 年版显示，印度尼西亚 2018 年已探明的天然气储量为 2.8 万亿立方米。如今印度尼西亚主要的天然气田包括马哈坎（Mahakam）气田、唐古（Tangguh）天然气田、阿伦（Arun）天然气田、东纳土纳（East Natuna）天然气田、班瑜乌里（Banyu Urip）气田、马色拉（Masela）气田。中国驻印度尼西亚共和国大使馆经济商务处的分析指出，因印度尼西亚天然气气源位置与使用行业相距较远，天然气开采、运输和气体形式等基础设施建设，成为印度尼西亚能源转型过程中的挑战。

## 三、煤炭

印度尼西亚的煤炭资源丰富，主要分布在加里曼丹岛各地和苏门答腊岛的南部地区。印度尼西亚在 2009 年成为世界第二大煤炭出口国。根据英荷壳牌石油公司编撰的《BP 世界能源统计年鉴》统计，截至 2020 年底，印度尼西亚探明的煤炭储量为 348.7 亿吨。根据中国驻印度尼西亚共和国大使馆经济商务处发布的印度尼西亚煤炭行业概况显示，印度尼西亚能源和矿产资源部统计其煤炭资源储量为 580 亿吨，其中探明的储量为 193 亿吨，可商业开采的储量为 54 亿吨。印度尼西亚的煤炭资源多数是中等偏下质地的动力煤，其中褐煤占储量的 58.63%，次烟煤占储量的 26.63%，烟煤占数量的 14.38%，无烟煤仅占储量的 0.36%。其煤炭主要用于燃烧发电，煤炭发电量占印度尼西亚总发电量的一半以上。印度尼西亚的煤炭产量逐年上升，2007 年为 2 亿多吨，2013 年为 4 亿多吨，2014 年为 4.5 亿多吨，2023 年的产量达到 7.75 亿吨，其中出口 5.18 亿吨。其煤炭储量按照当前的开采速度大约可持续开采 80 多年，主要出口到中国、印度、日本和意大利等国家。

## 四、金属矿产资源

印度尼西亚的金属矿产资源极为丰富，主要有锡、镍、铝矾土、金、银、铜等矿产资源。[①]

印度尼西亚能源和矿产资源部统计其锡的储量约 223 万吨，现探明的约有 80 万吨，其锡储量位居世界第二，仅次于中国，占世界锡储量约 17%，也是第二大锡生产国。其锡矿主要分布在苏门答腊岛、加里曼丹岛东部和邦加岛、勿里洞、林加群岛的新格岛等地区。其中邦加—兰岛和勿里洞等地是印度尼西亚最主要的锡矿产区，被称为“世界锡都”。印度尼西亚的锡矿资源绝大多数出口到美国、欧洲和亚洲地区。

印度尼西亚是世界上最大的镍生产国，印度尼西亚镍的储量位居世界首位。据印度尼西亚能源和矿产资源部 2020 年发布的数据，印度尼西亚镍的储量约为 7200 万吨，约占世界镍储量的 52%。印度尼西亚的镍矿主要分布于苏拉威西岛的科拉卡、伊里安查亚的哇格岛以及马鲁古等地。印度尼西亚因国内冶炼技术、设备的缺乏以及国内镍矿需求不高，其镍产品多从中国、日本和美国进口，而其镍矿主要出口到相应国家。

印度尼西亚铝矾土的储量约 19 亿吨，已探明的约 2400 万吨。铝矾土主要分布在加里曼丹岛西部和邦加岛、勿里洞岛等地区。印度尼西亚国内对铝产品需求量较少，如镍产品一样多从国外进口，而其铝矿之前多出口到国外，是世界第六大铝土矿生产国。印度尼西亚政府 2014 年禁止铝土矿出口，2017 年取消禁令，2023 年 6 月起又开始禁止铝土矿出口。

印度尼西亚能源和矿产资源部 2020 年发布的数据显示，其黄金矿石资源储量约为 149.6 亿吨，探明的黄金储量约 2600 吨，其储量约占世界黄金总储量的 5%。印度尼西亚金矿主要分布在苏门答腊岛、加里曼丹岛、苏拉威西岛和巴布亚岛等地区。其中，巴布亚省是印度尼西亚金矿储量最丰富的地区，占到印度尼西亚黄金储量的约 52%。位于印度尼西亚巴布亚省的格拉斯伯格矿（Grasberg complex）是世界上最大的金矿。

---

① 参考中华人民共和国商务部，中华人民共和国驻印度尼西亚共和国大使馆经济商务处发布的印尼矿产资源储量相关数据。

印度尼西亚的银储量约为 3.6 万吨，探明的约 1.1 万吨。银矿主要分布在苏门答腊岛西南部、加里曼丹岛中西部、爪哇岛西部和邦加岛、勿里洞岛等地区。其最大的银矿生产项目是位于苏门答腊岛北部的马塔贝（Martabe）项目，2021 年银矿产量约 590 万吨，提炼了约 66 吨银。

印度尼西亚的铜储量约 6600 万吨，探明的约 4100 万吨，位居世界铜储量第七位。铜矿主要分布在苏拉威西岛北部和巴布亚岛，其开采主要被外国公司或合资企业控制，美国和日本企业占股最多。其位于巴布亚省的格拉斯伯格矿曾是世界上最大的铜矿之一，2021 年的铜产量约 67 万吨。印度尼西亚第二大铜产区是位于苏拉威西岛北部的哥伦打洛，年产量约 69 万吨，第三大铜产区是位于苏门答腊岛西部的斯隆康，年产量约 42 万吨。

## 第二节　森林与栽培作物资源

1900 年时，印度尼西亚森林面积占全国土地面积的 84%，但随着不断砍伐，印度尼西亚的森林覆盖率急剧下降，如今印度尼西亚政府开始重视保护自然环境，将每年的 11 月 15 日定为全国动植物保护日。根据联合国粮食及农业组织（FAO）2020 年的数据显示，印度尼西亚拥有 9200 万公顷的林地，约占其国土面积的 53%，其中约 86.9% 的森林资源归国家所有。印度尼西亚的森林划分为 3 种类型：保护林、防护林和生产林。其中，保护林约占印度尼西亚森林面积的 18%，防护林约占 25%，生产林约占 57%。印度尼西亚拥有丰富的名贵木材、热带经济作物以及热带粮食和水果。

### 一、名贵木材

印度尼西亚盛产各种名贵木材，包括加里曼丹岛和苏门答腊岛的铁木、努沙登加拉群岛的檀木、苏拉威西岛的乌木以及爪哇岛的柚木等，后两者尤为珍贵。

苏拉威西乌木又称黑檀木，是印度尼西亚的名贵木材，是世界上名贵稀有的木材之一。黑檀木生长周期缓慢，材质细腻、坚硬、润滑、耐腐，可以制作珍贵家具、工艺雕刻、高档装修、佛具和乐器，与我国海南的黄花梨木、印度的紫檀木并列，极具收藏价值。

柚木形态通直，质地坚硬、细致、干燥、油性高、防腐、防蛀，是膨胀收缩率最少的木材之一，被誉为“万木之王”，是建造房屋、船只、家具极好的原材料。爪哇岛的贵族自公元 7 世纪便用柚木建造房屋，荷兰殖民印度尼西亚时发现柚木极强的防腐性而将其用来造船，柚木由此享誉世界。印度尼西亚政府自 20 世纪中叶开始专门成立公司管理柚木，爪哇岛设有官方的柚木种植园，规定其每年砍伐的数量，并及时替换种植新苗。

## 二、热带经济作物

印度尼西亚盛产热带经济作物，其胡椒、奎宁、木棉的产量居世界第一，天然橡胶、椰子的产量居世界第二，有棕榈油、咖啡、香料等产量居世界前列。另外，印度尼西亚还是世界第六大茶叶生产国，茶叶由荷兰人于 18 世纪引进，主要生产红茶，多数出口到其他国家。

胡椒是印度尼西亚香料贸易的主角，印度尼西亚虽不是胡椒的原产地，却是胡椒的主要输出国。印度尼西亚在室利佛逝王国时期就参与了全球的香料贸易，14 世纪至 17 世纪，巽他王国和万丹苏丹国成为世界胡椒贸易中心。到 20 世纪 90 年代末，其胡椒的出口量占到全球的 30% 以上。

奎宁也叫金鸡纳霜，是一种治疗和预防疟疾的药物，原产地是南美洲的亚马孙热带雨林，亚洲的主要产地即印度尼西亚的爪哇岛。

天然橡胶用途极广，是车辆轮胎、鞋底、绝缘电线和其他电子元件的主要原材料。印度尼西亚自 20 世纪初开始种植天然橡胶，是仅次于泰国的世界第二大天然橡胶生产国。印度尼西亚天然橡胶 2021 年产量约 312 万吨，约占全球天然橡胶总产量的 21%，其中绝大部分出口到其他国家。此后两年，印度尼西亚天然橡胶产量有所降低，2022 年产量为 272 万吨，2023 年产量为 265 万吨。

## 三、热带粮食作物与水果

印度尼西亚地跨赤道，没有四季变换，常年气候温润，土地肥沃，雨水充沛，其农作物生长往往一年两季、三季。印度尼西亚主要的粮食作物有水稻、玉米、大豆、木薯等。印度尼西亚还盛产热带水果，品种繁多，包括香蕉、木瓜、榴梿、杧果、菠萝、山竹、莲雾、红毛丹、杜古、蛇皮果、鳄梨、西番莲等。其中，香蕉就有几十个品种。

## 第三节　珍稀动植物

印度尼西亚丰富的森林资源和宜人的气候条件为许多珍奇鸟兽和各种珍稀植物提供了优异的生长环境，使其生物多样性排名世界第二，仅次于巴西的亚马孙雨林。印度尼西亚的动物、植物混合了亚洲与大洋洲的品种。据印度尼西亚有关数据显示，印度尼西亚有 3000 多种哺乳动物、鸟类、爬行动物、两栖动物，以及 3 万多种植物。据《雅加达邮报》指出，印度尼西亚大多数地区都没有物种记载，印度尼西亚还有至少一半的物种是未知的。而热带雨林是诸多动植物的家园。2004 年，印度尼西亚苏门答腊热带雨林被联合国教科文组织纳入了世界自然遗产名录。2011 年，苏门答腊热带雨林又被世界遗产委员会列入了世界濒危遗产名录。

根据世界自然保护联盟濒危物种红色名录（IUCN Red List）的统计数据，印度尼西亚有 10432 种动物和 5116 种植物。其中，印度尼西亚有 2432 种濒临灭绝的珍稀动植物，包括 212 种哺乳动物、155 种鸟、77 种爬行动物、30 种两栖动物、369 种鱼、42 种软体动物、341 种其他门类动物、1204 种植物、2 种真菌类植物。[①] 比较有名的包括苏门答腊虎、爪哇独角犀牛、婆罗洲猩猩、科莫多巨蜥、苏拉威西黑冠猴、极乐鸟和尸香魔芋等。

### 一、苏门答腊虎

苏门答腊虎是只分布在印度尼西亚苏门答腊岛上的一种老虎，属于极度濒危物种，是印度尼西亚境内仅存的老虎种类，另外的巴厘虎和爪哇虎已经灭

① 世界自然保护联盟濒危物种红色名录，参见 https://www.iucnredlist.org/resources/summary-statistics。

绝。苏门答腊虎是世界上现存的体型最小的亚种虎，其身上的条纹相较于其他虎种更多更密集，毛皮颜色呈鹅黄色，是所有老虎中毛色最暗的。如今，野外苏门答腊虎种群在 400 只到 500 只之间。

## 二、爪哇独角犀牛

爪哇独角犀牛，又称“爪哇犀”“小独角犀”，目前近乎绝种，是世界上最稀有的哺乳动物之一，也属于极度濒危物种。爪哇犀的体型壮硕，皮肤多为棕黑、灰黑色，鼻子上部有一只角，但角相较于其他犀牛短小，只有二三十厘米长，且喜欢独居，不会像其他犀牛一样冲撞或太靠近人和其他动物。独角犀牛的印度亚种和越南亚种已经灭绝，如今只分布在印度尼西亚爪哇岛的乌戎库隆国家公园，仅有 50 多头。

## 三、婆罗洲猩猩

婆罗洲猩猩，即生活在印度尼西亚加里曼丹岛热带雨林里的红毛猩猩，与苏门答腊猩猩一起是亚洲仅有的两种类人猿，如今也处于灭绝边缘，属于极度濒危物种。婆罗洲猩猩分为西北婆罗洲猩猩、中央婆罗洲猩猩、东北婆罗洲猩猩三个亚种。婆罗洲猩猩体型仅次于大猩猩，动作缓慢，容易被猎杀，根据 2004 年至 2005 年的调查统计，其种群分布零散，数量有 45000—69000 只。

## 四、科莫多巨蜥

科莫多巨蜥又称“科莫多龙”，因生活在印度尼西亚科莫多岛而得名，属于濒危物种。科莫多巨蜥是世界上现存的体形最大的蜥蜴，成年巨蜥体型长达 2—3 米，其一次性可进食达自身体重 60% 的食物。1980 年，印度尼西亚政府成立科莫多国家公园，以保护科莫多巨蜥。科莫多国家公园于 1991 年被联合国教科文组织纳入世界遗产名录。如今，科莫多巨蜥分布于印度尼西亚的小巽他群岛、科莫多岛、林卡岛、莫堂岛和弗洛勒斯岛上，有 6000 多头，其中野生科莫多巨蜥 3000 多只。

### 五、苏拉威西黑冠猴

苏拉威西黑冠猴又称“黑冠猴”“黑冠猕猴”或“黑猴”，主要分布于印度尼西亚苏拉威西岛，属于极度濒危物种。黑冠猴属于猕猴的一种，尾巴短，脸与身体大部分为黑色，头顶有一缕竖着的毛发。黑冠猴的分布范围有限，因为当地的农业开垦和捕猎，其数量急剧下降。如今，印度尼西亚政府在苏拉威西岛建立了黑冠猴自然保护区，防止偷猎和砍伐树木。

### 六、尸香魔芋

尸香魔芋又称“巨型海芋”“巨花魔芋”“泰坦白星海芋”等，原产于印度尼西亚的苏门答腊岛，是世界上最大的不分支花序。尸香魔芋花朵体形巨大，直径长达 1.33 米，平均高达 2 米以上。野生的尸香魔芋只生活在苏门答腊岛的热带雨林里，最早由意大利植物学家奥多阿尔·贝卡利（Odoardo Beccari）于 1878 年发现。

## 第四节　水资源与水产资源

印度尼西亚以热带雨林气候为主，全年仅分旱季、雨季，大部分地区降雨量大。在苏门答腊岛、加里曼丹岛、苏拉威西岛以及巴布亚岛等海拔较高的地区，年降雨量约 3000 毫米；在爪哇岛大部分地区和海拔较低的地区，年降雨量 2000 毫米以上；在松巴岛、巴厘岛和帝汶岛等东部地区，年降雨量在 1000 毫米至 2000 毫米之间。因此，印度尼西亚拥有极为丰富的水资源，拥有大量的河流、湖泊，每年产水量约 3.9 万亿立方米，排名世界第五。印度尼西亚丰富的水资源有利于水产资源的生存和繁衍，从而有着丰富的水产资源。

### 一、河流

印度尼西亚河流众多，809 条河流横贯各岛，水道总长度达到 21597 千米。河流长度在 40 千米以上的河流有 100 余条，苏门答腊岛有 17 条，加里曼丹岛有 25 条，爪哇岛有 18 条，苏拉威西岛有 12 条，巴布亚岛有 28 条。其中绝大多数为雨水河，仅巴布亚岛有几条河是雪山融化形成的河流。印度尼西亚最长的河流是加里曼丹岛的卡普阿斯河（Kapuas），全长1143千米，出口在坤甸。加里曼丹岛南部的巴里托河（Barito），源于巴里托南部，流入爪哇海，全长约909千米。伊里安查亚的曼伯拉莫河（Mamberamo）是印度尼西亚最宽和径流量最大的河，源于查亚维查亚雪山，流入太平洋，全长约805千米。苏门答腊岛南部的穆西河（Musi），流经巨港，全长约550千米。此外，还有苏门答腊岛的巴当哈里河（Batanghari）、印特拉吉利河（Indragiri），加里曼丹岛的卡扬河（Kahayan）、马哈坎河（Mahakam），爪哇岛的梭罗河（solo）、芝塔龙河（Citarum）和布兰塔斯河（Brantas）等。印度尼西亚众多河流对交通运输和农业水利灌溉发挥着重要的作用。

## 二、湖泊

印度尼西亚湖泊众多，星罗棋布，景色迷人。最大的湖泊是位于苏门答腊岛北部的多巴湖（Toba）。多巴湖是一座火山湖，海拔905米，湖泊面积大约1130平方千米，是世界上最大的火山湖和第二大的湖泊，也是海拔最高和湖水最深的大湖之一。另外，印度尼西亚还有苏门答腊岛的辛卡拉湖（Singkarak）和马宁焦湖（Maninjau），苏拉威西岛的坦佩湖（Tempe）、通达诺湖（Tondano）、锡登伦湖（Sidenreng）、托武帝湖（Towuti）、波索湖（Poso）和马塔纳湖（Matana），巴布亚岛的帕尼艾湖（Paniai）和森达尼湖（Sentani）等。如今这些美丽的湖泊已成为印度尼西亚重要的旅游资源。

## 三、水产

印度尼西亚丰富的河流、湖泊和海洋资源，使其渔业发达，成为世界上最大的水产品生产国。苏门答腊岛东岸的巴干西亚比亚，是世界上著名的大渔场之一。2021年印度尼西亚渔业生产总量约2181.3万吨，包括野生捕捉720.7万吨和水产养殖1460.6万吨。印度尼西亚海事与渔业部长萨克蒂·瓦尤·德冷科诺（Sakti Wahyu Trenggono）在雅加达举行的2024年海洋与渔业部展望和优先计划会议上指出，印度尼西亚2023年的渔业产量包括海藻是2474万吨。印度尼西亚的水产品大部分出口至美国、欧盟和日本市场。粮农组织渔业和水产养殖部概述了印度尼西亚水产养殖情况，指出印度尼西亚有淡水、咸淡水和海水养殖。其中，淡水养殖最流行的养殖种类有鲤鱼、鲇鱼、尼罗罗非鱼，咸淡水养殖主要是对虾和遮目鱼，海水养殖主要是石斑鱼和海藻。

**思考题:**

1. 印度尼西亚丰富的能源与矿产资源有哪些?
2. 印度尼西亚丰富的森林资源与栽培作物资源有哪些?

# 第二编

## 历史政治篇

# 第五章　原始社会

印度尼西亚原始社会时期，指其出现古代人类社会后到古代王国出现前的没有历史记载的时期。印度尼西亚原始人类包括“惹班猿人”“爪哇直立猿人”“梭罗人”“古爪哇魁人”“弗洛勒斯人”“瓦查克人”等，他们于十几万年前乃至100多万年前已生活在印度尼西亚群岛。印度尼西亚原始社会阶段社会形态逐步从原始群发展到前氏族公社、氏族公社和农村公社阶段，经济文化类型也逐步改变，起初是以采集渔猎为主，9000多年前逐步发展出农业、畜牧业和手工业。印度尼西亚原始先民早期以采集渔猎为生。高地农耕基础由太平洋中南部诸岛移民奠定。大约9000年前，美拉尼西亚人开始在新几内亚高地培育芋头、甘蔗，显示出社会定居人口集中的结构演进。如今，印度尼西亚巴布亚岛等偏远地区仍然存在着众多原始部落居民。

## 第一节　原始群时期

印度尼西亚原始群时期处于旧石器时代及之前。印度尼西亚旧石器时代的文化遗迹代表是“帕芝坦文化”（Pacitan）。1935年，库尼格斯瓦尔德（Koenigswald）与特维迪埃（Tweedie）在爪哇岛的巴克索克（Baksoko）河床发现了2000多件石器。后来，考古学家又在戈德河（Gede）、宋隆河（Sunglon）、西里坎河（Sirikan）等流域发现了相似的石器。这些石器多为褐红色和灰色，以无柄的石斧居多，形态类似熨斗、乌龟和刨子，大约处于旧石器时代中晚期。这个时期，印度尼西亚先民多处于原始群和前氏族公社阶段，开始直立行走，只能制造简单的工具，以采集渔猎为主，已有简单的高地刀耕火种农耕生产，可能产生了初步的性别上的劳动分工。

## 第二节　氏族公社时期

印度尼西亚氏族公社时期早期处于新石器时代。印度尼西亚的新石器时代约始于公元前 3000 年，印度尼西亚人开始对石器进行打磨加工。生产技术的进步，使得印度尼西亚先民的生产和生活范围扩大，逐渐发展出农业和畜牧业，进而定居下来，形成部落，进入原始公社阶段。原始公社早期应是母系氏族公社，生产资料归氏族公社集体所有，大家共同劳动，共同消费，人人平等。婚姻上严格实行族外婚（外婚制），夫妻分别在自己母亲所在的氏族居住和参加经济活动，婚姻上采取丈夫拜访妻子的形式，而且一妻多夫、一夫多妻，一段时间内一位女性可以和多位男性发生关系，一位男性也会和多位女性发生关系，子女只知道母亲是谁，不知道父亲是谁，所以世系只能依靠女方来计算。母系氏族公社随着世代的繁衍，人口增多，会分裂出现多个女儿氏族形成胞族乃至部落，产生了母系家族公社。相对母系氏族公社而言，母系家族公社规模更小，以母系家族为基本单位，婚姻形态上由群婚发展出对偶婚，夫妻不再是各自生活在母亲所在的氏族，而变成了从妻居，丈夫搬到妻子家，参与妻子氏族的经济生活。因为婚姻关系的确定，父子关系的观念渐渐产生。若干个对偶家庭生活在一个规模相当的母系家族中，发展出共产制家庭经济。在新石器时代晚期，农业和畜牧业逐渐发展，男性的力量在劳动中发挥的作用越来越大。当男性在社会和家庭中的经济作用占有决定性意义时，母权制氏族的衰落和父权制氏族的兴起就成为必然。父系家族公社取代了母系家族公社，然后发展出了父系氏族公社。如今，印度尼西亚苏门答腊岛的米南佳保人和苏拉威西岛的托拉查人仍保留有母系氏族的残余。

氏族公社时期，打磨石器已被广泛使用，包括石斧、石锥、石刀、石刨以及石制的珠子首饰等。石器以石斧最为普遍，史前石器工具以“方斧”“椭圆斧”两类形态为主。方斧和椭圆斧由亚洲大陆传入印度尼西亚，可以确立为印度尼西亚与亚洲大陆的首次文化迁移。专家认为方斧因由西路移民传播而分布在印度尼西亚西部，主要分布在苏门答腊岛、爪哇岛和努沙登加拉群岛；椭圆斧因由东路移民传播而分布在印度尼西亚东部，主要分布在巴布亚岛。另有一种锛形斧，主要分布在加里曼丹岛、苏拉威西岛南部和苏门答腊岛北部地区。

新石器时代，印度尼西亚先民也制作骨制工具，以骨制箭头最多。印度尼西亚先民还将去掉枝叶的树干挖空制作成小舟，在水中打鱼。另外，印度尼西亚先民也逐渐掌握了编织、纺织和制造陶器的技术。

印度尼西亚的氏族公社时期晚期处于铜器时代。印度尼西亚铜器时代（Logam）大约始于公元前500年初，这应该是印度尼西亚与亚洲大陆的第二次文化迁移产物。外来移民带来了越南东山（Dong son）文化，主要文物为漏斗形铜斧和特色铜鼓（Nekara），其传播路径是从南亚山地经泰国和马来西亚西部，再向东传遍南岛各地。铜斧和铜鼓主要用于仪式庆典，铜鼓上有太阳、几何、动物和人物图案。印度尼西亚出土的青铜器除了铜斧和铜鼓，还有青铜制作的兵器、容器、玩偶和饰品等。如在苏门答腊岛和马都拉岛上发现的青铜容器，在廖内省发现的跳舞的青铜人像。

印度尼西亚石器时代与金属时代文化都有大石块建筑文化相伴，[①] 包括石雕和石棺。石雕形象多为大象、牛、老虎和猴子等动物形状，有些石柱还雕刻男性形象，多被当作祖先崇拜的证明。

## 第三节 农村公社时期

虽没有具体的历史记载，但印度尼西亚氏族公社之后定然出现了农村公社，这是原始社会向阶级社会过渡的阶段。公元1世纪左右，印度移民和商业活动在进入印度尼西亚时，印度尼西亚社会还处于农村公社制度向奴隶制的过渡阶段。估计印度尼西亚的农村公社时期，处于公元前5世纪到公元1世纪。

---

① Soekmono, *Pengantar Sejarah Kebudayaan Indonesia 1*, Yogyakarta: PENERBIT KANISIUS, 1973.

公元前 5 世纪后，金属工具的生产与使用，促进了生产力提高，人口逐渐增加，也加速了私有制的产生，逐渐形成以经济和区域为基础的农村公社。

农村公社又称为“农业公社”“农户公社”等，简称“村社”。广义上包括农业、游牧、游猎公社等。相较于原始群和氏族公社，农村公社具有二重性。一是居民联合方面，人们以地域为基础，不同氏族的人开始杂居；二是生产资料所有制方面，公有制和私有制并存，森林、田地和水资源等归村社集体所有，而房屋及周边小块园地以及劳动产品可能归家庭私有；三是劳动的组织形式方面，包括以家庭为单位的个体劳动和以村社为单位的互助劳动；四是社会管理方面，可能产生了承担公共权力的全职人员，但仍然存在民主、平等的习俗。

**思考题：**

简述印度尼西亚原始社会概况。

# 第六章　古代王国

印度尼西亚记载其古代历史的文献较少，常见记载为梵文、古马来文、古爪哇文、古巽他文和古巴厘文的碑文、石刻、铜刻和贝叶刻，记载古代王国国王的生平事迹、宗教供奉和寺庙建造等内容。另外，印度尼西亚古代王国曾在中国古代历史书籍中被提及，从中可以找到相关零星记载。因受不同文化的影响，印度尼西亚古代王国前后大致分为信奉印度教和佛教的王国以及信奉伊斯兰教的王国。

## 第一节　印度教和佛教信仰轮替时期的王国

公元之初，印度尼西亚已出现印度商人踪迹，将印度教、佛教文化传入当地。口述史称印度尼西亚苏门答腊岛在2世纪已有印度殖民。印度尼西亚自公元之初已有古代王国建立，信奉印度教或佛教。有别于中国古代的统一王朝，印度尼西亚古代主要是诸多小国并立，并未出现统一全域的强大王国。印度尼西亚著名的信奉印度教和佛教的古代王国包括古戴王国（Kutai）、达鲁玛王国（Taruma）、巽他王国（Sunda）、室利佛逝王国（Srivijaya，又称三佛齐王国）、前马达兰王国（Mataram Kuno，也称印度马达兰 Mataram Hindu）、谏义里王国（Kediri）、新柯沙里王国（Singhasari）、满者伯夷王国（Majapahit）等。

中国古籍中记载了印度尼西亚5世纪之前的古代王国的相关信息，包括叶调国、毗骞国、加营国、诸薄国、斯调国、耶婆提国等。《后汉书》记载了公元131年（东汉永建六年）“叶调王遣使贡献”，专家考证“叶调”可能是古代爪哇岛梵文名“Yavadvipa”的对音。《梁书》记载了位于苏门答腊岛毗骞国的相关信息。《太平御览》记载了位于苏门答腊岛东南部沿海地区加营国的相关信息。《吴时外国传》记载了位于爪哇岛诸薄国的相关信息。《法显行传》记载了爪哇岛耶婆提国的相关信息。[①]

有记载的印度尼西亚最早国家，是公元5世纪的碑文记载中提到的，建立于爪哇岛西部地区的达鲁玛王国和建于加里曼丹岛东部地区的古戴王国。留下的碑文显示当时印度文化已经深深融入印度尼西亚。7世纪中叶，信仰佛教的室利佛逝王国在苏门答腊岛兴起，是印度尼西亚史上第一个颇有实力的帝国。7世纪时，中爪哇还有信仰印度教的强大王朝前马达兰王国，自称扶南国[②]正统传人，其统治者和使节均用梵文名字。室利佛逝王国和前马达兰王国与其他诸多小国竞争轮替，导致印度尼西亚的佛教信仰与印度教信仰融为一体。12世纪时，爪哇岛东部的谏义里王国成为印度教毗湿奴信仰的中心，但仍有佛教元素，形成湿婆－佛陀崇拜。13世纪初，谏义里王国被颠覆，新政权中心移向新柯沙里。新国王又被谏义里地方领主杀害，王子逃往满者伯夷并于1292年继位，建立满者伯夷王国。满者伯夷王国发起战争，控制海上贸易。宰相加查·马达策划，东征巴厘岛、松巴岛，西平风雨飘摇的室利佛逝王国，北控加里曼丹岛，基本奠定了当今印度尼西亚版图范围并实现统一。[③]

## 一、古戴王国

古戴王国位于印度尼西亚加里曼丹岛东部地区，存在于4世纪或更早的时间，其消亡时间与原因还无从考证。考古学家曾先后在古戴卡曼河口附近的马哈坎河发现七块石碑。这些石碑立于5世纪初，其上用钵罗婆字母和印度帕拉瓦文记载着古戴王国的信息。

碑文提及了古戴王国的三位国王。第一位国王的称号是库顿伽（Kudungga），其称号不似印度梵文名称，推测其为当地达雅人。第二位国王

① 梁敏和:《印度尼西亚史纲》，广州：世界图书出版广东有限公司，2019年，第18页。

② 哈利逊在《东南亚简史》一书中考证公元之初有位印度婆罗门王子跟今天柬埔寨境内的一位地方女王结婚，创建扶南国。这是东南亚早期印度教国家，后沿湄公河进入马来半岛。

③ 梁敏和、孔远志:《印度尼西亚文化与社会》，北京：北京大学出版社，2002年，第14页。

的称号是库顿伽的儿子阿斯瓦瓦尔曼（Aśwawarman），其称号已开始使用印度化王国国王的称号“瓦尔曼”，他也被称为“王朝创始人”（vaṇśa-kartṛ）。第三位国王的称号是穆拉瓦尔曼（Mulawarwan），他是阿斯瓦瓦尔曼的儿子，被称为“帝王”，他开始采取军事行动征服邻国，扩大领土，也是他要求铭刻了这些碑文。从三位统治者的称号来看，爷爷库顿伽还是典型的印度尼西亚称谓，而儿子和孙子受印度印度教和婆罗门教的影响，取了梵文的称号。据此可推测古戴王国是印度尼西亚本土古代王国，但受到印度宗教传播的影响。

碑文还记载着，穆拉瓦尔曼国王曾赐给婆罗门大片的土地和1000余头牛。碑文中的信息证明古戴王国畜牧业、农业发达，且国王对土地具有支配权。古戴王国深受印度婆罗门教的影响，分为婆罗门、刹帝利、吠舍、首陀罗等四大种姓。婆罗门为僧侣，负责祈祷和祭祀；刹帝利为王公贵族和武士阶级，负责管理国家和军事作战；吠舍为平民百姓，负责农业、手工业和商业生产；首陀罗为贫民和奴隶，没有生产资料和自由。

## 二、达鲁玛王国

达鲁玛王国位于爪哇岛西部地区，存在于4世纪至7世纪。考古学家曾先后在爪哇岛西部的茂物、雅加达和万丹等地发现7块记载达鲁玛王国事迹的石碑。另外，在我国隋唐时期的编年史中也有关于达鲁玛王国的记载，达鲁玛王国曾派使团前来，“陀罗摩”或“陀罗莫”可能是Taruma的音译。

从石碑记载的信息可知，达鲁玛王国国王的称号均为印度化王国国王的“瓦尔曼”称号，达鲁玛王国有婆罗门、刹帝利、吠舍和首陀罗等种姓制度，且这些石碑上多有当时国王的脚印。在古代印度，有下层人见到上层人行“吻足礼”的习俗，石刻足印代表了国王的威严。东南亚信奉印度教的古代王国也流行吻足礼仪和石刻足印的文化，证明达鲁玛王国深受印度婆罗门教的影响。

碑文中还记载了达鲁玛王国第三位国王普尔纳瓦尔曼（Purnawarman）开通运河和赏赐婆罗门1000头牛的事迹。由此可知达鲁玛王国重视农耕和水利，畜牧业、农业发达。

达鲁玛王国共有12任国王。依次是查亚兴阿瓦尔曼（Jayasingawarman，358—382）、达尔玛亚瓦尔曼（Dharmayawarman，382—395）、普尔纳瓦尔曼

（Purnawarman，395—434）、毗湿奴瓦尔曼（Wisnuwarman，434—455）、因德拉瓦尔曼（Indrawarman，455—515）、占德拉瓦尔曼（Candrawarman，515—535）、苏尔亚瓦尔曼（Suryawarman，535—561）、克尔塔瓦尔曼（Kertawarman，561—628）、苏达瓦尔曼（Sudhawarman，628—639）、哈里旺沙瓦尔曼（Hariwangsawarman，639—640）、纳嘎查亚瓦尔曼（Nagajayawarman，640—666）、林伽瓦尔曼（Linggawarman，666—669）。其中，最后一任国王林伽瓦尔曼育有两女，长女嫁给了塔鲁斯巴瓦（Tarusbawa）。林伽瓦尔曼在位仅 3 年就驾崩了，女婿塔鲁斯巴瓦 669 年继承王位，670 年将达鲁玛王国更名为巽他王国。[①] 长女女婿继承王位，也体现了当时印度尼西亚女性的极高地位，女儿具有继承权，而女儿的丈夫行使行政权力。

### 三、巽他王国

巽他王国位于今爪哇岛西部的雅加达、万丹省、西爪哇省地区和中爪哇省的部分地区，存在于 670 年至 1579 年。巽他王国的领土为达鲁玛王国的一部分。669 年，达鲁玛王国最后一任国王林伽瓦尔曼的女婿塔鲁斯巴瓦继承王位，670 年，塔鲁斯巴瓦将达鲁玛王国更名为巽他王国。达鲁玛王国属地牙路（Galuh）的地方领主反对更名并发动叛乱，建立牙路王国。塔鲁斯巴瓦为避免战争，最终同意将原达鲁玛王国一分为二，分为巽他王国和牙路王国。但巽他王国与牙路王国仍是一个联合体而并未真正分离，因此史学界也称其为巽他—牙路王国（Kerajaan Sunda-Galuh）。

巽他王国的第二任国王是塔鲁斯巴瓦的孙女婿拉克延·查穆里（Rakeyan Jamri，又称散查亚 Sanjaya）。塔鲁斯巴瓦的儿子先于其去世，因此塔鲁斯巴瓦的孙女特查坎扎娜（Tejakancana）成为王位继承人，其孙女婿查穆里于公元 723 年继任国王。查穆里的母亲是诃陵王国女王的孙女。其父亲是牙路王国的第三任国王，因其兄弟发动政变而逃亡巽他王国。查穆里继承巽他王国王位后，再度控制了牙路王国，改国号为散查亚。查穆里在 732 年在诃陵王国北部的马达兰地区（爪哇岛东部）建立前马达兰王国，将巽他王国的王位传给儿子

① 梁敏和、孔远志:《印度尼西亚文化与社会》，北京：北京大学出版社，2002 年，第 21—22 页。

克拉延·帕纳拉班（Rakeyan Panaraban），即巽他王国的第三任国王。帕纳拉班之后，巽他王国受控于室利佛逝王国，直到1030年至1042年，室利佛逝式微后才摆脱其控制。巽他王国的都城在今西爪哇的茂物地区巴查查兰帕库安（Pakukkan Pajajaran）和牙路之间转换，因此巽他王国的称谓在不同时期不同文献中略有不同，包括巽他王国、巽他—牙路王国、巴查查兰帕库安王国、巴查查兰王国等。

巽他王国信仰印度教，大量印度教寺庙在这个时期建立在爪哇西部和中部各地。巽他王国还管辖着诸多港口码头，商贸发达，诸多船只往来于马六甲海峡，出口贸易大米、水果、香料、黄金等。直到16世纪，被信仰伊斯兰教的淡目王国和万丹王国征服。1579年，万丹王国苏丹穆阿拉纳·优素福（Maulana Yusuf）攻陷了巽他王国国都，并搬走其国王加冕的宝座，巽他王国就此消亡。

### 四、室利佛逝王国

室利佛逝王国兴起于马六甲海峡南岸苏门答腊岛东南部地区的巨港，存在于7世纪到14世纪，是信仰佛教的国家。室利佛逝王国曾强盛一时，征服了周边小国，领土延伸至今泰国、柬埔寨等地，是第一个领地辐射印度尼西亚西部的强大帝国。强盛时期，室利佛逝领土覆盖苏门答腊岛大部分地区、马来半岛大部分地区、爪哇岛西部地区以及苏门答腊岛东部的岛屿，周边小国均为其属国。

室利佛逝王国缺乏史料记载，具体的建国时间不详，仅能从发现的相关碑文和中国的历史文献中发现零星记载。考古学家先后在室利佛逝曾经的领地上发现7块石碑。这些碑文记载，室利佛逝王国在公元7世纪末期征战周边小国的事迹。根据碑文记载可知，683年，巽他王国国王塔鲁斯巴瓦的二女婿达奔塔·黑扬·室利·查亚纳萨（Dapunta Hiyang Sri Jayasana）率兵征服了若干地区，在苏门答腊岛占碑附近建立了室利佛逝城。其后室利佛逝征服了马来王国、诃陵王国。

中国的历史文献中提及室利佛逝也有“尸利佛逝”“尸利佛誓”“尸佛逝”“佛逝”“佛誓”“三佛齐”等称谓。从中国历史文献记载中可知，室利佛逝王国在7—14世纪多次派使团访问中国，两国在佛教交流和贸易方面交往密切。尤其是7世纪末到8世纪初的唐朝时期，室利佛逝频繁派使臣来到中国。但742年至904年，中国历史文献中没有室利佛逝的相关记载。904年，室利佛逝王国与中国恢复往来，此时我国史书改称其为“三佛齐”。

850年，爪哇东部的前马达兰王国国王夏特连拉家族的巴拉普特拉（Balaputra），因与姐夫争夺王位战败逃亡苏门答腊岛。856年，巴拉普特拉因其母亲是室利佛逝的公主而成为室利佛逝的国王。室利佛逝王国与前马达兰王国分庭抗礼。9世纪至10世纪，两国战火不断，前马达兰王国想打破室利佛逝王国对海上贸易的垄断，派遣舰队进攻室利佛逝。11世纪，印度的注辇王国因不满室利佛逝垄断海上贸易，多次东征进攻室利佛逝王国，室利佛逝开始衰落。此后，室利佛逝王国又先后被印度尼西亚的前马达兰王国、谏义里王国、新柯沙里王国、满者伯夷王国攻占。1377年，满者伯夷王国海军攻占巨港，室利佛逝王国灭亡。

室利佛逝王国信仰佛教，佛学昌盛。唐朝时期，中国僧人从海路前往印度求经时，多落脚室利佛逝，研学佛法。唐朝著名高僧义净曾在室利佛逝学习梵语和翻译佛经，归国后撰写《大唐西域求法高僧传》和《南海寄归内法传》。

### 五、前马达兰王国

前马达兰王国位于爪哇岛中部和东部地区，存在于8世纪至11世纪（731—1041）。如前所述，巽他王国的第二任国王拉克延·查穆里的母亲是诃陵王国女王的孙女萨娜哈。732年，查穆里继承其舅舅诃陵王国国王萨纳（Sanna）的王位，在诃陵王国北部的马达兰地区建立前马达兰王国，取代诃陵王国。8世纪中叶后，查穆里与夏特连拉两大家族争夺政治权，交替执政。查穆里家族信奉印度教湿婆神，夏特连拉家族信奉佛教，两大家族交替执政使得前马达兰王国交替信仰印度教和佛教，最终形成印度教与佛教融合的独特信仰文化，在爪哇岛中部和东部地区出现大量佛教和印度教寺庙建筑，其中最为著名的是佛教的婆罗浮屠寺庙群（Borobudur）和印度教的普兰巴南寺庙群（Prambanan），均已被联合国教科文组织列入世界文化遗产名录。

婆罗浮屠寺庙群始建于8世纪末至9世纪初，萨玛拉东伽（Samaratungga）

国王执政时期竣工。萨玛拉东伽于824年至835年出任前马达兰王国国王。萨玛拉东伽的女儿普拉莫达娃尔达妮（Pramodawardhani）嫁给马达兰领主散查亚家族的比卡丹（Pikatan）。835年，萨玛拉东伽去世后，王子巴拉普特拉（Balaputra）继承王位，但因年龄太小，由姐夫比卡丹摄政。850年，巴拉普特拉争夺王位实权失败，因其母亲是室利佛逝王国的公主而逃往室利佛逝王国，并于856年继承室利佛逝王国王位。室利佛逝王国与前马达兰王国分庭抗礼。信仰印度教的散查亚家族的比卡丹执政期间开始兴建拉拉·绒格朗陵庙（Candi Lara Jonggrang），因其位于普兰巴南村，又被称为普兰巴南陵庙（Candi Prambanan）。此后散查亚家族的执政者扩建普兰巴南陵庙，埋葬王室成员骨灰，大约于10世纪初完工，形成普兰巴南寺庙群。

前马达兰王国最后一任国王是艾尔朗伽（Airlangga）。艾尔朗伽的母亲是前马达兰王国的公主，父亲是巴厘王国的国王乌达亚纳（Udayana）。在艾尔朗伽继位前，前马达兰王国的国王是其舅舅达尔玛旺萨（Dharmawangsa），执政时间为991年至1016年。达尔玛旺萨于990年派军进攻室利佛逝王国，欲夺取马六甲海峡，控制海上贸易要道，但因供给不足被迫撤军。1016年，达尔玛旺萨给自己的公主与艾尔朗伽举办婚礼时，王宫被室利佛逝王国的军队袭击，达尔玛旺萨被杀害，艾尔朗伽带着公主逃进森林。前马达兰王国群龙无首，四分五裂。1019年，前马达兰王国臣民找到艾尔朗伽，请他出任国王，恢复前马达兰王国，艾尔朗伽继承王位，执政时间从1019年到1041年。艾尔朗伽继位之初，王国因四分五裂而实力衰退。1023年后，室利佛逝王国因受印度注辇王国袭击，实力锐减。艾尔朗伽趁机统一原本四分五裂的国家，于1035年恢复前马达兰王国的盛况。在艾尔朗伽的统治下，前马达兰王国兴修水利，发展农业，加强海上贸易，佛教与印度教并存，国家日益强盛。

随着前马达兰王国的兴盛，室利佛逝国王将自己的公主嫁给了艾尔朗伽为妃。艾尔朗伽共有5个子女。长女斯里·桑格拉玛维查亚（Sri Sanggramawijaya）本为继承人，但放弃了王位出家修行。艾尔朗伽在王后与爱妃所生的两个王子之间难以抉择继承人，曾派人咨询巴厘王国能否让他的一个儿子继承王位，被巴厘王国拒绝。1041年，为了避免两个儿子争夺王位，艾尔朗伽将前马达兰王国一分为二，分别由两位王子继承王位，自己退位修行。艾尔朗伽以布兰塔斯河为界，河西以谏义里（Kediri）为中心，由爱妃的儿子萨玛拉维查亚（Samarawijaya）出任国王，被称为班加鲁（Panjalu）王国，又被称为谏义里王国；河东以玛琅为中心，由王后的儿子伽拉萨甘（Garasakan）出任国王，被称为绒牙路（Janggala）王国。但艾尔朗伽并没有设法避免两兄弟之间的争斗。1049 年，艾尔朗伽去世后，两国之间经常发生战争。

### 六、谏义里王国

谏义里王国位于爪哇岛中部东部地区，存在于 1041 年至 1222 年。如前所述，谏义里王国第一任执政者即前马达兰王国最后一任国王艾尔朗伽的儿子萨玛拉维查亚。萨玛拉维查亚 1041 年即位，于 1052 年征服绒牙路王国，1059 年后，谏义里王国与新建的绒牙路王国长期并存。后来，谏义里王国巴迈斯瓦拉（Bameswara）国王娶了绒牙路王国的公主，并将两个国家合并统一。巴迈斯瓦拉执政时间为 1115 年至 1130 年。

1130 年至 1160 年，查亚巴哈亚（Jayabhaya）执政期间曾攻占室利佛逝王国的占碑地区，收服诸多属国。此后，谏义里王国一度达到鼎盛，势力到达巴布亚岛，控制着印度尼西亚东部地区，农业、手工业、畜牧业和海上贸易发达，直到公元 13 世纪初。

1190 年至 1222 年，出任谏义里王国最后一任国王的是科尔塔查亚（Kertajaya）。1222 年，僧侣和农民起义，反对科尔塔查亚的暴政，庚·阿洛（Ken Arik）趁乱起义，打败了科尔塔查亚的军队，覆灭谏义里王国，建立新柯沙里王国。

### 七、新柯沙里王国

新柯沙里王国位于爪哇岛东部地区，存在于 1222 年至 1292 年。新柯沙里王国第一任国王庚·阿洛原生于农村贫苦家庭，父亲是婆罗门僧侣加查·帕拉（Gajah Para）。庚·阿洛青年时期偷盗、抢劫，无恶不作，后阴谋杀害地方领主东古尔·阿麦东（Tunggul Ametung）取而代之，并娶了其妻子。后来，庚·阿洛招兵买马，试图夺取谏义里王权，并于 1222 年趁乱取而代之建立新柯沙里王国。

1227年，庚·阿洛的继子、阿麦东的遗腹子，阿努萨帕迪（Anusapati）派刺客暗杀庚·阿洛并取而代之成为新柯沙里王国第二任国王，执政于1227年至1248年。1248年，庚·阿洛的儿子托赫查亚（Tohjaya）刺杀了阿努萨帕迪，成为新柯沙里王国第三任国王，但仅执政数月后，阿努萨帕迪的儿子朗伽乌尼（Ranggawuni）就推翻了托赫查亚的政权，成为新柯沙里王国第四任国王，执政于1248年至1268年。1254年，朗伽乌尼册立太子，赐封号克尔塔纳加拉（Kertanagara）。1268年，朗伽乌尼驾崩后，克尔塔纳加拉继位，成为新柯沙里王国最后一任国王，执政于1268年至1292年。

克尔塔纳加拉执政期间大力发展国内政治、经济和宗教，推动印度教的传播，团结印度教与佛教，着力对外扩张。克尔塔纳加拉派兵征服了巴厘岛、马鲁古岛、西爪哇岛、西加里曼丹岛等地区，合围室利佛逝王国，并于1290年派兵进攻苏门答腊岛，试图征服室利佛逝王国，控制马六甲海峡从而控制海上贸易。谏义里的地方官查亚卡特旺（JayaKatwang），趁克尔塔纳加拉派兵进攻苏门答腊岛国内兵力空虚之际，发动政变，派兵进攻国都杜马班，1292年，杀死克尔塔纳加拉取而代之，恢复谏义里王国。克尔塔纳加拉的继子兼女婿拉登·维查亚（Raden Wijaya）辗转逃亡，于1292年建立满者伯夷地方政府。

## 八、满者伯夷王国

满者伯夷王国中心位于爪哇岛东部地区，是印度尼西亚历史上最强大的帝国，大致统一并确定了当今印度尼西亚的领土，存在于1293年至1518年。满者伯夷王国也是印度尼西亚爪哇岛上最后一个信仰印度教和佛教的王国。

如前所述，新柯沙里王国最后一任国王克尔塔纳加拉的继子兼女婿拉登·维查亚于1292年建立满者伯夷地方政府。1293年，拉登·维查亚建立满者伯夷王国，成为这一强大帝国的开国国王，执政于1293年至1309年。

印度尼西亚古代王国王位继承权以母系为主，所以，公主是第一合法继承人，驸马行使国王权力。拉登·维查亚执政期间，为了巩固王位强化其合法性，开始平定内乱，并同时迎娶了新柯沙里王国最后一任国王克尔塔纳加拉的四位公主。拉登·维查亚还迎娶了室利佛逝王国的公主，加强两国关系的同时，也让自己的后代拥有室利佛逝王国王位的继承权，为之后一统印度尼西亚做准备。

加查·马达（Gajah Mada）原为国王护卫队长，因护卫有功和挫败政变等功绩逐渐成为满者伯夷王国丞相，在位于 1331 年至 1364 年。在宰相加查·马达的策划下，满者伯夷王国军队先后征服苏拉威西岛、马鲁古岛、松巴岛、苏门答腊岛、加里曼丹岛和马来半岛。1350 年至 1389 年，哈奄·武禄（Hayam Wuruk）在位期间，满者伯夷王国进入鼎盛时期，其领土不仅包括现在印度尼西亚全部的领土，还包括今马来西亚和菲律宾的部分地区。满者伯夷王国是中央集权制的国家，国家体制完善，经济贸易发达，控制了马六甲海峡海上贸易，农业、手工业发达，文化昌盛，人民生活富裕。

哈奄·武禄于 1389 年驾崩后，满者伯夷王国因内战和农民起义等，元气大伤，逐渐式微，爪哇岛之外的领主纷纷割据称雄，想脱离中央管控，满者伯夷王国逐渐陷于分崩离析的境地。15 世纪后，随着伊斯兰教商人的涌入，沿海的商人试图摆脱满者伯夷王国中央对海上贸易的垄断，地方领主也想摆脱中央的控制。于是，伊斯兰教商人、当地沿海商人与地方领主联合起来，对抗满者伯夷中央王朝。马六甲王国建立，加里曼丹岛和苏拉威西岛的王国纷纷独立。1518 年，淡目（Demak）领主拉登·巴达（Raden Patah）推翻满者伯夷帝国，建立了淡目王国，满者伯夷王国成为其附属国。不久后，淡目王国覆灭了满者伯夷王国。淡目王国是爪哇岛第一个信仰伊斯兰教的国家。

## 第二节　信奉伊斯兰教的王国

印度尼西亚学界早期认定伊斯兰教传入印度尼西亚的时间大概在 13 世纪至 14 世纪，即满者伯夷帝国时期。但我国唐朝时期已有伊斯兰教商人，印度尼西亚地处阿拉伯、波斯到我国东南地区海路必经之地，不可能全无伊斯兰教商人踪迹。因此，13—14 世纪在印度尼西亚出现的可能已经不是穆斯林寻常社区，而是伊斯兰国家，此前应该早有伊斯兰教商人出没，马六甲海峡沿岸港口城市出现规模化穆斯林社区的时间不会晚于 9 世纪。最新研究表明，7 世纪时，已有伊斯兰教传入印度尼西亚。印度尼西亚最早的伊斯兰教传教者有 9 位，被称为“九位使节”，他们被认为拥有超自然的能力，备受尊重，他们的一些墓葬被完好保存至今。①

澳大利亚学者迈克尔·皮尔逊（Michael Pearson）在《印度洋史》一书中给出的结论也跟上述判断相符，他指出：“伊斯兰从 13 世纪末开始就在东南亚进行这种宗教皈依（将苏门答腊北部命名为苏木都剌，以示该地的荣耀感）。大众的皈依大都从 14 世纪末开始；14 世纪后半叶，爪哇东部也皈依了伊斯兰。14 世纪出现了伊斯兰国家，先是在苏门答腊北部，其后在爪哇沿海。从 15 世纪中叶开始马六甲成为皈依的中心。”②

伊斯兰教传入印度尼西亚有两条路径：一是经由印度古吉拉特（Gujarat）的波斯穆斯林商人商贸推动；二是经由爪哇岛皈依伊斯兰教的统治中心推动。③印度尼西亚本土商人为商业利益考虑选择信奉伊斯兰教，进而促成社区乃至国家伊斯兰化。苏门答腊岛和爪哇岛的国家为了同室利佛逝帝国和满者伯夷帝国竞争，可能接受伊斯兰教或转成穆斯林身份以求独立。随着两大帝国的衰落，伊斯兰教王国的建立，伊斯兰教从西向东在印度尼西亚迅速传播。17 世纪后，伊斯兰教在印度尼西亚渐占上风，逐渐取代了印度教与佛教的地位，到 19 世纪成为印度尼西亚主要宗教，但其真正主导印度尼西亚文化还要等到 20 世纪。

印度尼西亚信仰伊斯兰教的国家有琼帕王国（Kerajaan Jeumpa）、佩拉克苏丹国（Kesultanan Perlak）、苏门答腊巴赛苏丹国（Kesultanan Samudera Pasai）、亚齐苏丹国（Kesultanan Aceh）、淡目苏丹国（Kesultanan Demak）、马达兰苏丹国（Kesultanan Mataram）、万丹苏丹国（Kesultanan Banten）、日惹苏丹国（Kesultanan Yogyakarta）等。

---

① 梁敏和：《印度尼西亚史纲》，广州：世界图书出版广东有限公司，2019 年，第 92—93 页。

② ［澳］迈克尔·皮尔逊：《印度洋史》，朱明译，上海：东方出版中心，2018 年，第 99 页。

③ Syarif Moeis, *Pembentukan Kebudayaan Nasional Indonesia*, Disajikan dalam diskusi Jurusan Pendidikan Sejarah FPIPS UPI Bandung, 2009.

## 一、琼帕王国和佩拉克苏丹国[①]

琼帕王国可能是印度尼西亚第一个信仰伊斯兰教的王国。迪恩·麦吉（Dien Majid）在《亚齐历史注释》（*Catatan Pinggir Sejarah Aceh*）中记载，7世纪时，波斯王子马哈拉吉·斯亚利阿·沙尔曼（Maharaj Syahriar Salman）来到琼帕王国，娶了国王的女儿马扬·瑟伦达（Mayang Selundang）。沙尔曼继承王位后，琼帕王国成为信仰伊斯兰教的国家，沙尔曼和瑟伦达的后代建立了佩拉克苏丹国。也有研究认为佩拉克苏丹国是印度尼西亚第一个伊斯兰教国家。

佩拉克苏丹国历史记载不详，仅利泽·艾孜德（Rizem Aizid）的《群岛伊斯兰教历史》（*Sejarah Islam Nusantara*）中提及其存在于 840 年至 1292 年。第一任国王是苏丹阿劳丁·赛义德·毛拉纳·阿卜杜勒·阿齐兹·沙（Sultan Alauddin Syed Maulana Abdul Aziz Syah）。佩拉克苏丹国拥有高度发达的港口，海上贸易发达。

## 二、苏门答腊巴赛苏丹国

苏门答腊巴赛苏丹国位于苏门答腊岛北部巴赛河口处，又被称为“苏门答腊苏丹国”“巴赛苏丹国”，存在于 1267 年至 1521 年。苏门答腊巴赛苏丹国是有较为详细记载的印度尼西亚第一个伊斯兰教国家。

我国《元史》中记载了“苏木都剌国”1289 年遣使来朝的信息，也有记作“速木都剌”“须文达那国”，到明朝后记作“苏门答腊”，沿用至今。考古发现的最早的碑文是第一任国王苏丹马立克·沙（Sultan Marek Saleh）的墓碑，他于 1297 年去世，墓碑上刻有伊斯兰教历 635 年。马可波罗 1298 年途经此地称之为“Samara”，伊本·白图泰 1345 年途经此地称之为“Sumatra”，两个名称均指苏门答腊巴赛苏丹国。后来，“苏门答腊”开始指称整个岛屿。

1267 年，马立克·沙建立了苏门答腊巴赛苏丹国。当时，苏门答腊巴赛苏丹国以东还没有其他伊斯兰教国家。14 世纪中叶，苏门答腊巴赛苏丹国遭

---

① Bayu Ardi Isnanto, “Mengenal 7 Kerajaan Islam di Sumatera yang Bersejarah”, https://www.detik.com/sumbagsel/budaya/d-6758479/mengenal-7-kerajaan-islam-di-sumatera-yang-bersejarah[2023-06-07/2024-05-08].

受满者伯夷帝国的袭击。此后，苏门答腊巴赛苏丹国经历多次内乱，国力日渐衰落。苏门答腊巴赛苏丹国最后一任国王是苏丹宰纳・阿比丁（Sultan Zainal Abidin），执政于1514年至1517年。到1521年，葡萄牙入侵占领了巴赛并驻军于此，苏门答腊巴赛苏丹国覆灭。1524年，葡萄牙驻军撤离后，亚齐苏丹国苏丹阿里・穆加亚特・沙（Ali Mughayat Syah）吞并了其领土。

### 三、亚齐苏丹国

亚齐苏丹国中心位于今印度尼西亚班达亚齐地区，存在于16世纪至20世纪。按照梁敏和在《印度尼西亚史纲》中的考据，亚齐王国最早源于840年建立的伊斯兰教国家莯务勒乌拉克王国（Kerajaan Peureulak），1205年苏丹阿莱丁・约翰・沙（Alaiddin Juhan Syah）更改国名为达鲁萨兰王国，依附于帕迪尔王国（Kerajaan Pedir）。到1514年至1528年，苏丹阿里・穆加亚特・沙执政期间，亚齐苏丹国于1520年摆脱帕迪尔王国成为独立的伊斯兰教国家。

亚齐苏丹国独立后，攻击周边帕迪尔王国、苏门答腊巴赛苏丹国、马六甲王国等，开疆拓土，成为控制海上贸易的强盛王国。亚齐苏丹国还通过与英国和土耳其等国家保持友好关系，发动圣战，对抗葡萄牙殖民统治。

1607年至1636年苏丹伊斯坎达尔・穆达（Iskandar Muda）执政期间，亚齐苏丹国的势力达到顶峰。伊斯坎达尔・穆达不断开疆扩土，征服德力（Deli）、柔佛（Johor）、宾丹（Bintan）、彭亨（Pahang）、吉打（Kedah）、霹雳（Perak）、尼亚斯（Nias）等。亚齐苏丹国替代马六甲王国，成为马来半岛和印度尼西亚伊斯兰教的中心。1629年，伊斯坎达尔・穆达派兵进攻马六甲时，被葡萄牙、北大年苏丹国和柔佛苏丹国的联合舰队打败。1636年伊斯坎达尔・穆达后，亚齐苏丹国主要因为内乱开始衰落。

到17世纪末，亚齐苏丹国对胡椒的贸易垄断被荷兰打破。此后，亚齐苏丹国又开始对抗荷兰的殖民统治，借助英国与荷兰的矛盾，勉强保持独立。1873年3月，荷兰殖民政府对亚齐苏丹国宣战，挑起亚齐战争。1874年，荷兰攻占亚齐苏丹国首都和王宫，亚齐苏丹被迫撤入山区采取游击战术进行对抗。1903年，亚齐苏丹被捕，亚齐苏丹国覆灭，被迫接受荷兰的殖民统治。亚齐苏丹国是印度尼西亚最后一个被打败的伊斯兰教国家。

## 四、淡目苏丹国

淡目苏丹国位于印度尼西亚爪哇岛东部、中部地区，是印度尼西亚爪哇岛第一个伊斯兰教国家，存在于1518年至1568年。1518年，满者伯夷王国淡目地区的领主拉登·巴达（Raden Patah）推翻满者伯夷王国，建立了淡目王国。

拉登·巴达的儿子武努斯（Unus）1518年继承王位，1521年去世。武努斯的弟弟特伦戛纳（Trenggana）继位，执政于1521年至1546年。在特伦戛纳的统治下，淡目苏丹国消灭了满者伯夷王国的残余势力，控制了爪哇岛大部分地区，并控制了苏门答腊岛部分地区和加里曼丹岛部分地区。淡目苏丹国农业和海上贸易发达。

特伦戛纳1546年阵亡后，淡目苏丹国陷入内乱，日渐衰败。首先是特伦戛纳的堂弟瑟达·勒篷（Seda Lepen）与其儿子苏南·普拉沃托（Sunan Prawoto）争夺王位，瑟达·勒篷被杀，苏南·普拉沃托继位。而后，苏南·普拉沃托被瑟达·勒篷的儿子报仇杀害，苏南·普拉沃托的儿子阿里亚·帕曼桑（Aria Pamansang）继位。此后，各地纷纷发动叛乱。

1568年，巴章地方的领主查卡·丁吉尔（Jaka Tingkir）平息了各地叛乱，并杀了阿里亚·帕曼桑，取而代之，自立为王。1568年，查卡·丁吉尔将淡目苏丹国改名为巴章苏丹国（Kesultanan Pajang）。1586年，马达兰地方领主瑟诺帕蒂·英阿拉嘎（Senopati Ingalaga）利用农民起义推翻了巴章苏丹国，建立马达兰苏丹国。

## 五、马达兰苏丹国

马达兰苏丹国又称“后马达兰王国”，位于印度尼西亚爪哇岛，存在于1586年至1755年。除了爪哇岛西部的万丹地区和东部的巴拉姆邦安（Balambangan）地区外，马达兰苏丹国几乎控制了整个爪哇岛。

1586年，马达兰地方领主瑟诺帕蒂·英阿拉嘎推翻巴章苏丹国，建立马达兰苏丹国，执政于1586年至1601年。1601年，瑟诺帕蒂·英阿拉嘎病故，王子马斯·佐朗（Mas Jolang）继位。1613年，苏丹阿贡（Sultan Agung）继位，执政于1613年至1645年。阿贡执政期间，马达兰苏丹国国力日益强盛，统一了爪哇岛中部、东部地区，并向爪哇岛西部扩张。

马达兰苏丹国的最后一任国王是苏丹苏南·帕库布沃诺三世（Sultan Sunan Pakoeboewono III），执政于1749年至1788年。1755年，苏南·帕库布沃诺三世与荷兰东印度公司签订投降条约，其叔父哈孟古布沃诺（Hamengkoeboewono）不服，不承认该投降条约，自称后马达兰苏丹国国王，但不敌荷兰东印度公司。后来，荷兰东印度公司派代表与哈孟古布沃诺和谈，签订协定，马达兰苏丹国一分为二。苏南·帕库布沃诺三世统治梭罗苏丹国，哈孟古布沃诺统治日惹苏丹国，成为日惹苏丹国的第一任苏丹。两国均为荷兰东印度公司的附属国。

## 六、万丹苏丹国

万丹苏丹国位于爪哇岛西部万丹地区，存在于1568年至1753年。万丹地区曾是淡目苏丹国的属地，1568年，万丹地方首领哈沙努丁（Hasanudin）趁淡目苏丹国内乱，宣布独立，建立万丹苏丹国。

1570年，哈沙努丁去世，王子尤素夫（Jusuf）继位，执政于1570年至1580年。尤素夫执政期间，开疆扩土，1579年灭巽他王国。万丹苏丹国控制了爪哇岛西部地区和苏门答腊岛南部地区，与马达兰苏丹国分庭抗礼。万丹苏丹国成为国际贸易胜地。

1580年，尤素夫的儿子马乌拉纳·穆罕默德（Maulana Mohammad）继承王位，称号为拉图·万丹（Ratu Banten）。马乌拉纳·穆罕默德1605年亲征巨港战死。此后，万丹苏丹国也陷入王位争夺的内战，并遭受马达兰苏丹国的打压以及荷兰殖民者的袭击，国力日益衰微。1753年，万丹苏丹国沦为荷兰殖民属国，丧失主权。

万丹苏丹国最后一任苏丹是苏丹马乌拉纳·穆罕默德·沙弗丁（Sultan Maulana Mohammad Shafiuddin），执政于1809年至1813年。1813年，万丹苏丹王宫被摧毁，万丹苏丹国覆灭，完全沦为殖民属地。

## 七、日惹苏丹国

1755年，苏南·帕库布沃诺三世的叔叔哈孟古布沃诺统治日惹苏丹国，成为日惹苏丹国的第一任苏丹。日惹苏丹国有两位统治者，一位是苏丹，另一位是统治疆域较小的帕库阿拉姆（Paku Alam）王子。日惹苏丹国延续至今，是印度尼西亚唯一仍然有苏丹统治的特别行政区。

1945 年 9 月，印度尼西亚宣布独立之后，日惹苏丹哈孟古布沃诺九世（Hamengkubuwono IX）和帕库阿拉姆八世（Paku Alam VIII）发表联合声明效忠于印度尼西亚共和国，愿意让日惹苏丹国成为印度尼西亚的一部分，前提是得到印度尼西亚共和国副总统哈达的承诺，可以在加入印度尼西亚共和国后维持世袭苏丹和总督的权力，并写入印度尼西亚共和国的宪法。随后，日惹苏丹国统治区域被统一为日惹特区，苏丹成为日惹特区区长，帕库阿拉姆则成为特区副区长。第一任日惹特区区长是哈孟古布沃诺九世，此后帕库阿拉姆八世继任区长。在此后的革命时期，日惹特区也充当了印度尼西亚共和国临时首都的角色，发挥了重要的作用。

1998 年，哈孟古布沃诺十世（Hamengkubuwono X）成为日惹特区区长，连任至今。与印度尼西亚其他地区的领导不同的是，日惹特区区长拥有不限制任期、不必接受印度尼西亚政府任命等特权。在履行职责方面，日惹特区区长拥有与印度尼西亚政府同等大小的权力和责任。

日惹的行政中心是苏丹的王宫，被称为日惹王宫（Kraton）。王宫中目前有 2000 多名家臣，他们身穿日惹传统服装，打理日惹王宫。如今王宫一部分是日惹苏丹的起居办公场所，一部分成为博物馆对外开放，广受游客青睐。整座王宫是伊斯兰文化和爪哇文化的混合体，又具欧洲风格。大部分建筑现已改为博物馆，陈列王室历史资料和家具用品等供游客参观。宫内收藏着 20 多套加美兰乐器，有间专门收藏皮影戏傀儡的房间，里面保存着许多傀儡，还能看到爪哇传统服装巴迪克的蜡染印花技艺和国王佩剑克里斯短剑，可以感受印度尼西亚的四项世界级人类非物质文化遗产的风采。另外，宫内到处摆放着中国明清两代的瓷器，可以窥见中国与日惹苏丹王国的交流往来历史。

**思考题：**

1. 印度尼西亚有哪些强盛的古代国家？
2. 印度尼西亚古代国民的宗教信仰与政治的关系是怎样的？

# 第七章　西方入侵统治历史

印度尼西亚有独特的地理位置与生态环境，其丰富的香料和黄金等自然资源，使其成为海上贸易的咽喉要地，成为西方殖民者角逐的重要对象之一。16世纪以来，印度尼西亚先后被葡萄牙、荷兰、法国、英国和日本入侵或统治，受荷兰统治近350年之久。荷兰的统治分为荷兰东印度公司统治与荷兰政府统治两个阶段。需要澄清的是，印度尼西亚本土王国一直积极对抗西方列强的入侵，直到20世纪初印度尼西亚才完全陷入荷兰的殖民统治。

15世纪中叶，西欧经济社会复苏，更加渴求东方黄金和香料。西欧各国开启文艺复兴、科学革命、宗教改革，进而沿大西洋南下开拓新大陆。16世纪之前，欧洲的东方贸易掌握在阿拉伯人手中，为了打破阿拉伯人的垄断，西班牙、葡萄牙开始推动航海探险，为资本和宗教寻找新的财源、信众。葡萄牙人突破阿拉伯人在印度洋的贸易垄断，在亚洲捷足先登。1497年，葡萄牙人登陆印度西海岸果阿，继而东进瓦解马六甲王国，马六甲王国分裂为诸多小王国，之后取代穆斯林商人向欧洲直供亚洲香料。葡萄牙联合诸多小王国与印度尼西亚较大的伊斯兰教王国以及满者伯夷帝国竞争。西班牙、英国、德国也乘机进入印度尼西亚。葡萄牙人主导印度尼西亚香料贸易近百年后，荷兰人1596年来到了印度尼西亚扎根。

1602年，荷兰东印度公司成立，跟葡萄牙竞争。英国、西班牙、葡萄牙、荷兰围绕香料混战。荷兰凭借股份公司体制和海上交通技术优势，在印度尼西亚诸岛胜出。英国、西班牙、葡萄牙则在印度尼西亚外围胜出，例如在东南亚其他国家及非洲、拉丁美洲。荷兰取代葡萄牙后，为控制香料、木料货源而深入印度尼西亚各岛内陆并残暴驱逐屠杀原住民。印度尼西亚各地人奋起反抗。荷兰东印度公司为此陷入沉重负债并于18世纪末破产。荷兰政府接手后继续推行军政殖民强权，但也开始政治建设。1806—1811 年，法国短暂占据印度尼西亚。1811—1816 年，英国短暂占据印度尼西亚。1816 年，荷兰重新掌控印度尼西亚。1850 年后，荷属殖民地遍及印度尼西亚全境。1941 年 12 月，日本袭击珍珠港发动太平洋战争征战东南亚，次年 3 月 8 日迫使荷兰投降。1944 年 9 月，日本扩大合作避免战争失利，允诺印度尼西亚独立并于 1945 年 3 月创建“印度尼西亚独立筹备工作调查委员会”。同年 8 月 15 日，日本无条件投降，8 月 17 日印度尼西亚宣布独立并对试图复辟的荷兰展开独立战争，四年半后独立建国。

## 第一节　葡萄牙入侵历史

西方列强图谋东方资源的途径，首先是探索和开通航线打破阿拉伯人的贸易垄断，然后是建立商贸点和军事要塞，再是通过殖民统治掠夺资源。最早来到印度尼西亚的西方列强是葡萄牙。1497 年 7 月 8 日，葡萄牙国王派遣第一支探险队探索从非洲到印度的航线。达・伽马率领了 4 艘帆船约 100 名水手，绕过非洲的好望角，在阿拉伯人的领航下，于 1498 年 5 月 20 日到达印度的西海岸古吉拉特。[①] 达・伽马派代表通知古吉拉特的伊斯兰教商人，他们是来寻找香料和发展基督教教徒的。[②] 达・伽马的船队运回大量的丝绸、香料、象牙、宝石等，收获远超航行费用的回报。这支探险队开辟了葡萄牙人通往南亚和东南亚的海上航线，也让葡萄牙看到了其中蕴藏的极大利益。于是，葡萄牙开始努力控制印度洋贸易区以此来垄断香料贸易。

1502 年，达・伽马率领军队和装备大炮的舰队向东航行，并在非洲、印度沿途建立商贸站点和军事要塞，劫掠财物资源。1510 年，葡萄牙占领了古吉拉特地区。1511 年，葡萄牙攻占了马六甲王国，并将之作为基地，逐步占

① 古小松主编:《东南亚：历史、现状、前瞻》，广州：世界图书出版广东有限公司，2013 年，第 14 页。

② John Bastin, *The Emergence of Modern Southeast Asia:1511—1597*, Englewood Cliffs: Prentice Hall,1967, p.7.

领印度尼西亚，在印度尼西亚的苏门答腊岛、加里曼丹岛、爪哇岛、苏拉威西岛和安汶岛建立商贸站点和军事要塞。葡萄牙主要从印度尼西亚掠夺胡椒、豆蔻、丁香、檀木、樟脑、生姜、大米等，然后运往欧洲，赚取高额利润。

葡萄牙并非在印度尼西亚占支配地位的殖民统治国，它意图成为一个强大的贸易参与者，主要通过与地方政权结盟，通过签订贸易协定建立商贸站点和军事要塞，或与小国结盟对抗其他地方强权国家的方式获取利益。葡萄牙1512年开始寻求与巽他王国签订贸易协定，于1522年8月正式签订协约，并立碑纪念此事。根据此协定，葡萄牙获准在巽他克拉帕（今雅加达地区）建立商贸站点和军事要塞。1522年，葡萄牙还与爪哇岛西部的万丹地方政权建立联盟，一起对抗强大的淡目苏丹国对海上贸易的控制。葡萄牙人虽信仰基督教，并将基督教引入印度尼西亚，但葡萄牙人并没有放弃与印度尼西亚地方伊斯兰教国家的政治联盟。葡萄牙会与印度尼西亚弱小的伊斯兰教国家联合对抗强大的伊斯兰教国家，如葡萄牙曾与柔佛王国联合起来对抗亚齐苏丹国。

1522年，西班牙人也来到印度尼西亚马鲁古群岛，与葡萄牙人发生冲突，最终西班牙人战败离开。除了少数西班牙人和英国人进入印度尼西亚外，在整个16世纪，葡萄牙几乎垄断了印度尼西亚地区的香料贸易。葡萄牙在印度尼西亚各处建立商贸站点，迫使商船进入他们控制的港口，并与海盗联盟劫掠那些绕过他们港口的商船。荷兰人17世纪初到达印度尼西亚后，葡萄牙才因竞争失败被迫离开。

## 第二节　荷兰东印度公司控制历史

16世纪后叶，荷兰逐渐崛起，积极发展海上航运，加强对外贸易。1594年，荷兰的香料来源被西班牙截断，荷兰开始前往东方寻找香料资源。荷兰人最早于1596年到达东印度群岛，随后与葡萄牙人竞争对印度尼西亚香料贸易的控制。

1595年4月，荷兰“远东公司”（Compagnio Van Verro）的霍特曼（Houtman）率领配备大炮的4艘船与248名水手，出发探索从荷兰到“香料群岛”东印度群岛的航线。1596 年 6 月，霍特曼到达印度尼西亚爪哇岛西部的万丹港口。因为霍特曼一行人的蛮横态度，第一次的远征并不是很顺利。他们因压价和抢夺行为，引发万丹苏丹国的不满，被罚款驱逐。霍特曼一行继续航行前往马都拉岛和巴厘岛，但因船员生病或死亡和抵制，于 1597 年返回荷兰。这一次的远征虽获利不多，但让荷兰掌握了前往印度尼西亚的航线。1598 年，由范尼克率领的 8 艘船组成的荷兰第二支东征队伍，仅用 6 个月时间于 11 月到达万丹。此时正逢葡萄牙人与万丹苏丹国发生武装冲突，范尼克的队伍帮助万丹苏丹国打败了葡萄牙人，荷兰人因此获准在万丹设立商贸站点。这一次，荷兰的 8 艘船在印度尼西亚的万丹、雅加达、安汶、班达等地区装满了胡椒、丁香和豆蔻等香料，满载而归，获得了巨大的利润。

1598 年至 1601 年，荷兰快速组建了一些贸易公司，并组织了 14 次航行，往返于荷兰与印度尼西亚，收货满满。但荷兰不同贸易公司之间为了利益展开了激烈的竞争。荷兰政府为了减小内部竞争并一致对抗葡萄牙等外部竞争对手，建议将各个贸易公司联合起来组建了一个贸易公司。1602 年 3 月，经国会批准，荷兰组建了尼德兰联合东印度公司，简称“东印度公司”（Vereenigde Oostindische Compagnie，VOC）。荷兰政府给予东印度公司极大的权力，规定其拥有海上贸易的垄断权，以及“招募军队、任命官吏、建筑炮台、铸造货币、代表国家对外宣战，以及缔结条约等权力”[①]。实质上，东印度公司就是荷兰政府殖民征服印度尼西亚的代言人。

荷兰东印度公司成立后便开始了对印度尼西亚的征服活动。首先，荷兰联合印度尼西亚伊斯兰教国家快速打败了与之竞争的葡萄牙人和西班牙人，将他们赶出印度尼西亚。1605 年，荷兰东印度公司占领马鲁古群岛的主要岛屿，垄断了香料贸易。1609 年，荷兰东印度公司与西班牙签订休战协定，完全控制了马鲁古群岛的香料贸易。然后，荷兰东印度公司与印度尼西亚地方政权展开了漫长的斗争。葡萄牙人控制印度尼西亚香料贸易的方式是控制港口，而荷兰人控制印度尼西亚香料贸易的方式是控制香料产地。为了控制豆蔻、丁香和胡椒等香料产地，荷兰东印度公司残忍对待香料产地的原住民，通过驱逐、屠

① 梁敏和:《印度尼西亚史纲》，广州：世界图书出版广东有限公司，2019 年，第 119 页。

杀和引入奴隶等方式，控制香料的生产。

1610 年，荷兰东印度公司在印度尼西亚设立总督领导各地的商馆，由彼德尔·波施（Pieter Both）出任第一任总督。荷兰东印度公司在雅加达设立总部，1617 年在雅加达建立军事堡垒。1619 年，荷兰东印度公司在与英国人的冲突中打败英国，完全占领了雅加达。同年，接任总督的延·皮特逊·昆（Jan Pieterszoon Coen）在雅加达新建荷兰东印度公司的总部。雅加达被更名为巴达维亚（Batavia），此后一直是荷兰殖民印度尼西亚的政权中心。

17 世纪，印度尼西亚有亚齐苏丹国、万丹苏丹国、后马达兰苏丹国等强大的伊斯兰教国家，控制着印度尼西亚香料贸易。荷兰东印度公司成立之初，通过与印度尼西亚地方王国谈判和签订协议的方式，按照市场价收购香料。驱逐葡萄牙人、西班牙人后，荷兰东印度公司确立了香料贸易的垄断地位，开始压低价格收购香料。荷兰人利用印度尼西亚各个王国之间的内外部矛盾，逐个瓦解、击破各地方王国，迫使他们承认荷兰东印度公司的统治权。

17 世纪初，荷兰东印度公司占领马鲁古群岛后，建立了两种殖民制度。第一种是由荷兰东印度公司直接管辖殖民地，荷兰东印度公司委任荷兰人担任地方长官，控制地方王公贵族为其服务。第二种是承认地方属国的统治权，地方属国名义上独立，但荷兰东印度公司会干预其王位的继承，并签订不平等的条约。荷兰东印度公司利用印度尼西亚各地方王国的内外部冲突，先后征战后马达兰苏丹国、望加锡苏丹国和万丹苏丹国，迫使他们承认荷兰东印度公司的统治权，以此控制香料种植与贸易。到 18 世纪末期，荷兰东印度公司直接管辖的殖民地占到爪哇岛面积的五分之三。

荷兰东印度公司在东印度群岛的侵略和扩张，受到了其他西方列强的竞争以及印度尼西亚伊斯兰教王国和广大人民群众的抵抗，包括 1683 年至 1706 年苏拉巴迪（Surapati）领导的奴隶起义。18 世纪，英国同荷兰东印度公司爆发了多次战争，均是荷兰东印度公司失败。1780 年至 1784 年荷兰东印度公司在战争中的失败，使英国控制了部分荷兰东印度公司在印度尼西亚的殖民地，也控制了印度尼西亚的海上交通。1795 年，在欧洲本土，法国军队入侵并吞并荷兰，荷兰国王逃亡英国。荷兰连连征战，影响了荷兰东印度公司在印度尼西亚各地的商业贸易，荷兰东印度公司出现了严重的财务危机，也失去了强大的国家作为后盾。1796 年，建立的法兰西第一共和国的傀儡政府巴达维亚共和国接管了荷兰东印度公司，荷兰东印度公司已经名存实亡。1799 年 12 月 31 日，荷兰东印度公司破产倒闭。

## 第三节 英法短期统治历史

18 世纪，随着欧洲资产阶级改革浪潮，英国、法国崛起，荷兰式微。荷兰先后与英国、法国交战，英国控制了原属荷兰的海上航线，法国侵占荷兰本土。1795 年，法国在拿破仑的带领下占领荷兰。荷兰在 1806 年被法国封为王国，1810 年并入法国，直到拿破仑战争结束后，1814 年才脱离法国独立。

法国吞并荷兰后，其控制下的巴达维亚共和国控制了荷兰的殖民属地印度尼西亚。但法国的统治时间很短。1806 年，英国舰队包围了印度尼西亚，亲法的荷兰人丹德尔斯（Daedels）被任命为管理印度尼西亚的总督。1808 年，丹德尔斯到达印度尼西亚加强军事建设，准备抵抗英国。丹德尔斯扩充军队，修建公路，在今万丹、泗水、马都拉等地建立军事要塞。丹德尔斯延续荷兰东印度公司剥削当地人的旧做法并征召当地人参军和加强军事基建，引发当地人的反抗起义。1811 年 8 月，英国驻印度总督明多率领舰队进攻巴达维亚，强征的军队一触即溃，9 月，英国接管了印度尼西亚的控制权。

英国占领印度尼西亚后，派遣其驻印度的副总督莱佛士（Raffles）前往控制印度尼西亚。莱佛士来到印度尼西亚后，采取各种方法强迫印度尼西亚本土国家交出权力或割让土地。他以发放年薪的方式，让地方伊斯兰教国家苏丹可以保留称号但要交出行政权力。还用武力进攻迫使日惹、梭罗等苏丹国割让土地。莱佛士在印度尼西亚推行了一系列新的殖民政策①：

（1）宣布全部土地为宗主国所有，农民为世袭佃农；

（2）废除强迫种植制和强迫供应制，改行地税制，依收成而定税率，税额从四分之一到二分之一不等，收税以村社为单位，直接向殖民财政机构缴

① 梁敏和:《印度尼西亚史纲》，广州：世界图书出版广东有限公司，2019 年，第 128 页。

纳，地租可用货币或稻米缴纳。实行货币地租制，客观上促进了商品经济的发展；

（3）废除贸易垄断制和国内关卡税，开放港口。鼓励私人资本开辟、经营种植园；

（4）把爪哇分为 18 个州，每州设一州长，县长的权力被削弱；

（5）设立陪审制，完善司法和行政体系，以加强中央集权。

英国莱佛士在印度尼西亚的殖民政策取消了强迫耕种，采取自由耕种制度，并取消了县长的收税权。

1813 年 10 月，拿破仑帝国瓦解，1814 年荷兰脱离法国恢复了独立。英国为了牵制法国，与荷兰交好。1814 年，英国与荷兰签订条约，声明英国 1816 年 8 月 1 日正式将印度尼西亚移交给荷兰。直到 1824 年，英国与荷兰在伦敦签订《英荷条约》（又称为《伦敦条约》）后，双方关于印度尼西亚的争执才得以解决。荷兰与英国根据条约划分势力范围，荷兰承认英国对新加坡的占领，并移交在印度的所有据点和权益，将马六甲及其属地交给英国；英国承认荷兰对勿里洞岛的占领，并移交在苏门答腊岛上的全部据点及产业给荷兰。该条约于 1825 年 3 月 1 日生效，确立印度尼西亚成为荷兰的势力范围，影响了此后印度尼西亚的领土范围拟定。

## 第四节　荷兰政府统治历史

19 世纪初，荷兰政府已从英国手里接管并直接统治了印度尼西亚。面对工业发达的英国与美国，荷兰在商业竞争中处于弱势地位，为了应对国内的税收不足和严峻的债务问题，荷兰加大对印度尼西亚的殖民扩张，实行苛杂的税收制度并恢复强迫种植制度，加大对印度尼西亚的资源掠夺。荷兰政府的殖民统治引发了印度尼西亚人民的强烈反抗，到 20 世纪初，亚齐苏丹国灭亡后，荷兰基本完全征服了印度尼西亚地方政治势力，殖民地域范围达到巅峰。荷兰的殖民政策转向更加“道义”的方向。

## 一、荷兰殖民领地扩张

19 世纪之前，荷兰东印度公司对印度尼西亚的殖民统治主要以马都拉岛为中心，通过设置地方商贸公司和军事堡垒的方式，垄断香料的海上贸易，并未强烈谋求对地方政权的征服和对土地的夺取。19 世纪荷兰政府接管印度尼西亚后，为了偿还债款，加剧对印度尼西亚人民的剥削，加强了对地方政权的征服和对土地的夺取，也引发了各地的反抗运动。

1817 年，马鲁古群岛安汶岛上的巴迪慕拉（Patimura）领导了反抗荷兰殖民统治的起义，进攻荷兰政府在沙巴鲁亚岛（Saparua）上建造的军事堡垒。巴迪慕拉最终因叛徒的出卖被捕杀，其领导的反抗斗争也以失败告终。1821 年，荷兰殖民者接受苏门答腊岛西部米南佳保地区的封建领主和伊斯兰教保守派的求助，镇压当地伊斯兰教巴特里（Padri）教派，爆发巴特里战争。1837 年，荷兰政府以谈判为幌子诱捕了巴特里教派的伊玛目·彭佐尔，镇压了地方抵抗，夺取了当地统治权。1825 年，印度尼西亚爪哇岛日惹苏丹国苏丹哈蒙库布沃诺三世的长子蒂博尼哥罗（Diponegoro），因不满荷兰殖民统治带给当地人民的苦难生活以及荷兰政府违背让他继承苏丹王位的承诺，领导了爪哇人进行了大规模的反抗荷兰殖民统治的人民起义。在广大农民的支持下，蒂博尼哥罗领导的起义以农村为根据地，开展游击战争，坚持了 5 年，消灭了 15000 多名荷兰殖民军，惩办殖民官员，烧毁许多咖啡种植园，用伊斯兰教的法律审判荷兰殖民者。最后，1830 年 3 月，荷兰政府以谈判为由，逮捕了蒂博尼哥罗，其领导的起义也以失败告终。

19 世纪 40 年代后，英国侵入加里曼丹岛北部，刺激了荷兰政府，加上苏伊士运河的开通大大缩短了印度尼西亚到欧洲的行距，导致大量欧洲的资本家涌入印度尼西亚攫取财富，于是荷兰政府加紧扩大对印度尼西亚各岛屿的统治权。从 1846 年开始，荷兰政府连连发动侵略战争，先后征服巴厘岛、加里曼丹岛、苏门答腊岛、龙目岛等各岛屿的王国势力，或兼并独立的小邦国，或迫使他们承认荷兰的统治。1846—1849 年的三年时间里，荷兰政府侵略巴厘岛，迫使巴厘岛的王国承认荷兰的统治。1860 年，荷兰政府侵略并吞并了加里曼丹岛南部的马辰王国。荷兰政府还兼并了苏门答腊岛上诸多小邦国。1875 年开始，荷兰政府发动战争，侵略苏门答腊岛其他地区以及松巴岛、龙目岛等。

此后又侵略格隆贡和弗洛勒斯岛。在19世纪末20世纪初的10年时间里，荷兰政府强迫“275个封建领主承认荷兰的统治权或表示臣服于荷兰”[①]。

亚齐苏丹国是印度尼西亚最后一个被荷兰征服的伊斯兰教国家，也是印度尼西亚最后保持独立的地方政权。亚齐苏丹国位于苏门答腊岛最北部马六甲海峡沿岸，是马六甲海峡的门户，具有重要的经济和战略地位。1824年签订的《英荷条约》中虽声明英国不能在苏门答腊岛建立殖民地或与当地统治者签订任何的条约，但英国和荷兰为了控制马六甲海峡都在亚齐地区角逐。直到1871年，英国与荷兰两国签订条约，声明英国承认荷兰有权在苏门答腊岛的“自由行动”，前提是，荷兰也要承认英国在荷属东印度群岛有平等贸易的权利。此后，荷兰政府开始侵略并征服亚齐苏丹国。1873年3月，荷兰政府对亚齐苏丹国宣战，爆发亚齐战争。亚齐苏丹与伊斯兰教长老率领亚齐人民抵抗荷兰的侵略，直到1903年，亚齐苏丹被捕并向荷兰人投降，承认荷兰政府的统治，亚齐苏丹国灭亡。1904年，荷兰政府占领亚齐苏丹国全境，标志着荷兰殖民领地扩张的完成。

### 二、税收制度

荷兰政府为了偿还债务和保证贸易垄断地位，对外实行新的关税制度，对印度尼西亚实行了苛杂的税收制度。

荷兰竞争不过工业发达的英国，便对从其他国家进口的货物收取高额的关税，用关税制度来保证荷兰的垄断贸易。在印度尼西亚，荷兰政府沿用了英国统治时期的土地课税制度，但在部分地区恢复了荷兰政府之前统治时期的强迫供应制度，并向印度尼西亚人征收名目繁多的税目，包括门户税、庭院税、迁居税、贸易税、牲畜宰杀税、财产税、武器税、稻谷税，还在道路、桥梁、市场、河口等地设置关卡，强行征税。其中，人头税直到1927年才被取缔。主要的税收是土地税，俗称“地租”。印度尼西亚人民为了缴纳税款和满足基本生活需求，往往在农作物收获季节之前就把农作物抵押出去，以此来购买来年需要的种子。

---

① 梁敏和:《印度尼西亚史纲》，广州：世界图书出版广东有限公司，2019年，第131页。

荷兰政府的干预导致了印度尼西亚土地所有权、税收和劳工状况等各方面的改变，也导致印度尼西亚贫富差距的悬殊，使得印度尼西亚公有土地减少，少数人获得土地，而多数人成为佃户。到 20 世纪 30 年代，印度尼西亚 83% 的土地归个人所有，土地集中到了少数人的手里。[①]

## 三、强迫种植制度

强迫种植制度源于荷兰东印度公司殖民统治印度尼西亚时期。1696 年，荷兰东印度公司强迫爪哇岛勃良安的农民种植咖啡，咖啡收成很好，于是强迫勃良安的农民必须种植咖啡。然后，咖啡种植被推广到整个爪哇岛，并向其他岛屿推广。19 世纪初英国殖民统治时，废除了强迫种植制度。荷兰政府从英国手中恢复对印度尼西亚的殖民统治后，再次实行强迫种植制度。

1830 年，荷兰总督约翰内斯·范·登·坡斯（Johannes van den Bosch）再次在印度尼西亚实行强迫种植制度，规定爪哇农民要拿出五分之一的土地种植咖啡、甘蔗、烟草、蓝靛等欧洲市场所需要的经济作物，其中以咖啡种植为主，等收获后按照荷兰政府规定的极低的价格卖给政府。种植上述强迫种植的经济作物的土地可以不缴纳土地税，而不适合种植上述经济作物的地方，农民需要缴纳人头税，或者每年花五分之一的工作时间为荷兰殖民政府服徭役。[②]

咖啡种植周期长，一般需要 4 年才能结果，且政府征收的价格极低，与农民们的付出不对等，若遇到灾年，农民们生活会更加困难，甚至大批被饿死。有学者指出，强迫种植时期，印度尼西亚爪哇岛生产糖的费用甚至低于当时在北美洲群岛强迫奴隶生产糖的费用。[③] 因此，地方农民不愿种植咖啡及其他强迫种植的经济作物。

为了保证强迫种植制度的有效推行，荷兰殖民政府还以分享一部分总收

---

① [澳] 阿德里安·维克尔斯:《现代印度尼西亚史》，何美兰译，北京：世界知识出版社，2016 年，第 48 页。

② Sartono Kartodirdjo, Marwati Djoened Poesponegoro, Nugroho Notosusanto, *Sejarah Nasional Indonesia*, Departemen Pendidikan dan Kebudayaan, Jilid IV, 1975.

③ David Bullbeck et al., *Southeast Asian Exports Since the 14th Century*, Singapore:ISEAS, 1998, p.110.

成和授予大片土地的种植特权为奖励让地方封建领主和殖民官员监督当地农民。为了获取更多的利益，地方封建领主和殖民官员强迫农民种植咖啡、甘蔗、烟草和蓝靛等作物，且强迫农民不只是拿五分之一的土地种植，而是远多于五分之一，甚至将土地全部用于种植以上经济作物。1850 年，印度尼西亚爪哇岛的糖产量成为世界的八强之一，1885 年之前，世界咖啡出口的六分之一到四分之一的咖啡来自印度尼西亚。①

强迫种植制度，极低的工资与艰苦的工作环境，使印度尼西亚农民生活艰难，各地爆发了农民的反抗运动。1905 年，在爪哇岛中部的数百名农民罢耕，他们前往地方领主的行宫前静坐，表达抗议。有些农民等待甘蔗成熟收获的时候，放火烧掉甘蔗。1911 年，农民的反抗运动达到巅峰，在爪哇岛东部的巴苏鲁安地区就发生了 1383 次焚烧甘蔗的事件。1919 年到 1920 年，印度尼西亚爆发了一系列大规模的罢工事件，几乎波及所有甘蔗的种植园。②

强迫种植制度给荷兰政府带来了巨大的利润，而给印度尼西亚的农民带来了沉重的负担。直到 20 世纪初，由于印度尼西亚农民的反抗和荷兰“道义政策”的出台，双方的矛盾才有所缓解。1917 年，荷兰政府废除了强迫种植制度。

## 四、“道义政策”

荷兰的一个利益联盟在 19 世纪中期主张废除强迫种植制度。1860 年，荷兰政府的一名殖民官员德卡以穆尔塔图里的笔名写作了小说《马克思·哈维拉尔》（*Max Havelaar*），揭露了强迫种植制度的剥削性和腐败性，以道德为由主张政策改革。这个主张受到荷兰资本主义私人企业者的支持，希望传入印度尼西亚，减少荷兰政府对印度尼西亚经济的直接干预。

19 世纪，英国殖民统治也是危机四起，包括印度在内的诸多殖民地频繁爆发人民起义和军人哗变。1857 年，英国的法学家亨利·梅因（Henry Maine，

① David Bullbeck et al., *Southeast Asian Exports Since the 14th Century*, Singapore:ISEAS, 1998, p.155.

② ［澳］阿德里安·维克尔斯:《现代印度尼西亚史》，何美兰译，北京：世界知识出版社，2016 年，第 48 页。

1822—1888）指出，英国殖民统治之所以失败，都是因为不能尊重当地“习俗”，导致人民群起反对。他倡导殖民地治理从“直接”转向“间接”，即从改造、同化、消除差异，转而承认差异、保护传统，通过熟悉地方文化的当地传统精英实施间接统治。19 世纪后期，面对亚齐苏丹国的长期动乱，荷兰学者也主张殖民当局反思殖民政策，要在对殖民地有正确的“认知”基础上制定相应的殖民政策。1891 年，荷兰政府在印度尼西亚增设“原住民和伊斯兰事务顾问”，首任顾问是荷兰学者斯努克·于尔格伦杰（C. Snouck Hurgronje）。他分析了伊斯兰教法与印度尼西亚地方习惯法，指出二者的内涵实质是兼容的。科内利斯·范·佛伦霍芬（Cornelis van Vollenhoven）接任顾问后，继承于尔格伦杰的事业，研究印度尼西亚各地习惯法。两人都是殖民地间接统治政策的先倡者。①

荷兰语报纸《火车头》（*The Locomtive*）的编辑皮特·布鲁舒福特（Piet Brooshooft）也是一名反荷兰殖民体制的新闻工作者，他在《火车头》上刊登了于尔格伦杰关于印度尼西亚原住民的一些文章，并亲自撰文讨论荷兰对印度尼西亚的“道德义务”，抨击荷兰人对印度尼西亚人民不公平的巧取豪夺，认为当地人需要荷兰的帮助而不是压迫。②

1899 年，荷兰著名律师和民族新政策倡导人康拉德·西奥多·范·德文特尔（Conrad Theodor van Deventer），在荷兰《指南》（*De Gids*）杂志上发表题为《荣誉欠债》（Een Ereschuld）的文章。他在文中指出，面对长期被殖民剥削的印度尼西亚人，荷兰负有“道义上的债务”，为了荷兰的“荣誉”，荷兰有义务让印度尼西亚人民过上更好的生活。他提出，应在印度尼西亚发展培训教育、兴修水利和实行移民等三项事业。德文特尔的观点得到荷兰资产阶级的支持，并很快传播至整个政治圈。

到 19 世纪后期，荷兰政府通过在印度尼西亚实施强迫种植等殖民政策，已经基本完成了资本的原始积累。工业发达的荷兰资本主义市场经济急需新的

---

① [乌干达] 马哈茂德·马姆达尼:《界而治之：原住民作为政治身份》，田立年译，北京：人民出版社，2016 年。

② [澳] 阿德里安·维克尔斯:《现代印度尼西亚史》，何美兰译，北京：世界知识出版社，2016 年，第 16—17 页。

商品市场和投资场所，且强硬的殖民政策已经引发了殖民地人民的强烈不满与反抗，需要新的政策调和矛盾，持续殖民统治。因此，20 世纪初，荷兰政府顺应社会经济的变化，采纳了德文特尔的观点，推出新的“民族政策”。

1901 年，荷兰威廉明娜（Wilhelmina）女王宣称将在印度尼西亚实行“道义政策”，同年，“道义政策”出台，包括在印度尼西亚发展教育、兴修水利、从爪哇向外岛移民。新的殖民政策明确会向印度尼西亚人提供高等教育机会。荷兰政府于 1920—1927 年在印度尼西亚各地大办培训学校。在此之前，印度尼西亚青年获得高中文凭后想要继续深造只能远赴殖民宗主国荷兰，所以只有少数精英子弟能够接受高等教育。荷兰政府在印度尼西亚兴办高等院校后，更多印度尼西亚青年有了接受高等教育的机会。但荷兰政府兴办教育的目的还是为更好地殖民统治服务，通过思想的奴化，让受过高等教育的印度尼西亚青年为殖民政府服务。荷兰政府在印度尼西亚兴修水利，改进农田灌溉面积，提高农作物产量，目的也是增加印度尼西亚农民收入，提高他们的购买力。且灌溉系统通常被甘蔗、咖啡等种植园主掌控，农民用水更加被动。

从结果来看，荷兰政府“道义政策”的实施虽然是为了更好地持续殖民统治，但客观上也加速了印度尼西亚社会现代化因素的增长，为印度尼西亚民族主义运动奠定了基础。

## 第五节　日本统治历史

20 世纪初，工业化蓬勃发展的日本极其觊觎印度尼西亚的石油和橡胶等原材料，尤其是加里曼丹岛东南部巴厘巴板（Balikpapan）的油田。1940 年 9 月，日本派小林一造前往印度尼西亚巴达维亚，要求荷兰让出印度尼西亚，被拒绝。1941 年 1 月，日本又派方泽健吉前往巴达维亚，再次要求荷兰让出印度尼西亚，再次遭拒。这也促使荷兰于 1941 年加入英美反法西斯同盟，荷属东印度对日本实行经济禁运，日本无法获取印度尼西亚的工业原料。

1941 年 12 月，日本偷袭珍珠港，发动了太平洋战争，掠夺战略资源特别是石油和橡胶。12 月 17 日，日本军队在加里曼丹岛北部登陆，进军印度尼西亚。1942 年 1 月，日本军队在望加锡海峡打败美国、澳大利亚和荷兰的海空联军，2 月登陆临近苏门答腊岛的邦加岛并占领苏门答腊岛的巨港机场，3 月登陆爪哇岛并于 5 月占领荷兰殖民政府在印度尼西亚的政治中心巴达维亚。1942 年 3 月 8 日，荷兰东印度公司向日本投降，日本占领印度尼西亚全境并解散荷兰殖民政府。

日本占领印度尼西亚后，实施 1941 年 11 月预先制定的“东南亚占领区行政管理治理原则”，将印度尼西亚领土分成 3 个行政区，由 3 个军事实体统治：陆军第 16 军统治爪哇岛和马都拉岛，总部设在原荷兰殖民政府的政治中心巴达维亚，并将巴达维亚改名为雅加达；第 25 军统治苏门答腊岛，总部设在武吉丁宜；海军部统治其他地区，包括加里曼丹岛、苏拉威西岛、努沙登加拉群岛、马鲁古群岛以及西巴布亚岛，总部设在望加锡。[①] 三块军管区各自整合，实行不同政策。三个区向新加坡报告情况，新加坡再向西贡（Saigon）报告情况，西贡再向日本东京报告情况，层层向上报告。[②] 爪哇岛改用日本东京的时间和历法。

日本为满足战争需求，试图改变印度尼西亚社会结构，控制印度尼西亚人民的生活并用一切手段掠夺资源。文化上，日本用“泛亚洲认同思想”，大力宣传日本优于西方。日本强行关闭了所有的欧洲企业和学术机构，严禁使用荷兰语和英语，借助教育机构和新闻媒体推广日语，宣传日本生活方式，并利用印度尼西亚的传统艺术传播日本文化，同时用印度尼西亚的传统文化，包括文学、音乐、美术等，排挤、清除西方文化的影响。[③] 资源上，日本大量掠夺印度尼西亚的石油、锡、橡胶、铝矾土等战略资源。经济上，日本主要掠夺印度尼西亚的糖与大米，强制规定征购大米的指标，这导致印度尼西亚人民物资

---

① Tod Jones, *Kebudayaan dan Kekuasaan di Indonesia: Kebijakan Budaya Selama Abad Ke-20 hingga Era Reformasi*, Penerjemah: Edisius Riyadi Terre, Jakarta: Yayasan Pustaka Obor Indonesia, 2015, p.67.

② [澳] 阿德里安·维克尔斯:《现代印度尼西亚史》，何美兰译，北京：世界知识出版社，2016 年，第 101 页。

③ Tod Jones, *Kebudayaan dan Kekuasaan di Indonesia: Kebijakan Budaya Selama Abad Ke-20 hingga Era Reformasi*, Penerjemah: Edisius Riyadi Terre, Jakarta: Yayasan Pustaka Obor Indonesia, 2015, pp.69–72.

短缺、生活困难，甚至造成大批人死于饥荒。

这时的印度尼西亚绝大多人民信仰伊斯兰教，为了赢得战争，日本还在印度尼西亚大量任用印度尼西亚的民族主义者和伊斯兰教领袖协助统治。1943 年 3 月，日本在印度尼西亚成立了“民众力量动员中心”（Pusat Tenaga Rakyat），由印度尼西亚政界人士和伊斯兰教人士组成，印度尼西亚领导人苏加诺、穆罕默德·哈达等人进入了这个组织的领导集体。1943 年 10 月，日本政府组建卫国军“乡土防卫义勇军”（Pembela Tanah Air），由印度尼西亚青年和伊斯兰教信徒组成，由印度尼西亚人担任军官，并招募印度尼西亚青年组建“预备队”，通过军训，加强军事力量。到 1944 年 3 月，日本成立“爪哇奉公会”（Djawa Hokokai），任命苏加诺为顾问，提出“动员一切力量以赢得战争”的口号。①

一方面，日本政府的法西斯统治手段，导致印度尼西亚人民生活艰难，激起了印度尼西亚人民的强烈不满，也激发了印度尼西亚共产党和一些民族主义抗日组织的抗日斗争。但另一方面，日本政府联合印度尼西亚民族主义者和组建培训印度尼西亚军队的举措，客观上培育了印度尼西亚民族主义，使印度尼西亚积累了现代行政人才和军事力量，为后来印度尼西亚的独立建国奠定了人才与军事基础。

**思考题：**

1. 什么是“界而治之”？
2. 印度尼西亚为什么会成为殖民角逐的香饽饽？
3. 殖民统治对印度尼西亚社会现代化有什么影响？

---

① 梁敏和：《印度尼西亚史纲》，广州：世界图书出版广东有限公司，2019 年，第 160 页。

# 第八章　民族国家建构

20世纪初，印度尼西亚民族主义者开始了独立建国的努力，建立各种政治组织和政党，发起民族解放运动。到20世纪40年代中期，印度尼西亚民族主义者借助日本统治者的力量宣布独立。然后发起反抗卷土重来的荷兰殖民者的革命运动，最终于1950年8月15日成立了统一的印度尼西亚共和国。印度尼西亚共和国独立建国后，经历了苏加诺执政时期、苏哈托执政的“新秩序”时期和苏加诺之后的后“新秩序”时期三大时期。

## 第一节　民族解放运动

### 一、新思想的传入

19世纪欧洲的工业革命推动了时代的变革，民主、民族主义等新的政治思想涌现。20世纪初，新思想浪潮席卷全球。19世纪末20世纪初，荷兰政府为了让印度尼西亚青年更好地为殖民统治服务，让少数印度尼西亚青年接受高等教育。部分接受过西方教育和高等教育的印度尼西亚青年精英接触和了解到新思潮后，萌发了民族主义的思想。

荷兰殖民统治时期，殖民者将印度尼西亚的居民分等级区别对待，将西方欧洲人和日本人划分为一等人，东方华人、中亚穆斯林和印度移民等划分为二等人，而印度尼西亚本土人被划分为三等人。1913年，荷兰人在印度尼西亚举行了荷兰摆脱法国独立的庆典，印度尼西亚民族主义者苏埃瓦蒂·苏占宁拉（Soewardi Soerjaningrat）写了一篇题为《如果我是一位荷兰人就好了》（If Only I Were a Netherlander）的文章，嘲讽了荷兰人在印度尼西亚举行独立庆典行径的荒谬，他在文中写道："如果我是一个荷兰人，我不会在我们拒绝给其他人民以自由的国家举行庆祝独立的活动……向这个民族展示它最终将怎样庆祝自己的独立，这将是一个策略性的错误……但……我不是一个荷兰人。我只是这块热带土地上一个棕色皮肤的儿子。"[①] 由此可见，此时民族独立思想已在印度尼西亚流传。后来分别成为印度尼西亚总统、副总统和总理的苏加诺、穆罕默德·哈达和萨赫利尔，是这个时期接受和传播新思想的佼佼者。

## 二、政治组织的建立[②]

1. 至善社（Budi Utomo）

至善社是印度尼西亚第一个有组织、有纲领、有领导的政党组织。1908年5月20日，退休医生瓦西丁·苏迪罗·胡索多（Wahidin Sudiro Husodo）联同巴达维亚医学院的学生在巴达维亚宣告成立至善社。1908年10月5日，首次代表大会选举医学生苏托莫（Sutomo）担任首任主席。此后，至善社的领导权被地方政府传统的官僚贵族精英把持，医学院的学生们因无法实现政治抱负而逐渐退出。

至善社主张弘扬社会文化教育，主张爪哇人的团结和发展，希望复兴民族文化，发展民族工商业，增加爪哇人在行政机构中的名额。[③] 至善社的成立标志着印度尼西亚民族主义运动的兴起，虽然至善社没有明确提出民族独立的目标，但促进了民族启蒙和觉醒。因此，印度尼西亚独立建国后把每年的5月20日确定为民族觉醒日。

2. 印度尼西亚协会（Perhimpunan Indonesia）

1908年，在荷兰留学的印度尼西亚学生成立了"东印度协会"，协会成立之初只是一个学生团体，目的是联络和团结印度尼西亚留学生。随着协会成员民族主义思想的产生，1913年，该协会成为具有鲜明政治色彩的政治组织，明确提出争取"印度尼西亚"民族独立的目标。到1922年，东印度协会改名

---

① 史蒂文·德拉克雷:《印度尼西亚史》，郭子林译，北京：商务印书馆，2014年，第54页。

② 梁敏和:《印度尼西亚史纲》，广州：世界图书出版广东有限公司，2019年，第144—154页。

③ Sartono Kartodirdjo, Marwati Djoened Poesponegoro, Nugroho Notosusanto, *Sejarah Nasional Indonesia*, Departemen Pendidikan dan Kebudayaan, Jilid IV, 1975.

为“印度尼西亚协会”，致力于印度尼西亚的独立运动。

3. 伊斯兰教商业联盟（Serikat Dagang Islam）

伊斯兰教商业联盟是印度尼西亚第一个真正意义上的民族主义组织，于1911年由沙曼胡迪（H.Samanhudi）创建，1912年改名为“伊斯兰教联盟”（Serikat Islam），旨在维护伊斯兰教商人的利益。创建之初，联盟承认荷兰殖民政府的统治权，只是争取印度尼西亚的自治，后来联盟的一些激进派主张开展反抗荷兰殖民统治的斗争，给民族主义运动注入了宗教成分。

1916年2月，联盟在万隆举行会议，选举佐克罗阿米诺托（Tjokroaminoto）担任主席，沙曼胡迪担任名誉主席。佐克罗阿米诺托要求荷兰殖民政府建立民选的议会，表现出在反对荷兰殖民统治上的妥协和软弱。1917年，联盟在巴达维亚召开第二次代表大会，这次会议提出了民族独立的要求，号召人民起来推翻荷兰的殖民统治。随着1920年印度尼西亚共产党的成立，受印度尼西亚共产党的影响，伊斯兰教联盟分裂成白色伊斯兰教联盟和红色伊斯兰教联盟，其中红色伊斯兰教联盟深受印度尼西亚共产党的影响，反对荷兰殖民统治。1921年，伊斯兰教联盟在梭罗召开代表大会，将红色伊斯兰教联盟从组织中剔除。1923年，伊斯兰教联盟在茉莉芬召开代表大会，改名为“伊斯兰教联盟党”（Partai Serikat Islam），正式成为一个民族政党。1930年又改名为“印度尼西亚伊斯兰教联盟党”（Partai Serikat Islam Indonesia）。

4. 东印度党（Indische Partij）

东印度党是1912年9月6日荷兰进步知识分子陶威士·德克尔（Douwes Dekker）在万隆创立的政治组织，成员主要是印欧人，旨在让“印度尼西亚各族人民团结起来，树立爱国主义精神，争取独立，反对种族和性别歧视”[①]。荷兰政府拒绝承认该党为合法政党，1913年8月，该党的主要领导人包括陶威士·德克尔等被捕或流放荷兰，东印度党改名为“因苏林德党”（Partai Insulinde），在陶威士·德克尔返回印度尼西亚后，1919年6月又改名为“民族印度党”（Nasional Indische Partij）。但该党的政治影响力越来越小，沦为一般性的知识分子团体。

① 梁敏和:《印度尼西亚史纲》，广州：世界图书出版广东有限公司，2019年，第147页。

5. 印度尼西亚共产党（Partai Komunis Indonesia）

印度尼西亚共产党由印度尼西亚各地的工会组织逐渐演变而来。1905年，印度尼西亚诞生了第一个工会组织——全国铁路工会，此后其他工会组织相继成立。1914年，荷兰社会民主党党员到印度尼西亚宣传马克思主义思想，联合在印度尼西亚的进步知识分子成立了印度尼西亚第一个宣传马克思主义的政治组织“东印度社会民主联盟”（Indische Sociaal Democratisohe Vereniging）。该联盟宣传社会主义思想，建立工会和农民合作社。1919年12月25日，22个工会组织在日惹举行联合会议，成立工人运动联合会，选举司马温为主席。1920年5月23日，东印度社会民主联盟召开代表大会，改名为“东印度共产主义联盟”，选举司马温为联盟主席，1920年年底加入共产国际。1924年东印度共产主义联盟改名为“印度尼西亚共产党”，选举苏达索诺担任主席。印度尼西亚共产党将1920年5月23日确定为建党日期。

印度尼西亚共产党成立初期领导工人罢工斗争，但斗争目的主要是改善薪资待遇，并未明确反对荷兰殖民统治。1925年后，印度尼西亚共产党开始反对荷兰殖民统治，想要建立印度尼西亚苏维埃共和国，并领导了1926—1927年的印度尼西亚民族大起义。印度尼西亚共产党的民族起义运动遭到荷兰殖民政府的强烈镇压，以失败告终，印度尼西亚共产党的力量也被削弱。

6. 印度尼西亚全国青年运动联合会（Persatuan Pergerakan Peemuda Indonesia）

印度尼西亚全国青年运动联合会由第三届印度尼西亚全国青年代表大会于1938年组织成立，旨在争取印度尼西亚国家和民族的独立。1926年4月30日至5月2日，第一届印度尼西亚全国青年代表大会于巴达维亚召开。1928年10月26日至10月28日，第二届印度尼西亚全国青年代表大会在巴达维亚召开，这次会议通过了“青年誓言”，10月28日，参会的印度尼西亚全国青年代表宣誓：忠于一个国家，即印度尼西亚；忠于一个民族，即印度尼西亚民族；采用一种语言，即印度尼西亚语。印度尼西亚独立建国后，10月28日被定为“青年宣誓节”。

7. 印度尼西亚民族党（Partai Nasional Indonesia）

印度尼西亚民族党原名印度尼西亚民族联盟，由印度尼西亚共和国第一任总统苏加诺于1927年7月在万隆创立，原身是苏加诺于1926年创立的青年研究俱乐部，1927年12月联合至善社、印度尼西亚民族主义协会、伊斯兰教联盟等政治组织和政党团体，组成“印度尼西亚民族政党联盟”，1928年该联盟改名为“印度尼西亚民族党”，由苏加诺担任主席。该党奉行平民主义，以不合作的方式向荷兰殖民者施压，寻求印度尼西亚的政治独立和经济独立，发展民族经济。

该党明确提出争取印度尼西亚独立的纲领，并出版《印度尼西亚团结报》，让荷兰殖民政府颇为忌惮。1929年12月，荷兰殖民政府宣布印度尼西亚民族党为非法组织，逮捕苏加诺等党内领导。苏加诺被判入狱4年，但仅服刑了2年，其间印度尼西亚民族党停止党内活动，直到1931年4月，印度尼西亚民族党解散，分裂为“印度尼西亚党”（Partai Indonesia）和“独立集团”（Golongan Merdeka，后改名为印度尼西亚国民教育党 Partai Pendidikan Nasional Indonesia）。1933年，苏加诺被推为印度尼西亚党的主席，发表长文《争取印度尼西亚的独立》，抨击荷兰殖民主义。1933年8月1日，印度尼西亚党又被荷兰殖民政府禁止集会，苏加诺再次被捕，并被流放弗洛勒斯岛。

8. 印度尼西亚政治联盟

1937年4月，印度尼西亚共产党与一些民族主义者成立印度尼西亚人民运动党（Partai Gerakan Rakyat Indonesia）。1939年5月，印度尼西亚人民运动党联合印度尼西亚伊斯兰教党、伊斯兰教联盟、大印度尼西亚党等民主政党组成“印度尼西亚政治联盟”，组织民主议会，争取印度尼西亚的自决权，与荷兰协调一致，建立反法西斯统一战线，反抗日本的侵略。由于荷兰殖民政府反对印度尼西亚政治联盟的自决诉求，以及部分印度尼西亚民族主义者希望依靠日本争取民族独立，该政治联盟并未发挥应有的作用。

## 第二节　日本统治时期的独立

在日本侵占印度尼西亚之前，印度尼西亚建立不合作政治组织的领袖均被荷兰殖民政府逮捕流放或恐吓，以致日军入侵之初，印度尼西亚人民认为日军的入侵是对荷兰殖民者的惩罚，有些印度尼西亚民族主义者也寄希望于依靠日军摆脱荷兰的殖民统治。日本侵略者为了获得战争的胜利，大量任用印度尼西亚的民族主义者和伊斯兰教领袖协助统治。苏加诺、穆罕默德·哈达等成为日本人 1943 年 3 月在印度尼西亚成立的“民众力量动员中心”和 1944 年 3 月成立的“爪哇奉公会”的领袖人物。他们借助日本军队的力量四处宣讲，表面是动员一切力量支持日军的战争事业，实际上是向印度尼西亚人民宣传民族主义事业和动员武装反抗，激发印度尼西亚人民争取民族独立的热情。

经历日本军队三年半残酷的殖民奴役与掠夺，印度尼西亚人民身处水深火热之中，熄灭了依靠日军摆脱荷兰殖民统治、争取民族独立的希望之光。苏加诺等印度尼西亚人认识到:“没有一个民族可以不要民族独立而成为伟大的民族……另外，就没有一个殖民地国家能够成为一个崇高的国家……所有殖民地人民都要求取得这种独立，要求能够成为伟大的民族。所有没有取得独立的人民，所有因此不能和不可以按照自己的利益和幸福来管理自己的事务的人民，都生活在动荡不安的环境中……”①

从 1943 年开始，印度尼西亚共产党和一些民族主义抗日组织不断掀起抗日浪潮，但均被日本军队镇压。1944 年，太平洋战争形势逆转，日军败局显露，日本为了争取印度尼西亚人的继续支持，以及不愿看到自己失败后印度尼西亚殖民地重回荷兰手中，日本许诺给予印度尼西亚独立地位，但这时日本让印度尼西亚独立的诚信并不足。1945 年 3 月 1 日，日本在失败趋势明显的情况下宣布创立“印度尼西亚独立筹备工作调查委员会”（Badan Penyelidik Usaha Persiapan Kemerdekaan Indonesia）。印度尼西亚独立筹备工作调查委员会的成员都是由日本军政府指定的，苏加诺与穆罕默德·哈达等民族主义领袖

---

① ［澳］J.D. 莱格:《苏加诺：政治传记》，上海外国语学院英语系翻译组译，上海：上海人民出版社，1977 年，第 111 页。

也是该调查委员会的成员。

1945 年 5 月 28 日，印度尼西亚独立筹备工作调查委员会第一次会议召开，拒绝联合国将印度尼西亚列为托管领土的意见，要求实现印度尼西亚独立。[①] 印度尼西亚独立筹备工作调查委员会调查明确的最主要的问题是：建立一个什么样的国家关乎独立国家的基础意识形态问题。争论最激烈的问题是：建立一个伊斯兰教为基础的国家，还是建立一个世俗国家？伊斯兰教民族主义者主张以伊斯兰教作为建国的思想基础，而世俗民族主义者主张建立一个世俗的民主国家。苏加诺辗转调和，提出一种折中的方案。

1945 年 6 月 1 日，印度尼西亚独立筹备工作调查委员会的第一次会议上，世俗民族主义领袖苏加诺提出了建国的五项原则，被称为“潘查希拉”（Pancasila）。印度尼西亚当时的政治力量主要分为三派，伊斯兰教等宗教信徒、印度尼西亚共产党和民族主义者，三派观点差异较大。为了调和矛盾和团结各个政治力量争取印度尼西亚的独立，苏加诺指出要团结所有印度尼西亚人民，印度尼西亚要建成包括整个印度尼西亚的领土和人民的民族国家，主张五项建国原则，按顺序为民族主义、人道主义、社会公正、民主主义和信仰神道。“信仰神道”的模糊性，让世俗民族主义者和印度尼西亚共产党暂时接受，也调和了伊斯兰教信徒、基督教信徒、印度教信徒和佛教信徒之间的矛盾。但伊斯兰教教旨主义者并不满意，伊斯兰教信徒占有印度尼西亚人口的绝大多数，最终协商获得三个让步：一是总统必须信仰伊斯兰教，二是“信仰神道”从最后一条变成第一条，三是“信仰神道”的措辞变为“信仰一神，穆斯林有义务实施伊斯兰法律”。[②] 最终，各派为了支持印度尼西亚的独立，相互妥协，苏加诺的建国五项原则以及伊斯兰教民族主义者的三点意见，最终被写入《雅加达宪章》中。

1945 年 7 月，印度尼西亚独立筹备工作调查委员会的第二次会议通过了《雅加达宪章》宪法草案，提出印度尼西亚独立后将实行中央集权制而不是联邦制，总统将由人民代表会议选举产生，内阁由总统任命并向总统负责。

---

① 梁敏和:《印度尼西亚史纲》，广州：世界图书出版广东有限公司，2019 年，第 161 页。

② [澳] 史蒂文 · 德拉克雷:《印度尼西亚史》，郭子林译，北京：商务印书馆，2009 年，第 75 页。

1945 年 8 月 7 日，日本在印度尼西亚成立“印度尼西亚独立筹备委员会”（Panitia Persiapan Kemerdekaan Indonesia），由苏加诺任委员会主席。日军驻印度尼西亚的元帅根据上级指示，在 1945 年 7 月与 8 月两次召见苏加诺与穆罕默德 · 哈达等，商讨印度尼西亚独立的问题，希望尽快让印度尼西亚成为一个独立的国家，并承诺于 8 月 24 日宣布印度尼西亚的独立。

1945 年 8 月 15 日，日本天皇发布诏书，宣布无条件投降。

随着日军投降的消息传入印度尼西亚，印度尼西亚进步人士和革命青年代表拜见苏加诺与穆罕默德 · 哈达，希望他们不要等着日军的指示，应立即单方面宣布独立。而苏加诺担心单方面宣布独立会引来日军的干涉和镇压，拒绝了青年代表的恳求。青年代表们商讨武装起义，但起义未开始便被日军发现。日本投降后，驻印度尼西亚的日军接到在英国、美国、荷兰等盟军到来之前维持地方治安的命令，但驻印度尼西亚的日军军官害怕强势镇压印度尼西亚的独立运动会危及自身安全，于是通过谈判，并暗示苏加诺可以在他们“不知道”的情况下，由印度尼西亚单方面发表独立宣言，以此来支持印度尼西亚的独立。

1945 年 8 月 17 日凌晨，苏加诺和穆罕默德 · 哈达等召集印度尼西亚独立筹备委员会召开会议，起草印度尼西亚独立宣言，最终苏加诺和穆罕默德 · 哈达以印度尼西亚民族的名义在独立宣言上签字。苏加诺于 8 月 17 日的 10 点在其寓所庭院宣读了独立宣言：

> 我们印度尼西亚人民谨此宣布我们的独立！
>
> 有关政权移交及其他事项，将尽速及谨慎地予以执行。
>
> 雅加达，1945 年 8 月 17 日
>
> 以印尼民族的名义
>
> 苏加诺、哈达[①]

宣读完独立宣言后，举行了升国旗仪式，苏加诺的夫人法特玛娃蒂

---

① 梁敏和：《印度尼西亚史纲》，北京：世界图书出版广东有限公司，2019 年，第 171 页。

（Fatmawati）连夜赶制了印度尼西亚的国旗。会后，印度尼西亚的独立宣言被印发到印度尼西亚各地，并通过电台向全世界广播。印度尼西亚独立军趁日军不备，抢夺了日军的军火库，获得了几万把三八式步枪及各式火炮，为后期的独立战争奠定了武力基础。

1945 年 8 月 18 日，印度尼西亚独立筹备委员会召开会议，选举苏加诺为印度尼西亚共和国的总统，穆罕默德·哈达为副总统，成立了 7 人组成的委员会，包括苏加诺和穆罕默德·哈达在内，并对之前通过的宪法草案进行了修订润色，最终，《1945 年印度尼西亚共和国宪法》定稿。宪法“序言”宣称：“独立本是各民族固有的权利。殖民统治因不合乎人道和公正，所以必须从地球上予以铲除……托福于全能真主的恩赐，同时出于为争取作自由独立的民族而生存的崇高愿望，印度尼西亚人民于此宣布了独立……”[①]

1945 年 8 月 29 日，苏加诺解散了印度尼西亚独立筹备委员会，成立“中央国民委员会”，任命了 137 名委员，委员会选举卡斯曼（Kasman）为委员会的主席。

## 第三节　革命时期与短暂联邦制

日本投降以后，英国代表战胜国联盟跟日军交接后，欲将占领区交还荷兰。但印度尼西亚人民和已经宣布独立的印度尼西亚共和国新政府誓死反对。荷兰为恢复殖民利益准备再次武装占领印度尼西亚，由此引发印度尼西亚独立战争。1945 年 9 月 15 日，荷兰派出第一批“远征军”前往印度尼西亚，9 月 29 日，荷兰“远征军”尾随英军在雅加达登陆。荷兰与英国利用武装优势，加上日军在 1945 年 8 月破坏了印度尼西亚地方军队指挥系统，导致印度尼西亚共和国新政府抵抗力量节节败退。1946 年 1 月，苏加诺与穆罕默德·哈达退居临时首都日惹。

由于战后经济萧条，英国不愿陷入印度尼西亚的战争，开始催促荷兰政

① 岳蓉:《东南亚地区民族国家研究》，北京：中国社会科学出版社，2016 年，第 136 页。

府与印度尼西亚新政府进行谈判。荷兰的暴力行径，也遭到美国、英国、澳大利亚及联合国的强烈指责。美国更是对荷兰施压，包括把印度尼西亚的问题列入联合国1946年大会议程，强制荷兰退让。1946年2月10日，荷兰政府提出愿意与印度尼西亚共和国商谈成立印度尼西亚联邦。时任印度尼西亚共和国议会制内阁总理沙里尔（Syahrir）与荷兰代表在雅加达会谈，会谈提议成立印度尼西亚联邦，由拥有不同程度自治权的地区政权组成，给予印度尼西亚人民公民权，成立联邦内阁，订立联邦宪法，印度尼西亚联邦的内政由印度尼西亚联邦机构独立处理。会谈未提及印度尼西亚共和国以及何时让印度尼西亚完全独立，对此，印度尼西亚和荷兰双方都有反对的声音，谈判失败。1946年7月，荷兰政府在苏拉威西岛召集印度尼西亚亲荷派召开会议，主张建立联邦国家“印度尼西亚合众国”，后组建“东印度尼西亚联邦”与苏加诺为首的共和派角逐。1946年10月7日，荷兰与印度尼西亚共和国的谈判在雅加达重新举行。1946年10月14日，荷兰与印度尼西亚共和国达成停火协议，11月15日，双方签订《林芽椰蒂协定》。协定内容如下：

（1）荷兰承认印度尼西亚共和国是爪哇、马都拉和苏门答腊的事实上的政权，盟军或荷军占领的区域，必须于1949年1月1日之前并入印度尼西亚领土内。

（2）1949年1月1日之前成立印度尼西亚联邦合众国（Negara Indonesia serikat）。它须包括印度尼西亚共和国、“东印度尼西亚联邦”、加里曼丹及其他荷兰扶植的联邦区，取名“印度尼西亚联邦共和国”（Republik Indonesia serikat）。

（3）印度尼西亚联邦共和国与荷兰王国及其直属殖民地苏里南、库拉索结成荷兰－印度尼西亚合众国（简称“印荷联邦”Uni Indonesia-Belanda），以荷兰女王为元首。

（4）荷兰在1949年1月1日前从印度尼西亚共和国领土撤军，但印度尼西亚共和国必须尊重外国在印度尼西亚的利益，归还在“八月革命”初期没收的外国资产或赔偿其损失。

（5）印度尼西亚领土被划分为4个区，即印度尼西亚共和国、婆罗洲、东印度尼西亚和新几内亚（西巴布亚），其中新几内亚的前途未定。

（6）印度尼西亚合众国宪法将由代表各成员邦的立宪会议制定。

（7）双方立即着手裁减武装部队。

（8）因本协定产生的任何争端，将由以中立国为主席的联合委员会仲裁解决，若双方对选定主席意见不能一致，则由国际法庭庭长选定。[①]

自此，盟军主要是英国陆续将其占领的地区移交给荷兰。荷兰利用与印度尼西亚谈判和签订协定的缓冲期，一边派遣大批增援部队接管英国军队占领印度尼西亚的区域，一边采取分而治之的老办法，在印度尼西亚扶植一批傀儡政权，包括 1946 年 12 月在望加锡组成的东印度尼西亚国，1947 年 12 月组成的东苏门答腊国，1948 年 2 月组成的马都拉国，1948 年 5 月组成的帕巽丹国等，以此分裂印度尼西亚反荷兰殖民阵线，准备再次对印度尼西亚共和国发动进攻。

1947 年 5 月、7 月，荷兰政府强迫印度尼西亚共和国立即组建联邦政府，立即归还没收的财产。在荷兰的咄咄逼人态度面前，印度尼西亚新政府斥责荷兰的无理要求，号召印度尼西亚人民团结起来对抗荷兰。1947 年 7 月 21 日，荷兰军队向印度尼西亚共和国发动全面殖民侵略战争。1947 年 7 月 30 日，印度与澳大利亚把印度尼西亚问题提交联合国安理会，联合国呼吁荷兰与印度尼西亚停战。在国际舆论压力下，荷兰军队被迫停止进攻。美国、澳大利亚和比利时三国组成“斡旋委员会”，调解荷兰与印度尼西亚共和国间的问题。1947 年 12 月，在斡旋委员会的召集调解下，荷兰与印度尼西亚再次开始谈判。1948 年 1 月 17 日，荷兰与印度尼西亚共和国在美国军舰“伦维尔”号上签订了《伦维尔协定》。该协定让荷兰军队占领了印度尼西亚大部分领土，包括雅加达、棉兰、巨港、泗水、三宝垄等城市。协定造成的对印度尼西亚的不利后果以及印度尼西亚共和国政府的软弱引发印度尼西亚人民的不满与反抗。荷兰政府在接下来的谈判中态度强硬，1948 年 12 月 18 日宣布不再承认和履行《伦维尔协定》，12 月 19 日攻陷印度尼西亚共和国临时首都日惹，并逮捕了主要领袖苏加诺、穆罕默德·哈达、沙里尔等。

荷兰的行径导致世界舆论倒向印度尼西亚共和国，在联合国及美国、澳

① 梁敏和:《印度尼西亚史纲》，北京：世界图书出版广东有限公司，2019 年，第 183—184 页。

大利亚、印度、缅甸等国际压力下，荷兰政府妥协，1949 年 6 月印度尼西亚军队重回日惹，荷兰军队撤出，并在 1949 年 7 月 6 日，释放苏加诺、穆罕默德·哈达等，让其返回日惹。1949 年 8 月 23 日至 11 月 2 日，荷兰代表、印度尼西亚共和国代表、印度尼西亚各邦代表、联合国调解委员会美国代表等在荷兰海牙举行圆桌会议，签订了《圆桌会议协定》，主要内容包括：

（1）由印度尼西亚共和国和 15 个联邦组成“印度尼西亚联邦共和国”，荷兰最迟在 1949 年年底将主权移交给印度尼西亚联邦共和国。

（2）印度尼西亚联邦共和国同荷兰、荷属苏里南、库拉索共同组成以荷兰女王为最高元首的荷印联邦。另由荷兰与印度尼西亚双方成立部长会议，处理双方有关事务。

（3）印度尼西亚联邦共和国的外交、国防、财经和文化方面必须与荷兰“永久合作”。未征得荷兰同意，印度尼西亚不得与外国缔结条约。

（4）荷兰派遣 2000 人的军事代表团，负责印度尼西亚军队 3 年的训练和装备，一切费用由印度尼西亚负担，前荷兰殖民军并入印度尼西亚军队，必要时“荷印联邦”的一方可请求另一方，使用对方的武装力量。印度尼西亚海军基地主任要由印度尼西亚政府在荷兰海军提出的三人中指定一人。

（5）荷兰官吏继续在“印度尼西亚联邦共和国”任职，两年内不得变动。

（6）印度尼西亚领土西巴布亚继续由荷兰占领，其“地位”留待日后协商解决。

（7）印度尼西亚政府必须归还所有外国人（除日、德外）的企业和租让权，恢复外国人过去所享受的特权，必须继续执行前荷印联邦政府签订的贸易协定。印度尼西亚必须偿还荷印联邦政府历年积欠、包括两次殖民战争军费在内的 43 亿荷兰盾（约合 11.3 亿美元）的债务，印度尼西亚财经政策若有变动，则事前必须与荷兰磋商。①

1949 年 12 月 19 日，印度尼西亚联邦共和国政府组建完成，选举苏加诺为总统，穆罕默德·哈达为副总统，成立了以穆罕默德·哈达为总理的联邦政府内阁。12 月 27 日，荷兰将除西巴布亚以外的领土主权移交给印度尼西亚联

① 梁敏和：《印度尼西亚史纲》，广州：世界图书出版广东有限公司，2019 年，第 198—199 页。

邦共和国。12 月 28 日，苏加诺重回首都雅加达。印度尼西亚联邦共和国实际上由人口具有绝对优势的印度尼西亚共和国主导，印度尼西亚国军也是联邦国军队的骨干力量。数月后，印度尼西亚联邦共和国的其他邦国实体都被纳入了印度尼西亚共和国。1950 年 8 月 15 日，苏加诺宣布中央政府集权统一的印度尼西亚共和国成立。荷兰主导的联邦国黯然退场。

印度尼西亚联邦共和国虽然短命，但也留有遗产，包括《联邦宪法》第 47 条明确的地方自治的条款。“公民自身生活权利”受到各地精英领袖的支持，这为后来印度尼西亚的地方民族自由运动埋下了伏笔。

## 第四节　苏加诺执政时期

1950 年 8 月 15 日，统一的印度尼西亚共和国成立，苏加诺出任总统，穆罕默德·哈达为副总统。印度尼西亚通过邻国菲律宾向美国示好，1950 年 9 月 27 日成为联合国第 60 个成员国。建国之初的印度尼西亚在各方面仍深受荷兰、日本以及美国的影响。美国在二战后对印度尼西亚的政治、经济、军事、社会和文化影响上升。而荷兰和日本殖民时期的机制对印度尼西亚的教育、医疗、社会观念、法律、文化的影响也依然显著。印度尼西亚重要的战略地位，以及其丰富的石油、煤、天然气、黄金、橡胶、棕榈油、香料等资源，令上述大国垂涎。[①] 冷战初期，印度尼西亚明智地选择不结盟政策，同时争取美国和苏联的经济援助，并遏制荷兰殖民者野心。荷兰在二战结束后因贪恋印度尼西亚西巴布亚的黄金利益而不肯归还，直到 1963 年荷兰才将西巴布亚归还给印度尼西亚。英国也曾为保留殖民权益操纵马来西亚节制印度尼西亚，一度导致印度尼西亚与马来西亚两国的对抗。

建国之初，印度尼西亚国内政治极不稳定，内阁频繁更迭，从 1950 年 8 月至 1957 年 4 月，就更换了 7 届内阁。建国之初印度尼西亚重要的政党包括

① 金矿主要分布在伊里安岛、苏拉威西岛，石油主要在爪哇岛中部和苏门答腊岛，煤主要在加里曼丹岛，天然气主要在苏门答腊岛北部的亚齐等地。

马斯友美党、印度尼西亚共产党、印度尼西亚民族党、印度尼西亚劳工党、平民党、印度尼西亚社会党、印度尼西亚伊斯兰教联盟党、印度尼西亚基督教党、印度尼西亚共和国天主教党、印度尼西亚马儿哈恩人民联盟、大印度尼西亚党等。以马斯友美党为首的右翼党派倾向美国，以印度尼西亚共产党为首的左翼党派倾向苏联，而以苏加诺为首的民族主义力量及印度尼西亚民族党等坚持中间立场。初期，内阁主要被拥有军权的马斯友美党人把控，苏加诺没有太多实权，甚至被要求解散临时国会。苏加诺深知要巩固自己的地位必须掌握实权。

1955 年 9 月 29 日，印度尼西亚举行了第一次全国大选，选举国会议员，有 29 个政党和 130 余个社团参加竞选。其中，印度尼西亚民族党获得最多选票，但也仅有约 22.3%；马斯友美党位居第二，获得约 20.9% 的选票；伊斯兰教教师联合会位居第三，获得约 18.4% 的选票；印度尼西亚共产党位居第四，获得约 16.4% 的选票；印度尼西亚伊斯兰教联盟获得约 2.9% 的选票；印度尼西亚基督教党获得约 2.6% 的选票；印度尼西亚天主教党、印度尼西亚社会党分别获得约 2% 的选票;剩下的选票在其他 21 个政党间分配。国会议员席位中，印度尼西亚民族党和马斯友美党各占 57 个席位，伊斯兰教教师联合会占 45 个席位，印度尼西亚共产党占 39 个席位。印度尼西亚共产党成为全国普选四大政党之一，但以马斯友美党占主导性的内阁仍然将印度尼西亚共产党成员排除在外。

第一次全国大选后的制宪议会选举和地方议会选举，印度尼西亚民族党、印度尼西亚共产党都斩获颇丰。在左翼、右翼和中间力量三方角力时，苏加诺开始借助左翼党派力量巩固自身权力，提出“苏加诺方案”和“有领导的民主”。

1957 年 2 月 21 日，苏加诺提出成立互助合作内阁、组织民族委员会的想法。他指出印度尼西亚共和国建国以来，国内政局动荡，内阁更迭频繁，究其原因在于内阁的组成没有囊括民族主义、宗教主义和共产主义三种思潮的代表人物，尤其是将共产党成员排除在外，因此，需要组建互助合作内阁，包括三种思潮的代表人物，内阁席位以各自所占国会议员席位的比例而定。另外，组建由主要政党和工人、农民、知识分子、民族企业家、军人等各领域的人组成的民族委员会，成为国会和政府间的桥梁，反映社会各界人士的要求，促进民族团结。该方案受到左翼党派的支持，但遭到右翼党派和军官的反对。

1957 年 8 月 17 日，苏加诺提出以总统领导的“有领导的民主”代替“自由民主”，简化政党机构，反对西方式的自由民主，维护印度尼西亚的民族团结。1959 年 7 月，印度尼西亚成立新内阁，苏加诺兼任总理，恢复 1945 年宪法。1959 年 8 月 17 日，苏加诺发表了后来称为《政治宣言》的演说，指出印度尼西亚革命的对象是帝国主义和封建主义，印度尼西亚当前的敌人是荷兰及其他帝国主义国家，包括美国。

1961 年 4 月和 7 月，苏加诺签署总统法令，规定只允许存在 10 个政党，包括印度尼西亚民族党、印度尼西亚共产党、伊斯兰教教师联合会、印度尼西亚天主教党、印度尼西亚党、印度尼西亚基督教党、平民党、印度尼西亚伊斯兰教联盟党、白尔蒂伊斯兰党，以及印度尼西亚独立支持者联盟。苏加诺取缔了马斯友美党和印度尼西亚社会党，倒向东方阵营。1962 年 3 月，苏加诺把印度尼西亚共产党纳入内阁，印度尼西亚共产党书记艾地担任统筹部部长。

1964 年，苏加诺公开宣扬“两阶段革命论”：先期消灭封建主义和帝国主义，后期走上社会主义道路。他为此改组内阁，让共产党领袖居于内阁高位，还派学生到苏联和中国留学。1964 年夏，右翼利用苏加诺，联手成立“苏加诺主义促进协会”反对其“左”倾。苏加诺盛怒之下于 1964 年 12 月 17 日解散该协会，封杀协会下 21 家报纸，取缔平民党活动，激化了形势。[①]1965 年 5 月，苏加诺参加印度尼西亚共产党 45 周年庆典，苏联、中国、古巴、阿尔巴尼亚、罗马尼亚等国的共产党派团参加。印度尼西亚共产党书记艾地直指美国是头号敌人。

苏加诺的亲共行为引起印度尼西亚右派和陆军将领的强烈不满。同时，美国为防范印度尼西亚倒向共产主义阵营，着手支持印度尼西亚各地分离运动，包括支持印度尼西亚陆军对抗印度尼西亚共产党。从 1965 年 5 月开始，

① [美] 阿诺德·布拉克曼:《印度尼西亚“9·30 事件”前夕的形势》，蔡仁龙译，《南洋资料译丛》，1981 年第 4 期，第 103—112 页。

流传着亲美的陆军高级将领可能在美国中央情报局的支持下发动军事政变推翻苏加诺的消息。1965 年 8 月 17 日，苏加诺在印度尼西亚国庆讲话中谴责陆军，明确提出建立由印度尼西亚共产党领导的工农民兵。苏加诺的亲共行为激化了与陆军右翼将领间的矛盾。拥护苏加诺和亲印度尼西亚共产党的陆军军官决定先发制人，1965 年 9 月 30 日晚，身穿总统卫队服的武装士兵在雅加达到 7 名陆军将军的寓所搜捕，杀害了其中 6 名陆军将领。10 月 1 日下午，掌握陆军战略预备队兵权的苏哈托将军将之定义为“印度尼西亚共产党策划的政变”，指挥反击行动。美国支持陆军将领苏哈托逼迫苏加诺下台，进而强力镇压和清除印度尼西亚共产党党员，建立“新秩序”投向欧美阵营。在苏哈托一派的运转下，印度尼西亚青年学生、妇女会和科学工作者上街游行，要求解散印度尼西亚共产党。军方开始大量逮捕和杀害印度尼西亚共产党党员。

1966 年 3 月，苏加诺被迫清除内阁中的印度尼西亚共产党成员，但仍不同意取缔印度尼西亚共产党。1966 年 6 月，苏哈托一派主导召开的临时人民协商会议解散印度尼西亚共产党，会议虽保留了苏加诺的职位，但苏加诺已经没了实权。1967 年 3 月 11 日，苏哈托一派主导的临时人民协商会议推选苏哈托为印度尼西亚代总统，到 1968 年 3 月，苏哈托当选总统，标志着苏加诺执政时期的结束和苏哈托“新秩序”时期的开始。

## 第五节　苏哈托“新秩序”时期

苏哈托担任印度尼西亚共和国第二任总统，随之宣布回归 1945 年的宪法和建国五项基本原则，推行以军人政权为主导的“新秩序”。苏哈托掌权之初，印度尼西亚国内仍然党派林立，人口问题、经济贫困、地方分离运动等难题成堆。苏哈托为促进经济增长和加快印度尼西亚现代化建设，参照国际经验实行市场经济，取缔前任苏加诺的经济自给自足方针，归还已经收归国有的外资企业，重新颁布《外国投资法》，开放门户吸引外资。苏哈托政府强调经济发展，借助欧美阵营的投资援助改善国民住房、医疗卫生、文化教育、交通通信、旅游产业等，扶植传统手工艺和地方文化艺术，并反哺农业发展。苏哈托政府重新制定的国家建设计划体现“发展”目标，确定了为期一年的短期、为期五年的中期以及为期三十年的长期的阶段发展建设目标。

1969 年，苏哈托政府开始推行侧重点不同的五年经济建设计划：第一期从 1969 年到 1974 年，发展农业及其辅助性工业储备粮食；第二期从 1974 年到 1979 年，继续发展农业种植业，但要变原材料加工为基本材料加工，促进粮食生产，支持住房建材和交通设施材料产业，增加就业机会；第三期从 1979 年到 1984 年，争取粮食自给自足并推动成品半成品出口加工，替代原材料出口，提高全民生活和文化水平；第四期从 1984 年到 1989 年，保持粮食自给，发展扩大民间种植园，提高工业水平，加强轻工业生产，建立工业基础框架；第五期从 1989 年到 1994 年，发展以农业为后盾的工业，提高机械化程度并强化制造业；第六期从 1999 年到 2004 年，重点转移到发展工业，提高机械化程度，力争人均收入达到 1000 美元。①

政治方面，苏哈托上台后推行“新秩序”，更加彰显军政极权、总统独裁和集权主义。印度尼西亚国家政治由雅加达的政治精英把控，军队高级将领出任国家和地方政府要职。苏哈托政府还组建军政高压机构，包括恢复安全与秩序行动指挥部（KOPKAMTIB）、特种作战服务部（OPSUS）、印度尼西亚国家情报局（BAKIN），全方位监控社会政治生活及压制苏哈托的政治对手，确保苏哈托政权“新秩序”实施。安全与秩序行动指挥部特别针对印度尼西亚共产党成员，将之分为 A、B、C 三类，实行分级监控管理；特种作战服务部针对不同政党，运用具体利益杠杆实行分化瓦解；印度尼西亚国家情报局侧重渗透社会，全面监控各部分活动。苏哈托还通过各种手段推行社会“去政治化”，实质是把政治问题降格为社会问题。

苏哈托还基于政治思想特性（如宗教信仰）合并其他政党，进一步简化党派数量以便强化管制。②1973 年 1 月 10 日，苏哈托政府发布《简化政党法》，将苏加诺时期确定的除了印度尼西亚共产党以外的 9 个政党按照政治思想基础

---

① 梁敏和、孔远志：《印度尼西亚文化与社会》，北京：北京大学出版社，2002 年，第 121—122 页。

② H Syaukani, Afan Gaffar, M Ryaas Rasyid, *Otonomi Daerah Dalam Negara Kesatuan*, Yogyakarta: PUSTAKA PELAJAR dan PUSKAP(Pusat pengkajian Etika Politik dan Pemerintahan), 2002, pp.125-142.

合并成两个：国家发展联合党（Partai Persatuan Pembangunan，PPP）和印度尼西亚民主党（Partai Demokrasi Indonesia，PDI）。国家发展联合党是单一的伊斯兰教的政党联合体，合并了之前的印度尼西亚伊斯兰教教师联合会、印度尼西亚伊斯兰教联盟、“白尔蒂伊斯兰党”和印度尼西亚穆斯林党。印度尼西亚民主党合并了其他非伊斯兰教的政党，包括印度尼西亚民族党、平民党、印度尼西亚独立支持者联盟、印度尼西亚基督教党和印度尼西亚天主教党。这两大政党和“专业集团”（Golonngan Karya）并列为三大政治组织，组成竞选的三大党派。[①]“专业集团”原为 1957 年陆军为迎合苏加诺抑制政党、增强民族团结的社会各界人士而组建。1964 年 10 月，“专业集团联合秘书处”建立，与印度尼西亚共产党抗衡。经过 1965 年和 1967 年两次合并，集团组成人员包括国家公职人员、军人、教师、知识分子、宗教神职人员、艺术家、工人、农民、渔民、商人、合作社社员、青年和妇女。1971 年 7 月，苏哈托将专业集团联合秘书处改名为“专业集团”，旨在吸收各行各业忠于苏哈托的人，为苏哈托投票。三大党派领导人都不能由批评或反对政府政见的人担任。

苏哈托政府还建立社会政治总局和内政部，严格监督控制人民的政治生活。全国各类会议须获得批准后才能召开。“许可证”成为苏哈托政府控制社会政治各项活动的有效工具。[②]

苏哈托坚持全国“普选”的方式，以彰显其总统地位的合法性，同时取消总统任职的届期限制，剪除国家社会的公正透明机制。1971 年，印度尼西亚开始每五年一次普选，但目的全在保证苏哈托当选。1971 年大选，参选的政党和社团还有 9 个政党和 1 个社团，社团即专业集团。1977 年大选已经只有两大政党和专业集团三个政治组织竞选，专业集团获得 232 席，国家发展联合党获得 99 席，印度尼西亚民主党获得 29 席。此后，1982 年大选、1987 年大选、1992 年大选和 1997 年大选，专业集团均大获全胜，苏哈托均当选印度尼西亚总统。

---

① [澳] 史蒂文·德拉克雷:《印度尼西亚史》，郭子林译，北京：商务印书馆，2014 年，第 119 页。

② H. Syaukani, Afan Gaffar, M Ryaas Rasyid, *Otonomi Daerah Dalam Negara Kesatuan*, Yogyakarta: PUSTAKA PELAJAR dan PUSKAP (Pusat pengkajian Etika Politik dan Pemerintahan), 2002, p.136.

苏哈托政府致力于发展国内经济，短暂提升了印度尼西亚政府的声望。但苏哈托军政集权的行为也使各地的分离运动频发。荷兰 1963 年迫于国际压力，宣称尊重居民“自由选择”，向印度尼西亚归还西巴布亚地区。其实这是两个政府的交易，巴布亚人并无选择决策权。1963 年 5 月，印度尼西亚正式接管西巴布亚的行政权。1969 年，苏哈托政府选派社区领导者由军队护送进入巴布亚施政。部分巴布亚人发起“自由巴布亚运动”追求独立。1974 年，葡萄牙放弃东帝汶殖民地。苏哈托政府想增加声望将东帝汶强行并入印度尼西亚。1975 年 12 月，苏哈托派军侵入东帝汶遭到东帝汶共产党势力强力反抗。西方阵营包括美国正因 1975 年越南共产党获胜而忌惮东方阵营共产党的影响，所以对印度尼西亚在东帝汶残暴杀害共产党人的行为视而不见。1976 年，亚齐地区针对苏哈托政权的掠夺发起“亚齐独立运动”。印度尼西亚军队在苏哈托的指示下在这些地区进行大规模武力镇压，但同时面对巴布亚、亚齐、东帝汶的独立诉求和激烈反抗，印度尼西亚军政权也捉襟见肘，政治上越来越封闭反动。

早在 1974 年，苏哈托政权就修订了宪法第五条关于地方政府职权的内容：地方自治服从国家统一，地方政府维护国家主权完整，然后才是中央确保地方发展建设。20 世纪 80 年代，苏哈托政府收缩公共权力，限制言论和学术研究自由，通过拘禁和打压等手段禁止国内外学者研究或讨论民族、种族、宗教、族群等政治问题，禁止质疑国家政策和政府官员。军政权为淡化民族意识，甚至严禁使用“民族”（etnik）称呼国内民族群体而只能称“部落”（Suku Bangsa）。高校和高级研究机构只能在政府主导下合作推广发展项目。军政权指定印度尼西亚认知科学研究所（LIPI）为民族研究权威机构并形成内部报告上交。公知学人研究成果少有公开发表。

苏哈托政权的“新秩序”政策虽然使得印度尼西亚的经济快速增长，但也造成权贵家族贪腐严重，贫富差距悬殊，引发印度尼西亚人民的不满。1991 年，苏联解体，冷战终结。20 世纪 90 年代初，印度尼西亚对东帝汶的任性入侵和军人暴力、非人道行为引发国际社会的政治谴责、经济制裁，印度尼西亚持续 20 多年的经济增长出现停滞、动荡。军政权对人民公权监控的剥夺，导致各地分权、自治呼声高涨。20 世纪 90 年代中期，民主制改革之风吹拂世界各地，印度尼西亚海归青年精英更加渴望变革，他们甘冒被打击、逮捕、监禁甚至被处死的危险，呼吁结束军政“新秩序”引发地方民族民主运动。美国当局迫于时代潮流形势也放弃支持苏哈托政权。1994 年，苏哈托军政府迫于形势，准备通过改革赋予地方社区语言、文化、教育自治权，允许学界研讨地方分权治理，学术空间放宽并兴起后现代、后结构主义，但民主改革进展缓慢。1997 年大选前，苏加诺的女儿梅加瓦蒂·苏加诺（Megawati Soekarno Putri）出任印度尼西亚民主党一把手，苏哈托害怕影响大选结果，要求撤销梅加瓦蒂的领导职务。梅加瓦蒂号召印度尼西亚民主党的支持者不要给印度尼西亚民主党投票，最终印度尼西亚民主党仅获得约 2.6% 的选票，也证明大多数人是支持梅加瓦蒂的。这次大选，苏哈托虽获胜，但已经彰显着印度尼西亚人民希望改革浪潮的到来。

1997 年 7 月，亚洲金融危机爆发，印度尼西亚是受影响最大的国家之一。印度尼西亚的货币卢比亚剧烈贬值，从 1997 年 6 月的 2400 卢比亚兑 1 美元下降到 1998 年 1 月的 17000 卢比亚兑 1 美元。印度尼西亚的数千企业破产或停产，几百万人失业，苏哈托政府慌乱补救但无济于事，造成社会混乱，政治抗议频发，苏哈托政府只能进行武力镇压，政府的合法性急速下降。从 1998 年 2 月开始，印度尼西亚学生们开始游行抗议，要求苏哈托下台，到 1998 年 5 月 18 日，几千名大学生占据议会大厦，军队坐观其变。1998 年 5 月 20 日，内阁解散，苏哈托除了辞职，别无选择。1998 年 5 月 21 日早晨，苏哈托被迫通过国家电视台宣布辞去总统职务，并根据 1945 年宪法规定，提名副总统巴哈鲁丁·优素福·哈比比（Bacharuddin Jusuf Habibe）继任印度尼西亚共和国总统职务。

## 第六节　后“新秩序”时期

### 一、哈比比时期

1998 年 5 月 22 日，原副总统哈比比继任印度尼西亚总统职位，5 月 23 日成立“改革内阁”，开始推动“民主改革”。在哈比比的推动下，改革在多个方面取得成效。首先，哈比比取消了苏哈托“新秩序”对人民的高压政策，释放政治犯，结束媒体政治审查，推动学术和言论自由。各类被取缔的新闻、杂志、学术期刊纷纷恢复，电视新频道面世，新闻与学术出版热潮涌动，各类宗教、政治书籍和文章只要合法即可发表。

其次，哈比比终结了苏哈托军政集权，宣布依法恢复宪政，实行军、警分离和军队国防化，国家公务员体系与政党系统分离，终结苏哈托专业集团对官僚体系的违宪垄断，构建三权分立的权力体系，恢复国会和司法体系的权力和监督作用，修正宪法，规定总统任期最长为两届。新政府放弃苏哈托“新秩序”，宣布回归“服务、赋权”职能。[①]

再者，哈比比把地方自治纳入民主化进程，宣布取消苏哈托 1974 年违宪颁布的第 5 号集权法令，转而实施国家基本法第 22 号、25 号，即《印度尼西亚地方行政法》（UU.No.22）和《中央地方财政平衡法》（UU.No.25）。两部新法赋予地方政府更多自治权。

最后，哈比比还解除党禁，积极筹备民主选举。1999 年 1 月 28 日，印度尼西亚政府颁布新的政党法，规定 50 名以上的年满 21 周岁的公民只要“不宣传共产主义、不接收外国资金援助、不向外国提供有损于本国利益的情报、不从事有损于印度尼西亚友好国家的行为”[②]，就可以成立政党。短时间内，数十上百个新政党成立。

哈比比的政治改革有一定的成效，但哈比比执政的政府并没能解决经济危机的问题，经济危机仍在继续。且印度尼西亚国内宗教群体间和不同种族间的暴力冲突不断，尤其是东帝汶的动荡最为突出，哈比比领导下的政府无力解决这些问题。哈比比的政治能力受到人民的质疑，也导致其在 1999 年的选举中失利。

---

① H. Syaukani, Afan Gaffar, M Ryaas Rasyid, *Otonomi Daerah Dalam Negara Kesatuan*, Yogyakarta: PUSTAKA PELAJAR dan PUSKAP (Pusat pengkajian Etika Politik dan Pemerintahan), 2002, pp.168–172.

② 梁敏和:《印度尼西亚史纲》，北京：世界图书出版广东有限公司，2019 年，第 257 页。

## 二、瓦希德时期

1999 年 5 月，印度尼西亚开始举行国民大选。大选前，报名参选的政党有 148 个，其中 48 个政党符合参选资格被批准参选。苏加诺的女儿梅加瓦蒂率印度尼西亚民主奋斗党（Partai Demokrasi Indonesia Perjuangan）参选并获得全民选票的 33.7%，位居第一，专业集团位居第二，获得 22.4% 的选票，阿卜杜勒拉赫曼·瓦希德（Abdurrahman Wahid）领导的民族觉醒党（Partai Kebangkitan Bangsa）位居第三，获得 12.6% 的选票，国家发展联合党位居第四，获得 10.7% 的选票，国民授权党（Partai Amanat Nasional）位居第五，获得 7.1% 的选票。[①]1999 年 10 月，新的人民协商会议选举新总统时，哈比比、梅加瓦蒂和瓦希德三人参选。后因与哈比比合作竞选的国防部长退出副总统竞选以及哈比比的述职报告被否决，哈比比退出总统竞选。伊斯兰教政党结盟对抗获得相对多数选票的印度尼西亚民主奋斗党，推选伊斯兰教领袖瓦希德当选印度尼西亚共和国第四任总统，梅加瓦蒂错失总统宝座，当选为副总统。

瓦希德坚持社会公正、民族团结、宗教宽容、国家统一，其平等包容的民主思想使其深受印度尼西亚人民的喜爱。瓦希德政府以经济外交为主，坚持平衡外交的路线，重视政治安全，避免地方分离危险，强调经济恢复与增长，克服贫困等施政重点，其大部分的改革措施是对哈比比政府的政策的深化和延续。

1999 年 8 月 30 日，东帝汶在澳大利亚、联合国及原宗主国葡萄牙的监证下，实行居民公投，结果仍有 78.5% 赞成独立。印度尼西亚军方再次操纵东帝汶亲印度尼西亚势力暴乱，直到 2002 年，东帝汶独立成为联合国第 191 个成员国。东帝汶动荡局势牵动印度尼西亚国内地区，导致巴布亚和亚齐分离运动活跃。“亚齐独立运动”尤其高亢，志在独立建国，加里曼丹岛和马都拉岛有民族冲突，马鲁古地区有宗教冲突。这个时期，民族、宗教分离运动高涨。

瓦希德对独立运动倾向于采取对话、和解和怀柔政策。2001 年元旦，印度尼西亚实施地方自治制度，地方首脑不再由中央指派而转由各地人民选举产生以体现地方政治自治权力。中央与地方财政再分配方案则要确保地方政

---

① ［澳］史蒂文·德拉克雷:《印度尼西亚史》，郭子林译，北京：商务印书馆，2014 年，第 149 页。

府获得更多资源收益。此后，中央对地方政府的权力仅在监察而不在控制。但2001 年 6 月，中央政府与亚齐当局谈判仍然以失败告终。

瓦希德行事特立独行，其施政纲领触及国会中大部分集团的利益，东帝汶的独立等使得瓦希德失去军队的支持，2001 年 2 月开始，印度尼西亚国会开始指控和弹劾瓦希德，2001 年 7 月 23 日，国会投票罢免了瓦希德的总统职位，任命梅加瓦蒂为印度尼西亚共和国第五任总统，任期到 2004 年。

## 三、梅加瓦蒂时期

梅加瓦蒂出任印度尼西亚共和国总统时，印度尼西亚经过三年多的民主改革，已经确立了基本的民主体制，但民主制度还处在与政治、经济、文化、社会的磨合期，经济迟迟未能恢复到金融危机前的状况。因此，梅加瓦蒂政府的主要目标在于政治、经济、社会秩序的重建，将防止国家分裂、发展经济和反恐作为重点任务。

梅加瓦蒂执政时期，印度尼西亚的经济形势开始缓慢好转。梅加瓦蒂政府对宪法进行了大幅度的修改，以打破权力向总统集中的模式，确立宪政民主的原则。梅加瓦蒂政府还致力于民族团结和各党派的团结，学习其父亲苏加诺的方案，组建了“互助合作内阁”，进一步落实地方自治法，调解地方、民族、宗教矛盾。美国“9 · 11”恐怖袭击导致国际社会对亚齐伊斯兰教分离运动的同情迅速流失。印度尼西亚政府乘机施压，一面派出更强军力，一面许诺更高程度自治。2002 年 12 月，印度尼西亚中央政府与亚齐地方政府签订停火协议延续谈判，2003 年谈判再次崩溃。2004 年，亚齐超大海啸导致灾难惨重，亚齐政府终于向中央妥协结束武装抗争，成为印度尼西亚的一个特别自治区。巴布亚民族分离运动比亚齐温和，但也持续到 21 世纪初才借助民主机制达成地方自治协议。地方自治下虽也有分离声音，但宪政体制更能促进国民互信、社会稳定、国家领土主权和谐统一。

## 四、总统直选时期

梅加瓦蒂之后，2004 年大选开启总统直选机制，苏西洛 · 班邦 · 尤多约诺（Susilo Bambang Yudhoyono）当选印度尼西亚共和国第六任总统，并在 2009 年的大选中连任总统职位。2014 年总统大选，佐科 · 维多多（Joko Widodo）当选印度尼西亚第七任总统，并于 2019 年大选中连任总统职位。2024 年总统大选，苏哈托的女婿普拉博沃 · 苏比安托（Prabowo Subianto）当选印度尼西亚共和国第八任总统。

梅加瓦蒂之后，印度尼西亚进入民主巩固阶段，巩固民主价值观和不断完善各项民主保障法律制度。苏西洛和佐科对外均奉行独立外交政策和大国平衡政策，重视经济外交；对内都坚持实行民族、宗教包容政策，旨在用地方民主自治制度节制民族、宗教分裂图谋。但印度尼西亚毕竟是多民族、多语言、多宗教大国且领土地貌复杂破碎，民族、宗教地方分离运动呼声始终存在。如今印度尼西亚各届政府面临的主要问题除了民族、宗教、地方分离运动外，还包括恐怖主义活动与民主改革时期的贪腐问题。

**思考题:**

1. 简述印度尼西亚共和国各届政府情况。
2. 印度尼西亚是如何实现民族独立的?

# 第三编
## 社会文化篇

# 第九章　多元文化的历史形成

印度尼西亚在本土文化外，先后汇聚嵌入了印度、中国、大中东、欧洲、北美等文明，如今印度尼西亚社会集聚了南岛语系原住民文化、印度教文化、佛教文化、华南工商匠心文化、伊斯兰教文化、欧美基督教和现代工商业文化。印度尼西亚的巴厘岛有信仰印度教的传统，雅加达、泗水等都市有唐人街，亚齐、望加锡、巴东高地有伊斯兰教城堡，密纳哈萨、安汶有加尔文新教社区，弗洛勒斯岛和帝汶岛有天主教教堂。[①] 印度尼西亚的文化多样性源于其重要的地理生态与特殊的历史发展过程。印度尼西亚横跨赤道，地处亚洲、大洋洲、太平洋、印度洋交界处，拥有丰富的丁香、胡椒、豆蔻等香料和天然橡胶、黄金、锡等自然资源，自古以来便汇聚世界各地的商船，逐渐成为东西方海上贸易的要冲，也成为世界各地文化的汇聚地。

印度尼西亚文化史学家索莫诺（R. Soekmono）将印度尼西亚文化史分为四期：史前期、古典期、马蒂亚期和近现代 / 新时期。[②] 史前期从印度尼西亚有人类开始到公元 5 世纪，这个时期是“印度尼西亚人文”源头奠定期。古典期指从公元之初印度文明扩张到公元 16 世纪满者伯夷王国消失，这个时期是印度尼西亚印度教、佛教文明主导时期。马蒂亚期指从伊斯兰教传入到 19 世纪末，这个时期是伊斯兰教文明主导时期。近现代 / 新时期指从 20 世纪初到现在，这个时期是欧美现代文明影响和印度尼西亚本土文明崛起时期。

---

① [美] 克利福德 · 格尔兹:《尼加拉：十九世纪巴厘剧场国家》，赵炳祥译，上海：上海人民出版社，1999 年，第 1 页。

② Soekmono, *Pengantar Sejarah Kebudayaan Indonesia 1*, Edisi 3, Yogyakarta: PENERBIT KANISIUS, 1981, p.16.

## 第一节　外来文化的传入

### 一、印度文化的传入

印度的印度教、佛教文化自公元之初开始传入印度尼西亚，传入路径大概有两条：一是印度商人和殖民者带入，二是印度尼西亚本土统治者有意利用。早期印度尼西亚王国统治精英效法印度统治者的“神化权力、国家权威、财富和抽象文化”①。他们学习并引进印度的印度教、佛教文化，为王权披上神圣合法的外衣。印度尼西亚统治者派遣僧侣到印度修习教法，同时学习印度的建筑雕塑艺术，然后带回印度尼西亚。这些僧侣回归后，国王命令他们按照印度传统图样修建宫殿、庙宇和雕塑，同时要求加入印度尼西亚本土文化信仰要素。因此，印度尼西亚古代纪念碑和雕像既有印度文化元素，又有印度尼西亚本土风格。②

印度尼西亚学者苏沃尔多诺（Suwardono）在《印度尼西亚史：印度教—佛教时期》一书中整理了印度教文化传入印度尼西亚的几条推论：一是刹帝利论（Teori Kesatria）。认为印度的印度教刹帝利 / 骑士种姓曾在印度尼西亚建立王国，或在既有王国位居高位，或与当地王国的女王、公主通婚，他们在印度尼西亚传播印度教理念。而印度尼西亚爪哇岛原有的王公与普通人的等级区分与印度教种姓制度契合，因而印度教种姓制度在当地能够被接受和传播。二是吠舍论（Teori Waisya）。认为是印度商人在印度尼西亚传播印度教、佛教文化。这些印度商人在印度尼西亚本土王国获得高位并与贵族女性结婚，他们带来并传播印度文化。三是婆罗门回传论（Teori Brahmana dan Arus Balik）。认为印度婆罗门种姓人士和印度尼西亚学者们直接或间接在印度尼西亚传播印度教文化。印度婆罗门种姓人士到印度尼西亚传教，或印度尼西亚学者到印度学习印度教教法，然后将其传回印度尼西亚，印度教文化由此得到宫廷重视。③

---

① [澳] 史蒂文 · 德拉克雷：《印度尼西亚史》，郭子林译，北京：商务印书馆，2009 年，第 15 页。

② Suwardono, *Sejarah Indonesia: Masa Hindu-Buddha*, Cerita 3. Yogyakarta:Penerbit Ombak, 2017, p.6.

③ Suwardono, *Sejarah Indonesia: Masa Hindu-Buddha*, Cerita 3. Yogyakarta:Penerbit Ombak, 2017, pp.8–13.

印度尼西亚文化早年深受印度文化元素的影响，诸多民族宗教皆源于印度，大量吸收印度教、佛教元素，多持“造物主，世界的创造，天上的分层，天的升起，死人灵魂的经历，占卜吉凶，动物牺牲及真的神巫”等观念。流传着婆罗门教宇宙分三界的世界观和创世观：上界是神族的居所，中界是人的居所，下界是死人和鬼怪的居所。印度教、佛教在印度尼西亚传播与当地本土文化交融。例如将南印度跋罗婆文字改成了印度尼西亚当地的卡威文字，8 世纪修建的佛教寺庙群婆罗浮屠浮雕的面孔、服饰和生活样态，均呈现印度尼西亚地方特色。①

印度的印度教和佛教文化对早期印度尼西亚的社会政治、组织结构、伦理哲学、宗教信仰、语言文字及手工工艺均有深刻影响。例如，巴塔克人承袭了印度的“水稻、马、犁、特殊形制房屋、棋、棉花、纺车和印地语言文字和宗教观念”等。现代印度尼西亚语中仍有很多印度梵文借词，如“文化”（budaya）的词根是梵文“budhayah”，“都城”（Negara）意为宫殿、首都、国家、领土、城镇，“辖区”（Desa）意为乡村、地区、属地，这些都证明梵文在南洋曾被广泛使用。②

印度文化已成为印度尼西亚文化的深层基调。如今印度尼西亚巴厘岛仍然是印度教文化占据主导地位，爪哇传统文化中也有印度文化要素被保留传承。印度教经典故事摩诃婆罗多（Mahabharata）、罗摩衍那（Ramayana）迄今流行，且仍是印度尼西亚世界级非物质文化遗产哇扬皮影戏的经典曲目。巽他岛、爪哇岛、巴厘岛的居民都把这些故事当成印度尼西亚民族文化。

## 二、中国文化的传入

中国与印度尼西亚有着深厚的历史渊源，双方接触交流甚至早于印度并持续至今，包括人口迁移、海上贸易、使团互访及佛教文化交流等方面。如今印度尼西亚的华人约占总人口的 1.2%，扮演着极为重要的经济角色，充实了

---

① [澳] 史蒂文·德拉克雷:《印度尼西亚史》，郭子林译，北京：商务印书馆，2009 年，第 15—16 页。

② [美] 克利福德·格尔兹:《尼加拉：十九世纪巴厘剧场国家》，赵炳祥译，上海人民出版社，1999 年，第 2 页。

印度尼西亚百业。

林惠祥在《南洋马来族与华南古民族的关系》一文中，根据丰富的考古和民族学材料，证明“马来人与中国东南方人同源”。[①] 原始马来人经东西两路从华南迁移到印度尼西亚诸岛。最迟在公元前1世纪，中国文化已对印度尼西亚地区产生直接影响。考古发现，苏门答腊岛、爪哇岛、加里曼丹岛曾出土大批中国汉代人墓中的陶器，其上的铭文显示汉朝已有华人居住在印度尼西亚。[②] 李学民与黄昆章在《印尼华侨史》一书中考证，印度尼西亚华侨源于汉代，续于魏晋南北朝，成批定居于唐末黄巢起义时期，华侨社区形成于宋、元、明三朝，清初又有大批移民和契约劳工前往印度尼西亚定居。[③] 宋、元、明、清史籍均有双方交流的记载。双方多次互派使团，保持长期友好关系往来。

随着华人华侨的到来，中国文化如语言、习俗、艺术、建筑、祖先崇拜、儒教、道教、汉传佛教等，早已开始与印度尼西亚传统文化交流交融。苏门答腊岛东北部和加里曼丹岛西部一些民族的语言接近粤语、闽南语，印度尼西亚语中也有汉语闽南方言的借词。如今多数华侨转籍印度尼西亚后，虽经印度尼西亚“同化政策”，但仍保留华人文化要素，包括语言、习俗、宗教信仰。雅加达中国城的很多华人在开中药铺、地方特色菜系中餐馆，以及修建中国特色建筑，有些小商家制作传统脸谱，卖“福”“喜”贴纸、春联、灯笼等传统年货及红白喜事物件。华侨小区仍常见儒释道信仰活动场所，香火鼎盛，里面供奉佛像、土地公像或孔夫子像。华人在印度尼西亚的影响多在经济领域，包括进出口贸易、矿物开采、商品批发、超市零售及餐饮等。

### 三、伊斯兰教文化的传入

伊斯兰教传入印度尼西亚也有两条路径：一是经由印度古吉拉特（Gujarat）

---

① 林惠祥:《南洋马来族与华南古民族的关系》,《厦门大学学报（社会科学版）》, 1958年第1期，第189—213、215—221、223—234页。

② [英]布塞尔:《东南亚的中国人》（卷一），徐平译,《南洋问题资料译丛》, 1957年第4期，第1—22页。

③ 李学民，黄昆章:《印尼华侨史》，广州：广东高等教育出版社，2016年。

的波斯穆斯林商人在商贸过程中传入，二是经由爪哇岛皈依伊斯兰教的统治中心推动传播。[①] 印度尼西亚本土商人为商业利益考虑选择信奉伊斯兰教，进而促成社区乃至国家伊斯兰化。苏门答腊岛北岸港口国家同室利佛逝帝国有商业竞争，因而接受伊斯兰教或转成穆斯林身份以求独立。

17 世纪后，伊斯兰教在印度尼西亚渐占上风，19 世纪成为印度尼西亚主要宗教，但真正主导印度尼西亚文化还要等到 20 世纪。荷兰殖民时期，印度尼西亚人基于政治需求依托伊斯兰教抵制荷兰基督教。20 世纪早期，印度尼西亚通过伊斯兰教宣扬国民独立解放主义，伊斯兰教发展更为普及，深深影响了印度尼西亚人的日常生活、行为方式、文学艺术、世界观和政治制度。1905 年，穆斯林人数占到印度尼西亚人口的 94.5%，今天仍占总人口的 87.2%。印度尼西亚穆斯林多属“棕红派”（Abangan），指具有伊斯兰信仰，但不看重伊斯兰礼仪与形式的信众。伊斯兰教影响在不同地区、社区、阶层、民族不尽一致。格尔兹在《爪哇的宗教》一书中分析，爪哇中部伊斯兰教信众概有三种状况：王公后裔（Priyayi）、寻常信众（Abangan）、环寺而居且有教团组织的社区教民（Santri）。王公后裔出身高贵但在荷兰殖民后失去贵族身份，多成为政府公务员。其子女在 20 世纪初受到良好教育，印度尼西亚独立后仍是白领精英。这些人皈依伊斯兰教但不舍印度教、佛教，仍保留着强烈的等级思想和传统生活礼仪。精诚教民虔诚按照伊斯兰教教义礼仪生活，天天严格把斋、按时礼拜，热衷麦加朝圣和建立宗教学校。寻常信众是城乡底层人口，人数最多，自 19 世纪中期开始接受伊斯兰生活方式却不是严格的穆斯林，仍保留原始神明、印度教或佛教信仰并实践巫术、魔法等民间仪式。[②]

## 四、欧美文化的传入

葡萄牙商人、荷兰东印度公司、荷兰政府的殖民统治除了带来天主教和基督教，还使印度尼西亚的面貌发生了全面深刻的改变，包括从民族分散到集

---

① Syarif Moeis, *Pembentukan Kebudayaan Nasional Indonesia*, Disajikan dalam diskusi Jurusan Pendidikan Sejarah FPIPS UPI Bandung, 2009.

② Clifford Geertz, *Agama Jawa: Abangan, Santri, Priyayi dalam Kebudayaan Jawa*, Penerjemah: Aswab Mahasin, Bur Rasuanto, Depok: Komunitas Bambu, 2014.

权统一。1870 年的《土地法》《农业法》，1880 年的《苦力法令》，1930 年东印度总督约翰尼斯·范·登·博施推出的耕作制度改良，都助推了荷兰殖民企业发展，继而可以使它们用现金购买剥夺印度尼西亚土地，签订“劳动契约”发展种植园私人资本主义经济。后来印度尼西亚转向工业化、都市化，引发大量劳动力流动，从而要求发展基础设施，包括铁路、公路、港口和农田灌溉体系，进而要求官僚制度跟进并影响荷属东印度公司各层面。法律、法规、司法体系、官僚制度、教育、卫生事业渐次推进，到 19 世纪末及于印度尼西亚全境。殖民政府为改善治理，于 20 世纪初推出新“道义政策”，向印度尼西亚青年开放高等教育的机会。1920—1927 年，新教育精神促使地方行政当局大办管理培训学校。印度尼西亚青年高中毕业后可以到荷兰高校留学，获取经济、法律、农业专业学位。这套相对自由的教育体制在本地青年里孵化出民主社会、民族主义等新政治思想。荷兰政府支持基督教，对伊斯兰教兼用压制与笼络手段。如今基督教和天主教在印度尼西亚部分地区扎根，集中在西伊里安岛、苏拉威西岛北部、松巴岛等地，在其他地区仅有分散的虔诚的信众。但由于西方文化与现代化思想观念互融，世俗层面的印度尼西亚文化受基督教和天主教濡染颇多。

20 世纪 40 年代末印度尼西亚短暂的“联邦”治理以及印度尼西亚共和国建国后，美国等民主、自由、平等的西方式民主文化也深深影响着印度尼西亚现代文化的发展。

## 第二节　多元文化现状

古往今来，汇聚各地文明文化的印度尼西亚，在政治、经济、社会、语言、民族、宗教、生活方式、文学艺术等方面都有文化多样性共存性状。

### 一、法律和宗教

当今印度尼西亚国家宪法和其他法律条例，多依循欧美即荷兰、美国体制，但地方法律体系仍有各地习惯法赓续，呈现多样性状，亚齐省甚至仍然实施伊斯兰教法。荷兰学者范·佛伦霍芬在1948年将印度尼西亚分为19个部落习惯法盛行区:(1)亚齐;(2)伽佑－阿拉斯、巴塔克;(2a)尼亚斯、巴图人;(3)米南佳保;(4)南苏门答腊;(4a)恩卡诺;(5)马来;(6)邦加和勿里洞;(7)加里曼丹;(8)米纳哈萨;(8a)桑吉尔－塔拉乌;(9)格若塔罗;(10)托拉查;(11)南苏拉威西;(12)德尔拉特;(13)安汶和马鲁古岛;(13a)达雅西部群岛;(14)伊里安岛;(15)帝汶岛;(16)巴厘和龙目岛;(17)爪哇岛中部和东部;(18)苏拉卡尔塔和日惹;(19)爪哇岛西部。[①]国家法律体系随着印度尼西亚民族国家现代建设进程而逐渐完善，但各地涉及生育、婚姻、遗产继承的习惯法，仍能影响秩序实践。

印度尼西亚建国五项原则首条强调“信仰神道”，但不限定宗教信仰类别，只将信教作为公民义务并倡导多样信仰并存。现代印度尼西亚国家承认六个制度性宗教，即伊斯兰教、基督教、天主教、印度教、佛教、儒教（印尼孔教）。此外还有原始信仰以及中国的儒教、道教。这些宗教在多数地区都非单一传承而是相互融合，仅有不同侧重。佛教主要分布在廖内省北部及东部海岸，印度教主要分布在巴厘岛和加里曼丹省中部，天主教主要分布在东努沙登加拉省，基督教主要分布在西伊里安、北苏拉威西省、松巴岛以及苏门答腊省北部。占国民总人口近87%的穆斯林分为近俗与虔诚两类：近俗穆斯林主要分布在楠榜省和爪哇岛，虔诚穆斯林主要分布在苏门答腊、加里曼丹、苏拉威西和西努沙登加拉省多数地区。日惹特别行政区水宫可以见到佛教、印度教、伊斯兰教文化符号共存的建筑装饰。

这样的格局也是印度尼西亚不同政治权力博弈的结果，宗教信仰范围即政权辐射范围。佛教、印度教从公元1—14世纪自西向东传播，如今在巴厘岛、龙目岛以西尤其是爪哇岛占据主导。这是古代佛教、印度教王朝范围。伊斯兰教13世纪传入，主要依托商贸网络在苏门答腊、爪哇两岛跟佛教、印度教王国竞争，如今在苏门答腊岛根基最深。16世纪后，葡萄牙人给印度尼西亚带来欧洲天主教，后被荷兰基督新教取代。事实证明，西方宗教在佛教、印度教和伊斯兰教信仰较深地区传播受阻最大，因而其重心落在巴厘岛和苏拉威

① Koentjaraningrat, Pengantar Antropologi I, Cet. 4, Jakarta: Rineka Cipta, 2014, pp.193-194.

西岛以东。具体而言，天主教核心在东帝汶及周边东努沙登加拉岛，基督新教核心在北苏拉威西、伊里安查亚地区。伊斯兰教伴随民族主义运动在二战及独立战争中与天主教、基督教逆势竞争，现依托社会组织成为印度尼西亚主流宗教。荷兰殖民统治政权辐射地方最广，全印度尼西亚各地都有基督教社区，但其在苏拉威西岛以西仍非主流宗教。

## 二、政治和经济

印度尼西亚国家政治体系包括地方与中央关系均有地域差异。如今全印度尼西亚共有一级行政区 38 个，包括 35 个省和雅加达、日惹、亚齐 3 个地方特区。雅加达自 1945 年印度尼西亚独立后被指定为首都，直到 2024 年 11 月正式被取消首都地位而设为特区。亚齐、雅加达、日惹、巴布亚、西巴布亚的立法和地方自治权限较其他省区大。2001 年修订施行的地方自治法明确亚齐、日惹、伊里安查亚（2003 年 2 月分为巴布亚、西巴布亚）享有自治地位。日惹是印度尼西亚独立战争根据地及前首都。日惹苏丹对国家贡献突出，所以至今不废，只是变成特别行政区。日惹如今仍有两套统治体系：苏丹王国体系和现代国家市长体系。日惹苏丹哈孟库布沃诺十世仍然在位，每年仍要在莫拉比火山、日惹王宫和海边举行仪式以祈求国泰民安、风调雨顺。日惹东边的梭罗也保留了苏丹，苏丹帕库布沃诺十三世仍然在位。亚齐位于苏门答腊岛北部马六甲海峡南岸，石油天然气资源丰富且战略地位重要。亚齐对印度尼西亚政府财政盘剥不满，曾发起长期独立运动。最终印度尼西亚政府承认亚齐自治权，亚齐有权制定地方性法规，且于 2003 年开始实行伊斯兰教法。伊里安查亚即新几内亚岛西部，黄金矿藏丰富，1963 年荷兰才归还，很多巴布亚人不愿归入印度尼西亚而发起“自由巴布亚运动”，印度尼西亚政府最终承认其自治权。

格尔兹对印度尼西亚文化生态多样性有如下观察：“内陆婆罗洲或西里伯斯的马来亚—波利尼西亚人的部落制度；巴厘、西爪哇、苏门答腊和西里伯斯的传统农民村落；中部和东部爪哇河谷平原上的‘后传统’农村无产者村落；婆罗洲和西里伯斯海岸拥有市场观念的以渔业和走私为生的村落；爪哇内陆和外围诸岛上业已衰落的地方城市和小城镇；雅加达、棉兰、苏腊巴亚和望加锡的人口众多、混乱不堪和半现代化的大都市。”①

印度尼西亚人类学之父科恩贾兰宁格拉特把印度尼西亚分为城市与农村两类。城市再分为工业欠发达的小城市与工业大都市，农村则被分为四类。第一类是种植根茎作物兼采集狩猎，尚未经历青铜文化，未受印度教和伊斯兰教等外来宗教文明洗礼，近现代稍受基督教影响的原生村落，其分布区在尼亚斯、门达崴（Mentawai）、伊里安查亚等地。第二类是佛教、印度教主导的水稻种植村落。它形成较早，后来分别受伊斯兰教和荷兰殖民影响，跟殖民城市关系较近，其分布区在爪哇岛、巽他岛、巴厘岛等地。第三类是伊斯兰教主导的水稻种植村落，跟荷兰殖民政府的中心城市有关且受印度教影响较少，其分布区在亚齐、米南佳保、望加锡（Makassar）等地。第四类是基督教主导的丘陵农村，主要跟荷兰殖民者拓建的中小城市有关，其分布区在巴塔克、达雅、米纳哈萨、弗洛勒斯、安汶等地。格尔兹与科恩贾兰宁格拉特的分类都把城乡作为首要界别，其差别全在农村分类简繁，格尔兹整合科恩划分的一类与四类农村，且城市归为同一类。②这主要是因为他研究印度尼西亚较早，当时城市间差别还小。

各国学者研究印度尼西亚农村均强调水稻种植。其实印度尼西亚农村的生计也有多样性，例如沿海就多有渔村。马来西亚、菲律宾、印度尼西亚交界处的巴瑶人（Bajau）更有“海上吉普赛人”之称。他们在浅海造屋，常年以潜水捕鱼为生。美国前总统奥巴马母亲安·邓纳姆的《困境中求生存》则呈现过爪哇有别于稻作农耕的工匠村：主要生计包括打铁、制陶、纺织、制革、竹编、蜡染布、制作皮影等。③

---

① [美]克利福德·格尔兹:《尼加拉：十九世纪巴厘剧场国家》，赵炳祥译，上海：上海人民出版社，1999年，第1—2页。

② Amri Maarzali, “*Klasifikasi Tipologi Komunitas Desa di Indonesia*”, E K M Masinambow edt, *Koentjaraningrat dan Antropologi di Indonesia*. Jakarta: Yayasan Obor Indonesia, 1997, pp.139-150.

③ [美]安·邓纳姆:《困境中求生存：印度尼西亚的乡村工业》，徐鲁亚译，北京：民族出版社，2013年。

# 第三节 “异中求同”

## 一、国家文化构建

印度尼西亚的群岛生态，海洋边界的通透性，文明交叉口的区位特点，多种文明、宗教与原住民部落共生机制，以及周边强国持续介入的现实情况，使得前现代印度尼西亚难以形成大一统政体，同时也使其具有更强的文化包容性，从而形成了复杂多元的社会文化现状。现代国家建构仍须借助前现代基础。1945 年联邦共和国宪法规定，印度尼西亚是多民族统一国家，倡导神道、民族、民主、人道、公正的建国五项原则。这些定性信条能使现代印度尼西亚国家对印度教、佛教、伊斯兰教、西方现代文明和中国传统文化兼收并蓄。印度尼西亚宪法规定国家在至高神明指引下，保证人民宗教信仰、仪式、实践自由。印度尼西亚承认伊斯兰教、基督教、天主教、印度教、佛教和儒教（印尼孔教）六种宗教，这也是各党派谈判妥协的结果。

1948—1954 年，印度尼西亚通过连续召开三次文化大会和一次探讨印度尼西亚文化与外国文化关系的会议共四次会议来确定国家文化与相关政策。1948 年，第一次文化大会在日惹召开，将文化分为物质与精神两大部类，明确新兴印度尼西亚文化要土洋结合，包容本土传统与西方现代元素。1950 年，印度尼西亚国家文化研究所（Lembaga Kebudayaan Indonesia）在雅加达召开“民族文化及其与其他国家文化之间的关系”（Kebudayaan Nasional dan Hubungannya dengan Kebudayaan Bangsa-Bangsa Lain）的会议，明确印度尼西亚国家文化与其他国家文化尤其是荷兰文化的关系，确认印度尼西亚文化应该吸收其他国家文化精髓。1951 年，第二次文化大会在万隆召开，会议鼓励文化运动机构发展并讨论了文化政策、版权归属、艺术批判、电影传媒和文献积累等五个主题。1954 年，第三次文化大会在梭罗召开，确立社会文化政策和教育界文化主题，探讨社会学校早期文化教育、城市社会和农民社区等三个主题。①

① Tod Jones, *Kebudayaan dan Kekuasaan di Indonesia: Kebijakan Budaya Selama Abad Ke-20 hingga Era Reformasi*, Penerjemah: Edisius Riyadi Terre, Jakarta: Yayasan Pustaka Obor Indonesia, 2015, pp.89–97.

印度尼西亚1945年宪法第32条指出，政府推进印度尼西亚国家文化（Kebudyaan Nasional Indonesia），且有如下补充说明：

> 国家文化是印度尼西亚全民行动产生之结果。全印度尼西亚各地公认的高端古老及原始文化均属国家文化。国家文化不拒斥外国文化中有助于本国发展丰富，促进礼仪、文化、团结、进步并提高印度尼西亚国家人文程度之要素。[①]

新兴印度尼西亚国家文化理念强调包容与多元，涵盖印度尼西亚各个民族部落优秀文化乃至其他国家的文化精髓。1957年，开国元首苏加诺批评议会民主影响决策，声称某些外国文化不适合印度尼西亚，提倡回归印度尼西亚文化自身认同需求。1959年后，印度尼西亚文化政策更多由苏加诺思想主导，包括倡导"国民认同"、"国家认同"、文化"融合"，即合多样文化于"潘查希拉"的国家文化认同。苏哈托上台后则将苏加诺文化政策束之高阁，专注经济与现代化建设。"一切为经济发展服务"成为独裁政府"新秩序"合法性工具和文化思想。军政府一面吸收西方现代科技，一面担心现代化削弱集权，因而采取的方式是让印度尼西亚民族文化为国家整合提供同质环境，并通过丰富的文化和历史增强国民自豪感，以此抵制外来文化侵蚀。在此期间，考古学、博物馆学和历史学的著述再次受到鼓励，旨在构建印度尼西亚社会文化。婆罗浮屠、普兰巴南等世界文化景观遗址在"新秩序"时期仍然开放，且有博物馆建设，还有巴厘岛文化旅游项目开发。这样既能把政治领域的民主呼声转移到文化领域，又能显示"新秩序"下的文化繁荣。20世纪70年代初的"美丽印度尼西亚迷你公园"也出自同样的"命令式同化"构思。

1998年苏哈托下台，短暂联邦时期的民主改革和地方分权等宪政理念复

---

① 该部分内容转引自 Tod Jones, *Kebudayaan dan Kekuasaan di Indonesia: Kebijakan Budaya Selama Abad Ke-20 hingga Era Reformasi*, Penerjemah: Edisius Riyadi Terre, Jakarta: Yayasan Pustaka Obor Indonesia, 2015, p.113. 也可参见 M Junus Melalatoa, "Kajian Etnogragi dan Pembangunandi Indonesia", E K M Masinmbow edt., *Koentjaraningrat dan Antropologi di Indonesia*, Jakarta: Yayasan Obor Indonesia, 1997, pp.93–104.

活。国家理解地方民族文化和民间组织需求，主动倡导文化多样包容。政府收回命令式政策，减少社会文化控制。

## 二、“异中求同”箴言

2000 年，国会通过 1945 年宪法第二修订案。其中第 36 条 A 项规定，印度尼西亚国徽图案中，国家箴言卷轴由昂首展翅的印度金翅神鹰握持，神鹰胸前盾牌分五个部分，分别代表建国五项原则，金星象征信仰至高神明、牛头象征公正人权人道、绿树象征民族国家团结统一、棉桃稻穗象征民主繁荣昌盛、金链象征全民平等社会公平。国家箴言则是“异中求同”（Bhinneka Tunggal Ika/Unity in Diversity），具有殊途同归、合众为一的意涵。Bhinneka Tunggal Ika 源于满者伯夷帝国时期的一部爪哇史诗，题为“Kakawin Sutasoma”，原意是描述印度教的湿婆与佛教的佛陀本质上是相同的，以促进印度教与佛教的相互包容。

民主改革时期将“异中求同”作为国家的箴言，旨在促进民族、宗教、文化包容和国家的团结统一。如今印度尼西亚国家文化融合了史前传说、印度教、佛教、伊斯兰教和西方文化要素。值得指出的是，曾对华人华文的强制与“同化”措施也在民主开放时期被取消，足见当时政治改革、社会开放力度之大，以及实现民主自由、普惠众生的决心之坚定。

**思考题：**

1. 简述印度尼西亚文化多样性现状。
2. 分析印度尼西亚文化多样性形成的原因。

# 第十章　物质文化

印度尼西亚国土南北跨赤道，东西长5500千米以上，由17508个岛屿组成，是世界上最大的群岛国家，民族众多，全年气候温暖湿润，物种资源、水资源丰富。其独特的地理环境、气候环境、人文环境和历史文化，使其拥有独特而丰富的饮食、服饰和居住等物质文化。

## 第一节　饮食文化

饮食文化包括饮食品种、饮食口味、饮食结构、饮食方式、饮食餐制、饮食禁忌，以及稻种文化。

### 一、饮食品种

印度尼西亚常见的蔬菜有西红柿、黄瓜、空心菜、卷心菜、韭菜、苦瓜、芹菜、洋葱、胡萝卜、白萝卜、辣椒、苋菜、豆角、生菜、油菜、葱、姜、蒜等。

印度尼西亚地处热带，热带水果品种齐全，常见的水果有榴梿、山竹、香蕉、杧果、菠萝、木瓜、莲雾、红毛丹、阳桃、蛇皮果、杜古、牛油果、西番莲、番荔枝、猕猴桃、波罗蜜、鳄梨、柑橘、柠檬、柚子、橙子、葡萄、苹果等。

印度尼西亚作为海岛国家，水资源丰富，渔业发达，海产品丰富，常见的肉类包括各种海鱼、河鱼、海虾、河虾、鸡、鸭、牛、羊等。

印度尼西亚地处热带，不产小麦，常见的主食有大米、玉米、西米、马铃薯、红薯、木薯等，共有60多种碳水化合物食物可做主食，但以大米为主。

印度尼西亚盛产咖啡和茶叶，常见的饮品有咖啡、茶、矿泉水。另因其热带水果丰富，印度尼西亚人多爱喝椰子汁、橘子汁、西瓜汁、鳄梨汁等。

印度尼西亚也是举世闻名的香料之国，常见的调味香料有胡椒、豆蔻、黄姜、桂皮、肉豆蔻、香兰果、蒲桃叶、圣罗勒叶、露兜树叶、橘子叶等。印度尼西亚人爱将多种香料搭配形成咖喱酱，另有酸果、青杧果、虾酱、椰浆、辣椒酱、黄油、红糖、白砂糖等调味剂。

## 二、饮食口味与结构

印度尼西亚的饮食口味偏酥、脆、香、酸、甜。因生活在热带，食物不易储存，印度尼西亚人形成喜欢吃油炸酥脆食物的传统，包括炸虾片、炸鸡肉、炸鱼干、炸虾米等。作为香料之国，印度尼西亚人还爱吃香料烹饪的食物，尤其喜欢用咖喱、胡椒、辣椒和葱、姜、蒜等来调味，包括烤肉串、咖喱炒饭等。另外，印度尼西亚人还喜爱酸、甜的食物，喜欢食用青杧果，用酸果、青橘调味，喜欢甜品小吃，包括炸香蕉、可可果饼干、棕榈糖、椰枣和用糯米粉、木薯粉、豆粉加椰蓉制作的各种甜品糕点。另因天气炎热，印度尼西亚人不爱吃热菜、热汤，偏爱冷饮，爱喝冰咖啡、冰茶、冰水等。

印度尼西亚农村饮食结构相对单一，主要吃大米、木薯、蔬菜和少量的肉、鱼虾和蛋类。随着现代化的发展，城市饮食构成更为丰富，例如即可以吃面包、牛奶和果酱，还可以品尝到各国餐馆的菜系，包括西方的牛排、比萨，日本的寿司、面食，泰国的火锅，中国的粤式糕点，及其他各种菜品。

## 三、饮食方式与餐制

不论地域和身份，印度尼西亚人至今保留着手抓的饮食方法，在日常用餐时，习惯用手抓饭、拌饭吃。用餐时，先用清水洗手，然后用右手把饭菜捏成团送入口中，边吃边蘸清水，以免饭菜粘在手上。但现在居民家里和餐馆都配备叉子、勺子等餐具，人们可以选择使用餐具或不使用餐具就餐。

印度尼西亚人习惯一日三餐，早、中、晚各有一顿正餐，在正餐之外，还习惯饮食些点心、水果、咖啡、茶和果汁等。伊斯兰教的斋月除外。绝大多数的印度尼西亚人是穆斯林，每年的斋月期间，健康的人从日出到日落不饮食，每天仅在天亮前和晚上吃两餐，而体弱者如幼儿、孕妇、老人、病人会在白天适当饮食。

## 四、饮食禁忌

饮食禁忌主要与宗教信仰相关。绝大多数的印度尼西亚人信仰伊斯兰教，不吃猪肉，不喝酒，主要吃牛肉、羊肉、鸡肉和鱼虾。而有些印度尼西亚人如巴厘岛的居民信仰印度教，不吃牛肉，而以鸡肉、猪肉为主。还有一些印度尼西亚人因信仰和各地的风俗不同而有各种饮食的禁忌，如大多数印度尼西亚人不吃甲鱼、蛇等动物；巴塔克人在用餐时不能随意被打扰；巽他人怕变坏所以不吃牛脑，怕遇到麻烦事所以不吃动物内脏，怕不被人尊重所以不吃椰渣，怕丧母所以日落后不吃酸性的食物，怕出生的孩子脖子上有刀痕所以在妇女生育时不宰鸡，以及怕被人侮辱而不同用一个盘子用餐；苏拉威西岛北部的孕妇怕孩子变斜眼不吃鲨鱼肉。①

## 五、稻作文化

稻谷在印度尼西亚扮演着重要的角色，是印度尼西亚人最重要的主食。印度尼西亚地处赤道，只有雨季和旱季之分，一年四季均可以耕种，印度尼西亚的稻谷一年可以播种两季甚至三季，稻谷种植是印度尼西亚最重要的经济命脉。在印度尼西亚，有着数十条以稻谷为素材的成语、谚语、格言和传说故事，如在加里曼丹岛，广泛流传着稻谷女神卢英的传说故事。印度尼西亚的稻作文化丰富，其中以梯田文化为最。

印度尼西亚多山，梯田稻种是稻谷种植最常见的形式。著名的梯田景观包括苏门答腊岛占碑的高地梯田和巴厘岛土地肥沃、风景如画的梯田。其中，巴厘岛的巴厘省文化景观“苏巴克”灌溉系统 2012 年入选联合国教科文组织《世界遗产名录》。苏巴克发展于公元 9 世纪，是巴厘岛上一整套稻田水利管理系统，不仅为农作物提供灌溉功能，还构建了一套复杂的人造生态系统。整个

---

① 梁敏和:《印度尼西亚文化概论》，广州：世界图书出版广东有限公司，2014 年，第 45 页。

系统由约 20000 公顷的水稻梯田以及宗教寺庙组成。水利管理的权威掌握在庙宇内的神职人员手中，这些祭司笃信“三界和谐”的哲学。通过这种信仰，这里的人们试图阐释人类同土地、诸神三者之间的关系。整个苏巴克系统即当地人践行“三界和谐”信仰的一个例证，透过它展现出人类活动与自然环境和谐共生的关系，而收获的稻谷则被当地人视为神灵赐予的礼物。

## 第二节 服饰文化

服饰文化由服装文化和装饰品文化组成。服装包括衣裳、裤子和鞋帽，装饰品包括首饰、化妆品、文身和涂料等。

### 一、服装

印度尼西亚地处赤道热带地区，其服装功能主要是保护躯体免遭蚊虫叮咬和防止晒伤等，主要以轻薄透气为特点。印度尼西亚拥有众多民族，每个民族都有自己独特的服装，这些服装不仅美观，且制作工艺复杂，通过不同的颜色、图案、样式展现各民族的传统文化与风土人情。其中主要的传统服装有巴迪克（Batik）、可巴雅（Kebaya）和纱笼三种。随着现代化进程推进，印度尼西亚民众服装在不断变化，各种品牌各种样式的服装广泛流行，但在婚礼和传统仪式上，印度尼西亚各族人民还是会穿着各自民族传统服装，在重要场合，男性多穿巴迪克上衣配以长裤，女性多穿可巴雅上衣配以纱笼。在农村地区，纱笼仍是日常服装。

1. 巴迪克

印度尼西亚的巴迪克服装是用印度尼西亚蜡染巴迪克花布制作的服装，作为印度尼西亚传统手工印染服装，已有 800 多年的历史。因其复杂的工艺，蜡染布最初只在王室和贵族中流行，后来才流行于普通民众。如今巴迪克可算作印度尼西亚的“国服”，凡参加重要的活动，有身份的人都要穿巴迪克服装。2009 年 10 月，巴迪克被联合国教科文组织纳入非物质文化遗产名录。

巴迪克的布料主要包括丝制和棉制。巴迪克蜡染的染料主要由印度尼西亚当地的木材、树叶、树皮和香料等植物材料和动物脂肪、泥土等制作。如今印度尼西亚蜡染工艺包括手工蜡染、铜模印染和机器印染三种。最初是传统手工蜡染，工序复杂，多达十几道。首先是将织好的布料漂洗干净、晾晒，接着用木槌捶软，手工绘制图案，然后在图案上或没有图案的地方涂上蜡溶液，放入染缸染色，最后漂洗晾干，将蜡熔化洗净。如果有不同的颜色，则需要通过反复多次蜡染。整套工序费时费力。从19世纪开始采用铜模印染，先在铜模上刻上图案，然后用铜模蘸上蜡溶液印在布料上，再染色、晾晒。这种方式大大缩短了手工绘制图案的时间。20世纪开始采用机器印染，生产时间更短，产量远超手工蜡染和铜模印染，但图案不如手工蜡染细致多样。

巴迪克服装在印度尼西亚不同地区风格不同，主要体现在蜡染的图案和颜色上，不同地区的巴迪克图案和颜色融合了当地的审美情趣和宗教信仰文化特色。爪哇岛中部日惹地区的巴迪克图案主要以几何图形以及爪哇人喜爱的传统花纹纹样为主，例如爪哇传统哇扬皮影戏中的人物角色形象等；颜色偏暗，多以深褐色、咖啡色、藏蓝色、黑色、米色、白色为主。爪哇岛北部北加浪岸的巴迪克风格受荷兰和中国传统文化影响较大，图案多以花鸟、水果以及西方童话故事为主；颜色偏鲜亮，多以粉色、绿色、红色、橙色、黄色为主。爪哇岛西部井里汶地区的巴迪克图案主要是云纹和鱼；颜色各异，包括藏青色、褐色、黑色、黄色、红色、蓝色各种色系。爪哇岛北部三宝垄地区的巴迪克风格深受土生华人的影响，图案中会出现华人传统文化中的狮子、龙和其他神灵、神兽的形象；颜色包括红色、黄色、蓝色、藏青色、黑色、绿色等色系。苏门答腊岛中南部占碑地区的巴迪克风格深受伊斯兰教的影响，图案多选用花草、锯齿形图案和《古兰经》的经文，少有动物、人物形象；颜色以红色、蓝色和白色为主。

2. 可巴雅

可巴雅是印度尼西亚、马来西亚、新加坡和文莱等国家妇女穿着的一种传统女衫，一般用纱制、棉制和丝绸面料刺绣制作而成。可巴雅是传统上衣，下身常与印度尼西亚传统的纱笼、巴蒂或松伽搭配。

可巴雅样式与中国的直领对襟窄袖的“褙子”非常相似，都有连肩、连袖、直对称的特征。因此有学者认为可巴雅源自中国明朝，在从中国传到马六甲、苏门答腊岛、爪哇岛和巴厘岛等地的过程中受到阿拉伯文化、西方文化和印度尼西亚本土文化的影响，最终形成独特的印度尼西亚传统服装。也有学者认为可巴雅由阿拉伯商人于15世纪传入印度尼西亚的爪哇岛，被满者伯夷王朝贵族接受，“kebaya”一词源于阿拉伯语“Abaya”，原指阿拉伯妇女穿的一种对襟长罩袍。

可巴雅长袖、无领、无扣，袖口通常有绣花，穿着时用别针、胸针将两片衣襟别住。可巴雅有长款、短款之分，长款可没过膝盖，短款仅到臀部。16世纪时，可巴雅只有王室成员等贵族才能穿着，荷兰殖民统治期间，荷兰妇女也穿着可巴雅。到20世纪，可巴雅已经广泛流行。

印度尼西亚不同地区的可巴雅也各有特色。爪哇人女性在正式场合一般都穿着可巴雅服装，风格为紧身的V形领长袖衬衣，长度从臀部到膝盖不等。爪哇岛西部的巽他人女性婚礼的礼服就是白色的可巴雅。日惹地区的可巴雅采用平直的V形领口，穿着时用胸针别住两侧衣襟。梭罗地区穿着可巴雅时不用胸针，而是在衣襟内侧装上暗扣固定。马都拉岛的女性穿着可巴雅时喜欢在下摆打结系在胸下，露出肚脐。巴厘岛的女性穿的可巴雅比较宽松，常在腰部系上围巾。

3. 纱笼

纱笼是由一块长方形的织物裹成的筒裙，缠在腰间，盛行于东南亚、南亚、阿拉伯半岛和非洲东部地区。在印度尼西亚男女老少都喜欢穿纱笼，长约2米，宽约1米，穿法各异，包括吊带式、斜背式、半穿式等，可做长裙、短裙、披肩，可防虫、御寒、防晒，使用尽可随意。印度尼西亚不同地区的纱笼穿着风格各不相同。

爪哇岛的纱笼布料多种多样，花纹图样多使用巴迪克蜡染技艺，因此几乎每一条纱笼都有独特的花纹、色泽，图案多以花草为主，色彩各异。穿搭时深色系上衣会搭配深色系纱笼，浅色系上衣会搭配浅色系纱笼，穿法比较复杂，因人而异，最常见的穿法是先将纱笼折叠成从胸部到脚踝的宽度，然后裹一圈半，在右腰处用别针扣住，再用带子系住，剩下的部分约10厘米折褶拉至身前用腰带系上并用别针固定。苏拉威西岛布吉人的纱笼多为丝质且宽大。马鲁古群岛穿着纱笼时喜欢分层，第一层较长，第二层折叠后绑在臀部，且爱露出三角形的标志性图案。亚齐地区的女性穿着纱笼时里面常穿黑色长裤，然后将纱笼的约三分之二部分裹在腰部到膝盖之间。而一些偏远地区如加里曼丹、巴布亚地区有些人喜欢用树皮做纱笼。

### 二、装饰品

印度尼西亚人喜欢各种装饰品，包括项链、耳环、手镯、手链、胸针等。其中尤为独特的装饰品是印度尼西亚男子佩带的克里斯短剑。在印度尼西亚，早在7世纪时已出现克里斯短剑，到满者伯夷王国时期已经广泛流传，被誉为神剑，流传至马来西亚、文莱、菲律宾、柬埔寨和泰国。

在古代，克里斯短剑主要是身份地位的象征，因此只有王公贵族和婆罗门种姓才能佩带，随着时代的发展，逐渐流行于民间。在印度教种姓制度的影响下，不同身份的人佩带克里斯短剑拥有着不同的希冀。婆罗门种姓佩带克里斯短剑希冀神力，王公贵族和武士等刹帝利种姓佩带克里斯短剑希冀英勇，平民吠舍种姓佩带克里斯短剑希冀财富，首陀罗种姓佩带克里斯短剑希冀丰收。

## 第三节　居住文化

印度尼西亚各地的房屋建筑风格因各民族的文化信仰和当地建筑材料不同而各有特色。但因其热带气候，全年温度在25℃—33℃，以及丰富的森林资源，印度尼西亚各民族传统房屋也存在共性。一是材料多用木材、树枝、树叶、树皮、竹子、茅草等植物材料，少部分使用石头、泥土。二是功能主要是防雨、防潮和防止野兽侵袭，因此并不追求避风驱寒的封闭性，一般拥有高高的屋脊，地基较高，多窗户，类似中国西南地区的干栏式建筑，用木桩、竹桩撑离地面。在印度尼西亚国家博物馆能看到印度尼西亚各地房屋建筑的模型，在印度尼西亚迷你公园有一比一的各地房屋建筑，可以领略印度尼西亚人民的居住文化。随着16世纪后西方文化影响的加深，印度尼西亚开始用砖石建造房屋，如今城市居民多居住楼房、平房、木板房、移动板房，农村住房更有地方特色。

## 一、爪哇人的传统住房

居住在爪哇岛的爪哇人的住房多用木材和石块建造，建造在较高的地基上，呈四方形，拥有高高的屋顶，形状有的是尖尖的三角形，有的是梯形，也有离地面不高的吊脚楼。有钱有地位的人家会在房屋前面单建一个会客建筑，在高高的地基上仅用木桩支撑屋顶，四面都没有墙。

## 二、巴厘人的传统住房

居住在巴厘岛上的巴厘人的传统住房多用木材、竹子、茅草、泥土、石块建造。巴厘人的传统住房一般都有一个用泥土或石块做成墙面围成的小院子，在小院子内有各种用途的房屋，包括供人居住的住房，作为厨房和仓库的配房，以及祭祀祖先和神祇的家庙。房顶用茅草覆盖，呈弧拱形，房体用木材建造，多建于高高的地基上或做成离地面不高的吊脚楼。在巴厘人眼中，房顶属于神灵，房体属于人类，地基地面属于鬼怪。

## 三、达雅人的传统住房

居住在加里曼丹岛南部的达雅人的传统房屋也是由木材、竹子和茅草建造的。达雅人的传统房屋为建造在离地面不高的高脚长屋，房顶由茅草覆盖，房体由木材固定，用茅草或竹子建成墙面，房底由木桩支撑，屋内由竹块铺设，整体长 200—300 米，宽 10—20 米，能够容纳几百人席地居住，往往一个大家族甚至一个村落的人都居住在一栋长屋中。加里曼丹岛南部气候潮湿，多沼泽和河流，长屋多用木桩支撑，远离地面，有些房屋下面还有水，被称为“浮脚楼”，所以小船是必不可少的交通工具。

## 四、班加尔人的传统住房

居住在加里曼丹岛南部的班加尔人的传统住房也是由木材建造。班加尔人深受伊斯兰教文化的影响，其居住的传统房屋原为苏丹的住所，后被民间仿建。房屋呈“十”字形状，由木桩支撑远离地面 2 米左右，有 5—7 米高的屋脊，前后各一个门，用木梯上下楼。房屋内部分为 9 个房间，各房间的地板高低不同，中间高，两端低，最低的是厨房。房屋建造遵循伊斯兰教的信仰习俗，动工日子选在星期一、四、五，月份选在伊斯兰教节日相关的 1、3、7、9、12 月，日子选在这几月的月亮升起的前四天中的一天，视为动工吉日。动工前后还要按照伊斯兰教信仰习俗举行各种仪式。

## 五、阿斯玛特人的传统住房

居住在巴布亚地区的阿斯玛特人的传统房屋也是用木材建造的长屋，长度比达雅人的长屋短，大约 80 米，房顶用树皮或树叶覆盖，房体用木板和木桩横架搭建。阿斯玛特人的长屋分为两类：一类是男女老少都可以居住的长屋，一大家族人生活在同一栋长屋里。另一类长屋是只有男人能够居住，女人只有在举行重大仪式时才能进入屋内。所以长屋不仅是居住的住所，还是举行各种仪式、讨论重大问题的场所。

## 六、托拉查人的传统住房

居住在苏拉威西岛中部的托拉查人的传统住房是由木材和棕榈叶建造的离地不高的高脚屋，形状酷似船形，两边有高高的屋脊。房屋通常南北朝向，寓意从北方而来循环回归南方。屋内只有三间房间，前厅、客厅和后室。客厅是最重要的房间，是男人们居住的房间，以前托拉查人把厨房设在客厅，现在已经不在屋内做饭了，楼下改成客厅、厨房和餐厅。前厅是女人和孩子们居住的房间。后室是“病人”（去世的亲人）居住的房间。托拉查人的亲人去世后并不是马上下葬，而是被视为“生病”了，在正式的葬礼之前，会用特殊的方法防腐保存身体，“病人”躺在棺材里面，棺材停放在屋内，“病人”的身体与灵魂与家人同吃同住。直到葬礼仪式举行后，灵魂才能投胎转世。水牛在托拉查人中具有神圣的地位，葬礼中宰杀的水牛越多，亲人的灵魂越能快点去往天堂转世。葬礼举行的时间，由去世者的亲属决定，一般在逝者去世后 5—10 年不等。托拉查人习惯悬棺葬，葬礼后，亲人的遗体会转移到专门存放遗体的崖壁或崖洞中，现在也有人会修建类似活人居住的传统形状的房屋，用以存放遗体。

## 七、萨萨克人的传统住房

居住在龙目岛上的萨萨克人的传统住房多由木材、竹子、牛粪、泥土和石灰建造。屋顶用茅草覆盖，屋脊形状呈弧拱形，屋内墙面用竹片编织而成，房体用木桩支撑固定，屋内地板和屋外墙体用牛粪、泥土和石灰混合而成。家中的女性每个月都会用牛粪、泥土和水加固和清理房间。

## 八、米南佳保人的传统住房

居住在苏门答腊岛上的米南佳保人的传统住房主要由木材、竹子建造，屋顶两端尖尖翘起呈现牛角形状，两面对称，被称为“牛角屋顶大屋”。民间的住房通常分为上下两层，下层养牲口和堆放杂物，上层住人，通过竹梯或木梯上下楼。按照习俗，屋顶木刻有几对牛角便有几代人居住，每增加一代人，就增加一对牛角。在米南佳保人中，“牛”象征着胜利和自由。房内墙壁、天花板和地板通常用竹片编织而成，房体用木桩固定和支撑，外墙用木材建造，通常绘制繁杂精美的图案。

## 八、巴瑶人的传统住房

居住在印度尼西亚与菲律宾、马来西亚之间海域的巴瑶人的传统房屋主要是由木材和芦苇在海面建造的棚屋或船屋。棚屋用木桩支撑，远离水面 1—3 米，房体由木桩支撑整体架构，房顶用芦苇或茅草编织物覆盖，墙面由芦苇编织而成，屋内地板由木块搭建，常铺上芦苇编织的席子。

**思考题：**

1. 简述印度尼西亚人的饮食文化、服饰文化和居住文化的特征。

2. 印度尼西亚人的饮食文化、服饰文化和居住文化与其生态环境有什么关系？

# 第十一章　非物质文化

一个国家和民族的非物质文化包括哲学、科学、伦理、道德、教育、法律、风俗习惯、宗教信仰、节庆活动、文学艺术等人类精神文化的各个方面，经常以物质文化的形式展现出来。如在建筑、服装、饮食上呈现宗教信仰、风俗习惯和社会等级等，或者将文化以书籍、乐谱、画等物质形式记录下来。这里我们主要谈谈印度尼西亚的风俗习惯、文学艺术、文化节日和被联合国教科文组织纳入的人类非物质文化遗产。

## 第一节　风俗习惯[①]

风俗习惯包括待人接物的礼仪，以及生命周期中的生育习俗、成人习俗、婚姻习俗、丧葬习俗等。印度尼西亚作为海岛国家，拥有众多的民族部落，不同岛屿的居民生活相互隔绝，因独特的生活环境和文化传播的历史过程，形成了丰富多样的风俗习惯。同时，有些民族部落因为相似的生态环境而形成一些相似的风俗习惯。

### 一、礼仪

1. 称谓礼仪

印度尼西亚人非常重视礼仪，见面时必然笑脸相迎，相互问好。“你好”“谢谢”“对不起”是最常用的敬语。印度尼西亚人重视尊卑礼仪，这在日常

---

① 梁敏和:《印度尼西亚文化概论》，广州：世界图书出版广东有限公司，2014 年。

的称谓和行为表现上尤为明显。比较突出的包括人称代词“你”“我”“他”的用法。印度尼西亚的人称代词没有性别之分，但有尊卑的区别。“我”有“aku”和“saya”两种叫法，“你”有“kamu”“engkau”“anda”“saudara”四种叫法，“他”有“dia”“ia”“beliau”三种叫法。当与之对话的人地位更高或更年长时，自称“saya”以表示自谦，称呼对方为“anda”“saudara”；当与之对话的人地位更低或更年轻，则自称“aku”，称呼对方为“kamu”“engkau”；当称呼其他人时，如果对方身份地位高或年长，则称之为“beliau”，意为“他老人家”；而当称呼的其他人身份地位低或年轻，则称之为“dia”或“ia”。当见面称谓时，男性长者一般称之为“bapak”或简称“pak”，意为“先生”“叔伯”，女性长者一般称之为“ibu”或简称“bu”，意为“女士”“阿姨”，同龄男性一般称之为“mas”，意为“先生”，同龄女士一般称之为“mintak”（女士）、“kak”（姐姐）或“dik”（妹妹）。

2. 见面礼仪

当见面问好时，印度尼西亚人一般以握手为礼，地位低的或年轻人需要主动问候，地位高者和年长者只需伸出一只手，而地位低者和年轻的人通常用两只手握住对方的手鞠躬，收回双手后触碰自己的额头或胸口，以示对方的尊敬。当迎面路过时，地位低的或年轻人需要放慢脚步，弯腰侧身，让地位高的或年长者先过，以表示尊敬。

3. 待客礼仪

印度尼西亚人热情好客，喜欢邀请客人到家中做客用餐，也不要求客人一定要带礼物，但临走时，一般会送些礼物让客人带走。爪哇人当客人到来时，主人会让座，让客人坐在主位，用咖啡、糕点待客，还喜欢留客人在家过夜。亚齐人在客人到来时，先用伊斯兰教用语问候，如“愿真主保佑你”，然后让客人洗脚进屋，主人面门而坐，客人背门而坐。尼亚斯人在客人到来时，会用两根木杠子绑一头肥猪，在客人身前抬过放到“迎客台”，猪越肥壮则表示对客人越尊敬。

## 二、生育习俗

生育习俗是妇女从备孕到孩子分娩成人之前举行的一些仪式，目的是祈祷生出健康和出类拔萃的孩子。在印度尼西亚不同的地区和不同的民族中有着各种各样的生育习俗。

1. 爪哇人的生育习俗

爪哇妇女怀孕 7 个月左右时要举行穿衣仪式。就是要给刚洗过澡的孕妇递衣服，孕妇会在前 6 次以各种理由拒绝递过来的衣服，如说衣服不合身，或者孩子不喜欢等等，然后把第 7 次递来的衣服高高兴兴地穿上。妇女怀孕 9 个月时，要喝一种防止难产的草药。孩子出生后，爸爸要掩埋胎盘，如果是女孩子，则把胎盘埋在家门的左侧；如果是男孩子，则把胎盘埋在家门的右侧。孩子出生 35—40 天时，要举行剃胎发的仪式，会准备羊肉宴请亲朋好友。剃过胎发的孩子满 7 个月时，要举行让孩子第一次脚着地的仪式。孩子 8 岁左右开始换牙时，要举行隆重的庆祝宴会，向神灵还愿，邀请德高望重的人给孩子剃头。

2. 巴厘人的生育习俗

巴厘妇女发现自己怀孕时要举行怀孕仪式，诵读《罗摩衍那》和《摩诃婆罗多》史诗中的英雄故事，以祝愿孩子以后出类拔萃。出生 6 个月之前的婴儿被视为神明而不是人类，所以出生 6 个月前，孩子不能触碰地面，等到 6 个月时要举行隆重的落地仪式，代表孩子已经成为人类。所以 6 个月以前夭折的孩子不能葬在人类的墓园中。

3. 马来人的生育习俗

马来妇女怀孕 2 个月时要请接生员检查妇女腹中的胎儿是否健康，若健康则要准备 7 块颜色各异的花布和大米、椰子等，让怀孕的妇女躺在 7 层花布上，接生员用椰油涂抹孕妇的肚子，用椰子轻轻在孕妇的头上和脚上摩擦 7 次。然后放开椰子，看椰子滚落后的朝向，如果椰蒂朝上则预测腹中胎儿为男孩儿，反之则预测为女孩儿。最后将孕妇抬起轻晃，抽出花布和大米、椰子等一起送给接生员。

4. 马都拉人的生育习俗

马都拉人也会举办怀孕仪式，但多采用家宴的形式，宴请亲朋好友到家里庆祝。与爪哇怀孕妇女类似，在宴会前，马都拉孕妇也会洗澡换 7 次服装。宴会用香蕉叶盛放菜肴，香蕉叶下会放一些硬币。宴会后，参加宴会的孩子们会抢夺香蕉叶下的硬币。马都拉的孕妇还有各种禁忌，如不能摸猴子，不能系纽扣，不能把手伸进洞内拿东西。孕妇生产时，丈夫不能宰鸡，以免孩子的脖子上有刀痕。

5. 布鲁岛的生育习俗

布鲁岛上的孕妇在临盆前会搬到专门为她准备的一间又小又暗的小屋子里，直到孩子出生约 30 天，给孩子举行了隆重的“血浴”仪式后，才能出来。在此期间，只有丈夫经过地方长老的批准后才可以进屋看看产妇和婴儿，其他任何人不能进到屋内照顾。其间也只能通过门缝给产妇递送衣服和食物。等到“血浴”仪式这天，全村的人会聚集在寺庙里，杀一头猪，每人喝一口猪血，再用猪血涂抹身体，再派人给小屋里的产妇和婴儿送去猪血涂抹身体，之后，产妇才能抱着婴儿离开小屋，回归社会。

6. 巴塔克人的生育习俗

巴塔克人有着借夫生子的习俗。当夫妻双方有一方不孕不育时，可以另外想办法孕育孩子。当妻子被确认无法孕育时，丈夫可以再娶一个妻子生孩子。当丈夫被确认无法生育时，妻子可以借夫生子，但只能找丈夫的兄长或丈夫堂兄弟家的长辈。借夫之前，夫妻俩和丈夫的母亲要来到妻子家中向其母亲痛哭流涕，取得女方母亲的同意后才能借夫。选中借夫人选后，经过被借夫男性妻子的同意后，男女双方在野外或树林进行房事，直至女方有怀孕迹象后再返回家中。

7. 古拉人的生育习俗

古拉人的怀孕仪式比较特别，需要在娘家举办。孕妇的肩膀和手腕处会铺上鲜嫩的树叶，由娘家的女人用利刃轻轻地割开，预示生产顺利。仪式中，女婿要赠送给岳父岳母一匹马或牛、一只狗和一竿长矛，岳父母要回赠一头猪、一块布和一条纱笼。

8. 其他部族的生育习俗

其他各地各民族部落都有一些生育仪式。巴布亚达尼部落的孩子刚出生时，母亲会咬掉自己孩子的小指尖，以保证孩子活得更久。苏门答腊岛北部地区等婴儿满月后要由 4 名妇女带去后院或江边举行沐浴礼。马布尔孕妇不能坐在门槛上，不能爆粗口，分娩时，丈夫要送给巫师一支蜡烛、一只鸡、一根针和一轴白线。巴布亚卡农部落认为不能让任何人知道分娩时的情况，因此，孕妇不能在家中分娩，要到森林里分娩，等婴儿脐带脱落两周后再回到家中。

## 三、成人习俗

成人习俗是象征少男、少女成人时举行的仪式，少男成人意味着要担负起责任和义务，少女成人意味着可以谈婚论嫁了。印度尼西亚很多地区至今仍然保留着少男、少女成年的仪式。其中，少女的成人仪式更多、更繁杂，也更隆重。

1. 巴厘人少女的净身仪式

巴厘人的少女初次来月经时会举行净身仪式。少女来月经，预示着已经成年可以婚配了。少女初次来月经时，会被家人勒令躲在自己的卧室里，房门前悬挂鲜嫩的椰子叶，其间，任何男性和外人都不能进入甚至靠近少女的闺房。等初次月经结束后，家人会在寺庙里给少女举行隆重的净身仪式。少女沐浴更衣净身后，会穿着传统的金线绣花的绸质衣服，头戴鲜花编织的花冠，坐在一个青年小伙的肩膀上被扛进仪式大厅。仪式结束后，少女还要坐彩车前往庙宇拜神谢恩，然后在家中宴请宾客，祭祀神灵。

2. 锉牙仪式

爪哇人、马来人、巽他人、巴厘人的少女到了成年或结婚的年龄还要举行锉牙仪式，尤其是巴厘人的锉牙仪式非常繁杂与隆重。这与巴厘人的印度教信仰有关。在巴厘人看来，人的上下各 6 颗的门牙和犬牙代表着 6 种罪恶，如懒惰、不信教、不坚强等，如果不锉平，就无法成为勤奋、坚强和大智大勇的人。女孩在 15 岁时会举行锉牙仪式，将门牙和犬牙锉平。举行锉牙仪式前，少女会在家中隔离 3 天，其间身穿传统服装，不干活、不外出。举行仪式的房间要打扫干净，屋顶一侧横挂代表印度教三大主神颜色的黑、红、白三色的长布，长布上悬挂各种水果，屋内的柱子、少女的床都要装饰得漂漂亮亮。举行锉牙仪式时，少女躺在装饰过的床上，有僧侣在一边吟唱和摇铃伴奏，有加美兰乐器伴奏，美丽的姑娘们低声吟唱，还有人专门用檀香扇子打扇。锉牙过程比较漫长，要把门牙和犬牙都锉平，锉一下，少女需要将锉下来的牙粉吐到椰壳里，等锉牙结束后，需要将装着残牙的椰壳染成黄色，埋在祖先的神龛旁。少女随后到神龛前祈祷，祈祷结束后穿上最漂亮的衣服，头发梳成巴厘式的发髻，并在眉间点上一颗寓意吉祥的痣。仪式结束后，就表示少女已经成人，可以婚配了。

3. 女孩的割礼

印度尼西亚信仰伊斯兰教的地区至今还盛行一种伤害女孩生殖器官的割礼习俗。割礼习俗受伊斯兰教贞洁思想的影响，以确保女孩在结婚前仍然是处女，并对丈夫忠贞。如果女孩在 14 岁之前没有进行割礼，则会嫁不出去。现在的割礼多在医院、卫生院或礼堂由医护人员操作，相对安全卫生。而在以前，割礼是由女孩的母亲和女性亲属来操作。传统的割礼一般只是用针刮擦和穿刺阴蒂，让女孩流血。但有些虔诚的伊斯兰教信仰地区会进行比较残酷的割礼。割礼一般在女孩 4 岁、6 岁或 8 岁时进行。割礼不用麻药，仪式进行时，女孩的父亲会在门外守护仪式顺利进行。印度尼西亚政府曾在 2006 年试图禁止割礼，但被一些伊斯兰教教派反对，为了降低感染和女孩的痛苦，印度尼西亚卫生部于 2010 年发布条例，允许医护人员对女童进行割礼。

4. 男孩的割礼

印度尼西亚信仰伊斯兰教地区也盛行对男孩子的割礼。男孩子的割礼是要割去阴茎上过长的包皮。按照伊斯兰教教规的规定，男孩子到5岁或7岁时，就要割包皮，因为他已经成人懂事，应该开始承担宗教义务。因此，男孩举行割礼，意味着他成为真正的伊斯兰教教徒，这是他履行“天命”的宗教功课。如今男孩的割礼如女孩的割礼一样，都可以在医院、卫生院等医护人员的操作下进行。传统的男孩割礼由有经验的宗教人士主持，有专门的割礼师。与女孩割礼不同，男孩割礼会宴请宾客，割礼仪式的前一天下午和晚上，男孩会提前理发、沐浴，盛装打扮，招待来宾。男孩家会将提前准备好的白布、大公鸡、蒌叶、槟榔、瓦罐、盘子和红包等礼物送给割礼师。

5. 明达威人的文身习俗

苏门答腊岛西部明达威群岛的明达威人还有文身的习俗。明达威人的文身就是用烧热的针刺进皮肤，形成纵横全身的直线和曲线形状，然后涂抹烧焦的灯芯灰，形成不同的颜色。明达威人的孩子到 10 岁左右就会举行文身仪式，以象征其成年。明达威人认为文身越多越好，没有文身的人不算是真正的明达威人。

6. 邦卡里少女的成人仪式

苏拉威西岛东部穆纳岛上的邦卡里少女的成人仪式由专门的老妇人主持，仪式持续4—5天。女孩子需要被幽禁在一间四个墙角放上槟榔花穗的黑暗房间3天4夜，其间只能睡硬板床，用铁块当枕头，女孩子前两天只能右侧睡，后两天只能左侧睡。只有老妇人每天进来给女孩子梳妆打扮。幽禁期满后，老妇人会给女孩子沐浴更衣，然后将其领到一间大屋里，给女孩子象征性地剃掉眉间的毫毛。女孩子会穿上传统服装，踏着白布铺的路走到用鲜嫩的椰子叶和花纸装饰的坐台上。宗教长老会为女孩子祈福，用泥土涂抹女孩子的额头、脖颈、双肩、双手、双膝和双脚底。女孩子会双脚着地跳传统舞蹈。最后最重要的仪式是将之前暗房中的槟榔花穗放进槟榔花鞘里，再放些蒌叶和配料，将花放到河里任其漂流。如果花顺水漂流，则预示着女孩子的婚事顺利，如果花沉没，则预示着女孩子的婚事不顺。仪式结束后，女孩子就可以谈婚论嫁了。

## 四、婚姻习俗

婚姻、家庭与亲属制度具有不可分割的内在联系。婚姻是建立家庭的前提，家庭是缔结婚姻的结果，亲属制度是婚姻家庭制度的产物。婚姻指男女两性的结合，而这种结合是被一定的历史时代和一定的地区内社会制度及其文化和伦理道德规范所认可的夫妻关系。人类起源以来经历了原始群婚、血缘婚、族群外群婚、对偶婚、一夫一妻制婚姻等多种婚姻制度。印度尼西亚于1973年12月1日颁布新的婚姻法，规定实行一夫一妻制，男性法定结婚年龄为19岁，女性法定结婚年龄为16岁，严禁近亲结婚或童婚。但婚姻法中“一夫一妻”的规定与一些宗教教义矛盾，最终，经过修订，男子若能证明有能力供养新的妻子并给予新的妻子、孩子同等的地位，获得宗教法庭的批准后，就可以迎娶多位妻子。印度尼西亚政府于1983年和1990年修改了婚姻法有关规定，规定国家公务员不可以娶第二个妻子，但并不包括议员、内阁部长等政务官，也不包括省长、地方首长及军警。印度尼西亚的婚姻制度还会根据地方宗教信仰和习惯法进行调整，如有些偏远地区的女孩子根据地方宗教习俗可以14岁结婚。

婚姻习俗是结婚前后，包括求婚、订婚、结婚、回门等各个阶段的风俗习惯。印度尼西亚各民族部落根据自己的文化信仰有着各种各样的婚姻习俗，举行各种各样的仪式和庆祝活动，这些仪式活动有着一些共同的特点，例如各民族部落的婚礼都很隆重，婚礼上的新郎和新娘都会穿着本民族部落的传统服装，都有求婚、订婚和举行婚礼的阶段，多数民族部落的婚礼是在新娘家举行等。有些民族部落还有“抢婚”的习俗。婚姻习俗往往都有忠诚守护双方承诺、婚姻幸福美满、早生贵子等美好寓意。

1. 爪哇人的婚姻习俗

爪哇人的婚姻习俗比较复杂，求婚、定亲后，需要举行“求安仪式”“沐浴仪式”和“天使仪式”。其中“沐浴仪式”是在婚礼前几天举行的较为隆重的仪式。首先，由老妇人在待嫁新娘的身上涂上能够使其皮肤更加细腻白皙的香膏。在婚前一天，待嫁的新娘在铺满花布的浴室里洗澡，同样由老妇人舀泡着花瓣的水给新娘浇洗，洗完澡，会由村中德高望重的妇人把盛花瓣水的罐子摔碎。然后，新娘在自己的房间让别人梳妆打扮，但自己不能看自己的模样。

婚礼当天的仪式也很复杂和隆重。新娘会穿上传统的可巴雅服装，裹上鲜艳的花布，新郎会穿上传统的爪哇人服装，头戴黑色礼帽，佩带克里斯短剑。婚礼在新娘家举行。新郎来到新娘家，需要举行入门仪式，即用脚踩鸡蛋，以表示即便粉身碎骨对新娘的爱也永久不变。新郎踩碎鸡蛋后，新娘要将新郎的脚擦拭干净，以表示与新郎同甘共苦，伴随一生。然后新郎和新娘进屋入座，新郎坐在右边，新娘坐在左边。新郎要用手捏一团米饭送入新娘口中，然后掏出大米、花生、黄豆、硬币等东西给新娘，新娘要用红色的手帕来接，并且东西不能掉在地上，寓意两人要勤俭持家。然后新郎、新娘要坐在新娘父亲的左右腿上，由新娘的母亲询问父亲哪个孩子更重，新娘父亲需要回答“一样重”，表示对新娘、新郎一样爱护。有些地区的爪哇人还会举行“抢新郎”的仪式。新郎的亲朋好友准备一只大公鸡象征新郎，交给身手敏捷的小伙子保护，而新娘家要选一个身手敏捷的人来抢，目标是摸到大公鸡的头，如果新娘家的小伙子久久摸不到公鸡的头，新郎家的小伙子会故意露出破绽，让对方摸到。有些地区的爪哇人还会在婚礼仪式上举行斗剑仪式。

婚礼结束后，新娘、新郎双方的父母会相互拜访，看望自己的孩子是否适应婚后生活。在婚后第 10 天，新娘会喝一种特制的让人易于怀孕的草药，好让这对新人早日有孩子。

2. 巽他人的婚姻习俗

巽他人的婚姻习俗深受伊斯兰教的影响，混杂着民族传统习俗与伊斯兰教习俗。在婚礼前 3 天，要给准新娘举行洗礼仪式。洗礼仪式在准新郎家举行，但参加仪式的人员只有新娘家的家庭成员。准新娘沐浴更衣化简妆，然后跪在父母面前给父母洗脚，洗干净后亲吻父母的双脚，感谢父母的养育之恩。父母将准新娘带到前院坐好，用玫瑰花浸泡的水为女孩举行洗礼，准新娘家的其他成员也会逐一舀水浇准新娘的头，并亲吻表达离别前的祝福。准新娘需要哭嫁，哭着与家人道别，表达不舍之情。

婚礼仪式也在新郎家举行。新郎穿着传统的民族长袍，头上裹着头巾，腰上佩带克里斯短剑。新郎家会组建接亲队伍，一般是 54 人，除了新郎，还有一位新郎代表，一位领队发言人，一位诵读伊斯兰教圣经《古兰经》的人，以及敲锣打鼓和充当“保镖”的人，代表不同身份的人会穿相应的不同风格的服装。在前往新娘家接亲途中，会有象征性的拦路者挡住新郎的接亲队伍，双方象征性地对打。到新娘家门口后，领队发言人会表明来意，然后诵经人会吟诵《古兰经》，直到新娘家人满意后才让迎亲队伍进门，随后是招待宾客，同时表演各类节目。新娘家仪式结束后，迎亲队伍接上新娘返回新郎家中再举行隆重的婚礼仪式。

3. 马来人的婚姻习俗

马来人对婚姻尤为慎重，在求婚、订婚前，男方父母会对女方进行全面的考察，包括女方的容貌、家庭背景、品德、文化、持家能力、健康情况以及言谈举止等。考察后觉得满意才会请媒人前往女方家提亲，女方父母同意后，双方定亲。

马来人的婚礼在新娘家举行。婚礼前一天晚上，新娘、新郎会被精心打扮，家人们会给他们的手掌、脚掌和指甲涂抹红色的凤仙花汁。新娘家载歌载舞，笙乐不断，但新娘待在自己的闺房中不与任何人见面；新郎会在亲友的陪伴下，手持火把，带着各种礼物，游行到新娘家中，但见不到新娘。婚礼当天，新郎会在亲朋的陪伴下，带着准备好的各种礼物，再次游行到新娘家中。到新娘家门前后，会有一位长者向新郎撒稻谷、钱币和纸花等象征吉祥的物品，新郎需要与新娘的父亲对颂传统的板顿诗，表明来意和诚心，新娘父母才让新郎进门。新郎在一位妇女的带领下来到新娘的闺房外，新郎还需要与新娘对颂板顿诗，得到新娘允许后才能进入闺房，将新娘从闺房迎出来。然后，新郎和新娘会表演象征夫妻共持家务、地位平等的节目，包括用木板当船，新娘在前，新郎在后，共同划船等。然后，双方父母会给新郎和新娘喂饭，由新娘母亲给新郎喂饭，新郎母亲给新娘喂饭，表示双方父母会以对方子女为先。最后，新郎和新娘会举行象征性的洗澡仪式。

4. 达雅人的婚姻习俗

达雅人的婚姻习俗中比较特别的是求婚仪式。在达雅人每年的下田仪式上会放火烧荒，仪式完毕后，成年的单身小伙子会趁机向成年的单身姑娘表达爱意。方式就是小伙子用烧焦的木炭涂抹意中人的脸，如果女方拒绝小伙子的爱，则会表现得无动于衷，如果女方同意小伙子的爱，就会反过来用木炭涂抹小伙子的脸。双方确定恋爱关系后，男方父母会委托家族中最年长的人带着铜锣、宝剑、毛毯和项链等礼物去女方家订婚，商定婚期。准新郎、准新娘要一起在晚上捣碎糯米，用猪油炒熟，用来招待宾客。

达雅人家庭中，以女性为主导，女性的地位颇高，准新郎结婚后要在新娘家长住。在婚礼仪式举行之前，达雅人还盛行“抢婚”的仪式。男方先象征性地把准新娘抢回家中，沿路留下明显的标记，然后在离家不远的地方修筑一条象征性的防线，拴上一些牲畜。女方父母带领队伍根据沿路的标记追赶，冲杀牲畜，再与出现的男方队伍象征性地对战一番。最后由双方选出的长者假装出面调解祝福，双方和好，男方就用死去的牲畜招待女方队伍。

达雅人的婚礼仪式在新娘家中举行，分为宗教仪式和传统仪式两部分。宗教仪式上，新郎、新娘穿着达雅人传统的盛装，坐在铜锣上或站在一块磨刀石上，由家族中的长者主持宰猪仪式，8 个屠夫共同杀死一头肥猪并将猪血洒在木屑上，再在猪血上放一把宝剑，长者用涂满猪血的手握住新郎、新娘的右手，并为他们祝福祈祷。宗教仪式后接着举行传统仪式，达雅人少男少女身穿传统服装，载歌载舞。当婚礼结束，宾客离开时，新郎、新娘家人要向宾客泼水，祝福平安吉祥。

5. 米南佳保人的婚姻习俗

米南佳保人仍然保留着母系氏族的传统，婚后，男方来到女方家中居住。因此，米南佳保人的婚姻都是女方向男方求婚，由女方家给彩礼，婚礼也是在女方家中举行。首先由女方的舅舅到男方家中求婚，求婚成功后送一枚戒指给男方作为订亲信物。然后，女方家要准备丰厚的彩礼给男方，男方家只需要回一把缝纫尺。女方家再用这把缝纫尺给准新郎制作几套新衣服和鞋子，表示婚后会体贴新郎。婚礼仪式前几天，女方家会给准新娘举行“凤仙花会”仪式，给准新娘的手指甲涂抹红色的凤仙花汁，然后将准新郎婚礼当天要戴的头冠送到准新郎家，让准新郎的父母祈祷祝福后送回备用。

婚礼仪式当天，新娘盛装打扮后前往新郎家把新郎接回。然后，新郎、新娘坐在客厅的桌子上，女性宾客带蒌叶，男性宾客带香烟，向他们祝贺。婚礼结束后，新娘会送给新郎一条新的纱笼，陪同回到新郎家中，到第二天晚上再返回新娘家居住七天。婚后第八天，新郎、新娘再次回到男方家居住三天，然后新郎、新娘回到女方家中长住。

6. 巴厘人的婚姻习俗

巴厘人信奉印度教，有种姓等级制度，其婚礼习俗也有着贵族与平民的区别。一位小伙子和一位姑娘相爱时，当双方种姓等级不匹配或其他原因导致女方父母反对时，会有“抢婚”的习俗。小伙子首先约姑娘“私奔”离家出走，姑娘同意的话，两人会约定时间、地点。姑娘会带着行装在约定的时间、地点等候，小伙子会组织一伙青年男子来“抢”，姑娘假装挣扎然后与小伙子一起藏在男方的朋友家中。女方的父亲得知女儿被抢后，往往已提前被告知两人的藏身之处，父亲会象征性地组织邻居寻找。过几天后，小伙子会给女方的父母或兄弟写信表明他们相爱的情况，请求答应他们的婚事。小伙子的父母也会托人带着礼物到姑娘家道歉。女方的父母会因为木已成舟无可奈何而同意两人的婚事，并开始筹办婚礼。两人各自回到家中按照传统习俗举办婚礼。

巴厘人的婚礼仪式在新郎家中举行。贵族结婚，新郎、新娘会穿巴厘贵族的盛装，由男仆、女仆陪伴走出庭院，然后各自上一顶轿子，新娘的喜轿在前，新郎的喜轿在后，被抬到婚礼仪式的大厅。新郎、新娘并列坐在专门设置的新人席上，由两位婆罗门高僧主持拜神祈福的仪式，由 24 位老者不停地唱赞歌和祝福的歌曲，一位老艺人身着白衣头戴面具跳舞。拜神祈福仪式结束后，新郎、新娘要接受圣水的洗礼。

新郎和新娘要在婚礼之前举行“静心”和“祈祷”的仪式，使自己头脑清醒，接受神的旨意，开启新的生活阶段。婚礼前一天，新郎会身穿巴厘人传统服装，在家人和高僧的陪同下到新娘家中接亲。到新娘家时，新娘家的门紧闭，高僧要连敲新娘家的门三下，新娘听到声音来开门，与新郎相互致敬。然后新娘被接到新郎家中，第二天再举行婚礼仪式。

现在的婚礼仪式简化了，信仰印度教的新人多在印度教寺庙中举行婚礼仪式。婚礼当天，新郎、新娘身穿巴厘人传统服装，新郎及其亲友先到新娘家接亲，在双方亲友的陪同下，新郎、新娘到村中的寺庙中举行婚礼。新郎、新娘并列而坐，僧侣手摇铜铃，念诵经文，给新郎一个椰子，给新娘一颗鸡蛋。新郎、新娘将椰子和鸡蛋摔碎，将碎片丢到寺庙外。然后新郎、新娘走出寺庙，围绕广场上的火堆走一圈，再回到庙里跪在僧侣面前，让僧侣用圣水给他们洗礼、祝福。然后，新郎、新娘会相互喂食合婚饭。最后，新郎、新娘从僧侣手中接过两棵椰子树苗，在双方父母的陪同下，种在寺庙外专门的地方。

7. 望加锡人的婚姻习俗

望加锡人的青年男女结婚一般会盖新房，但在新房盖好之前，双方居住在女方家中。望加锡人传统上是男方求婚，需要经过好几次的试探磨合。第一次，男方家会托亲属到女方家或女方亲友家，不表明来意，间接了解女方的情况。第二次，男方家若满意女方家的情况，会托近亲或朋友到女方家探寻女方父母的意愿。第三次，如女方父母也满意男方的情况，男方家会请几位有经验有地位的已婚男性到女方家正式求婚。第四次，男方家再托媒人到女方家听取女方父母的意愿，如果接受求婚，女方会用糕点和水果接待媒人。接受求婚后，男方家要准备订婚礼、彩礼和结婚用品。

接受求婚后的 3—7 天后，男方要准备金戒指、水果和糕点送到女方家订婚，确定婚期。然后在婚礼前一周，准新郎和准新娘会被幽禁在各自的房间，进行熏浴仪式。在床底放上一口装满水和七种植物叶子的大缸，盖上盖子，安装竹筒，加热水缸，用产生的蒸气熏蒸，准新郎和准新娘在各自的床上被熏蒸出汗后沐浴，持续熏蒸 3 天。然后在婚礼的前一天举行驱邪的仪式。准新郎在黄昏举行驱邪仪式，准新娘是在晚上。准新郎的驱邪仪式由伊斯兰教宗教长老主持，准新郎身穿结婚的传统服装，坐在床上，双手伸出，手心向上。床前摆放 4 只盘子，分别盛放油、水、面粉和一种磨碎的植物叶子。参加仪式的人先一起诵读《古兰经》，然后由宗教长老带头，按社会地位高低排序，依次将盘子中的油、水、面粉和植物碎叶放在手心混合，涂抹在准新郎的额头、手心和胳膊上。准新娘的驱邪仪式由一位老妇人主持，准新娘向一只空瓶子里使劲吹一口气，老妇人一边念咒一边将瓶盖拧紧，然后将瓶子放在准新娘的闺房中，等婚后第四天的清晨，老妇人把瓶子带到野外无人的地方，打开瓶盖，放出气体。

婚礼仪式在新娘家举行。婚礼当天，上午彩礼先被送往新娘家，下午新郎乘坐吊框或汽车在亲人陪同下来到新娘家，晚上举行婚礼仪式。新郎队伍临近新娘家时和新郎进门清点彩礼后都要诵读《古兰经》。婚礼仪式结束后，新郎、新娘在女方家居住，婚后第四天清晨，要给新郎、新娘举行沐浴仪式，然后一起带着礼物回到新郎家拜访长辈和亲友，留宿一夜，第二天又回到新娘家中居住 3—7 天，此后，将再次同回新郎家中看望长辈亲友，然后回到新娘家长住直到他们盖好自己的新房。

8. 萨萨克人的婚姻习俗

萨萨克人主要居住在努沙登加拉群岛中的龙目岛上，有着独特的“求婚”“抢婚”和“婚礼”仪式。萨萨克人在每年爱神降临的吉祥日子里会举办海上联欢活动，萨萨克人的未婚小伙子会在联欢活动中向中意的姑娘表明爱意。这天，小伙子们和姑娘们会各自划一条小船，小伙子会划船追逐他心爱的姑娘，等船靠近时，就向心爱姑娘的船上扔香蕉、糯米糕等食物。如果这个姑娘拒绝小伙子的爱意，就会将香蕉和糯米糕扔回小伙子的船上，如果这个姑娘接受小伙子的爱意，就会接受小伙子投来的香蕉和糯米糕。求爱成功后，小伙子和姑娘就可以恋爱乃至谈婚论嫁了。

萨萨克人有两种“抢婚”的习俗。一种抢婚是没有征得姑娘的同意而强行抢婚。这种情况一般是因为姑娘很抢手想先下手为强，或男方求婚久久得不到明确的答复，或女方总是找理由推迟婚期等，男方会强行抢婚。这种抢婚是趁白天姑娘外出时，突然把姑娘劫走，藏在男方家里。如果抢人被姑娘的家人看见，就会产生激烈的冲突。如果没被姑娘家人看见，等姑娘的父母发现女儿被劫后就会四处寻找，等找到后，姑娘的父母会先询问姑娘的意见，是否同意与抢婚小伙子的婚事。如果姑娘同意婚事，则开始筹办婚礼，如果不同意婚事，父母会把女儿接回家，并索要大量的赔偿费。另一种抢婚是征得姑娘的同意，男女双方约好时间、地点私奔。这种抢婚一般是小伙子与姑娘相爱，女方的父母也同意两人的婚事，两人私下订婚后约定时间和地点，一般是趁傍晚村民在清真寺礼拜时，姑娘带着简单的行装与小伙子一起藏在小伙子自己或亲戚家里。其间，姑娘和小伙子不能同住一间房，也不能出现在外人面前。姑娘的父母发现女儿不见了，知道女儿被“抢”走了，并不着急。抢婚 3 天之内，男方会请村长通知女方家，然后两家开始筹备婚礼。

萨萨克人的婚礼综合了伊斯兰教习俗和地方传统习俗，必须有伊斯兰教长老和当地风俗监督人参加。婚礼仪式举办前，萨萨克人要举行隆重的送彩礼仪式。由女方所在村落的伊斯兰教长老主持，女方的家人和亲友以及男方家委托的代表们参加。先由男方家表明来意，然后女方家表明应准备的彩礼，男方家准备好彩礼后送到女方家。彩礼一般包括牛、珍珠、香蕉、椰子、大米、白布和铜钱等。等送完彩礼，男女双方各有一名家庭成员共同到风俗监督人家请求批准两家的婚事。然后男方和女方会穿着民族传统服装一同拜访女方父母、亲友和邻里。女方会在父母面前哭嫁，表达不舍之情。然后准新娘和准新郎一起返回男方家中。

回到男方所在村落后，要马上为准新郎、准新娘举行洗头的仪式。由男方所在村落村长的夫人主持，村长夫人用请宗教长老驱过邪的椰子、黄姜和大米混合的洗头膏，象征性地给准新郎、准新娘洗头，然后让他们自己把头洗干净。然后准新郎和准新娘换上结婚的礼服在男方家或清真寺举行婚礼。婚礼由当地的宗教管理者主持，宗教长老和风俗监督人都要参加，仪式用语用阿拉伯语进行。婚礼结束后，新郎、新娘在准备的洞房中居住 3 天，然后迁到之后居住的地方。

9. 亚齐人的婚姻习俗

亚齐人的传统习俗是婚后男方到女方家居住。因此，当亚齐人的女孩子成人后，女孩的父母会给她盖一间婚房。亚齐人求婚成功后，男方会给女方赠送金银首饰和布匹等订婚礼物。婚礼前三天，女方家会把新娘手掌和指头涂抹上红色，宴请宾客。婚礼当天，新郎和新娘会穿上亚齐人传统服装。新郎在家人和亲朋的陪同下，骑马来到新娘家。到达新娘家时，女方家人会向新郎身上洒大米，寓意未来丰收多产。新郎来到新娘闺房后，新娘要坐在新郎的腿上，两人分食同一盘食物。婚礼结束后，新郎会留在新娘家，居住在新娘父亲专门为他们建造的婚房中。

10. 班查尔人的婚姻习俗

班查尔人的婚姻习俗中比较特别的是，求婚仪式和订婚仪式一般一并完成。如果男方看中了某个姑娘，就会提前告知女方心意和上门求亲的时间。如果女方父母同意，男方在约定的时间就会请村里有名望和善谈的人组成“求亲团”，带上准备的布料、首饰等订婚礼一并前往女方家中。两家人用诗歌、谚语等形式介绍男女双方的情况，并商议婚事。双方同意婚事后开始商谈彩礼数额。彩礼谈妥，男方求亲团就会送上提前准备好的订婚礼，举行订婚仪式，并商定婚期。

班查尔人的婚礼在新娘家举行。婚礼当天下午 2 点以后，新郎在家人和亲友、邻里组成的游行队伍的陪同下来到新娘家。新娘会在门口等候，等新郎到后举行祈祷仪式。婚礼结束后，新郎会在新娘家居住 3 天，然后带着新娘回到新郎家居住。

## 五、丧葬习俗

丧葬习俗包括人死后的停尸、丧葬、哀悼、祭祀等环节各种仪式。不同的丧葬习俗源于人们不同宗教信仰中的不同的世界观和灵魂观，最早与万物有灵论和祖先崇拜有关，后来受各种宗教文化的影响而不断发展变化。从葬俗分类来看，包括土葬、火葬、天葬、树葬、悬棺葬等。

1. 土葬

土葬是将死者的尸骨或盛放尸骨的棺材埋进土里下葬的葬仪。伊斯兰教教义规定土葬，印度尼西亚爪哇人、巽他人、贝塔维人、马来人、亚齐人、米南佳保人等大部分信仰伊斯兰教的民族，以及达雅人、马布尔人、尼亚斯人、松巴人、古拉人、阿斯玛特人等的传统葬仪都是土葬。其中，有些地区的达雅人去世后会先土葬，多年后再将尸骨火葬。

伊斯兰教的葬礼特点是速葬和简葬，一般在两日内下葬，且不能有任何纪念物和陪葬品。当家中有人去世，家人要立即到附近的清真寺报丧，让寺院长老告知众人。如果死者是清晨或上午死亡，则当天下午就要下葬，如果死者是下午或晚上死亡，则第二天中午或下午就要下葬。下葬前需要给死者用水净身，缠上白色的裹尸布，举行站礼，然后下葬。先是将死者停在家中，由家人、亲友和邻里诵读《古兰经》中超度亡灵的篇章表示告别。然后由死者的配偶、子女和同性别的亲友净身，用水擦洗遗体，撒上防腐防虫的粉末。死者若是男性就用 3 片白布，若是女性就用 5 片白布裹紧死者头以外的躯体，给死者头部盖上白布后放入铺有白布和香料枕头的棺材内，再盖上白布和盖上棺材盖，在棺材外面再盖多层白布，并在最外层的白布上写上《古兰经》中相关章节的内容。然后将棺椁抬到附近的清真寺请宗教长老为死者祈祷和举行站礼。站礼是将死者安放在天房前，家人、亲友和邻里面向天房，站着听仪式主持者的念词，其间要保持沉默。随后将死者抬到墓地的墓穴内，在埋土前最后打开棺材盖子，让宗教长老祈祷念经和放入一团泥土。最后盖棺、埋土和立碑，并在墓上洒浸泡了花瓣的水和花瓣，参加送葬的人与死者道别。死者死后的第 3、7、14、40、100 和 1000 天，死者家人会举办不同规模的哀悼、祭祀宴会，每年开斋节时也会给死者扫墓和撒鲜花。

达雅人的葬礼通常要进行 10 天左右，他们认为人死后灵魂会进入天堂，那里风景秀丽、湖水清澈，死者亡灵每天都可以在湖上无忧无虑地乘船游玩。所以达雅人都要给死者制作坚固耐用、不漏水的船形棺材。家中有人去世，会用防腐防虫的香料涂抹死者的遗体，避免腐臭难闻，家人和亲友就会去森林里砍树制作船形的棺材。一般而言，普通人的棺材三四天就能完成，但地位较高的人的棺材需要上等木料，且雕刻十几种动物形象，所以需要较长的时间。棺材做好后就会给死者举行葬仪。下葬前，达雅人还会举行宰牛分肉的仪式。圈出场地，让一头又肥又壮的黄牛在场中自由奔跑，然后由三四个身强力壮的男人用长矛射杀黄牛。等黄牛死掉后，由一群姑娘用快刀将牛皮剥掉，将牛肉分发给参加葬礼的人。然后一群姑娘在木杆上跳迷魂舞，将死者亡灵送往天堂。

最后将死者生前喜爱的东西和金币、贵重的首饰等陪葬品放入棺材，将棺材抬到森林里下葬。

尼亚斯人死者的棺材也是一种船形的棺材，因为他们认为自己的祖先是乘船从海上来的，死后也要乘船去往亡灵安息之地。家中有人去世，家人会将死者放入船形的棺材中下葬，用木架拖一块巨石横放在死者的墓前，如果死者是女性，还要竖着放几根长条的石块。巨石代表死者，竖着的长石代表女性死者的丈夫和男性亲属。第一天，家人会在死者墓前将死者生前用过的最好的盘子打碎，将碎片撒在坟墓上，然后回家杀猪宴请宾客。第二天家人再去死者墓前哀悼后回家杀猪宴请宾客。

马布尔人的葬礼较为仓促和简单，没有棺材，当天的白天或第二天的白天就下葬。当家中有人去世，如果来不及当天下葬，则将死者遗体停在家中，家人去亲友家借宿。下葬前，用清水将死者遗体冲洗干净，浇上 3 椰壳的黄姜水，用白布或香蕉叶缠裹遗体，在用草席或树皮缠裹 3 层、5 层或 7 层。下葬时，将死者绑在一块木头上，由两个人抬着从后门或墙上凿的洞中出去抬到墓穴。途中，家人会一边敲打椰壳，一边撒稻谷，将盘子、砂锅、茶杯和长刀等日常用具作为陪葬品。可见在马布尔人的认知中，人死后亡灵如同活人一样生活在另一个地方，需要日常用具。

松巴人去世后下葬没有固定时间，根据家中的经济情况而定。当家中有人去世，家人首先举行“唤魂”仪式，一边摇铃铛，一边唤死者 4 声或 8 声，确定死者已经死亡后为死者净身穿上松巴人传统的寿衣，再用上等的传统布匹将遗体裹住，将死者以坐姿停放在房屋的第一层，死者下面垫上牛皮。家人要筹集资金，以准备金银器皿、珠宝和上等布匹等陪葬品，宰杀尽可能多的牲畜，让死者在亡灵安息之地可以生活富裕。等家庭筹够下葬所需资金后，举行葬仪，将死者的尸骨移入房屋附近的墓地。

阿斯玛特人的葬礼比较简单，家中有人去世后，家人会把死者遗体放在一个平台上任其腐烂，然后取死者的头骨下葬。

古拉人的丧葬仪式较为复杂，一般持续十几天。当家中有人去世后，家人和亲友会一起敲锣，送死者亡灵去往天堂。家人会给死者净身，涂抹椰油，穿传统的寿衣，将死者四肢折叠用布缠好，放在特定的地点。家人和亲友会在祭坛摆设供品，举行祭奠仪式，一般持续 3—10 天。祭奠仪式结束后，将死者的遗体放到集体墓地中自家的石棺里，在石棺盖上摆放祭品举行下葬仪式。把一个椰子切成两半，把一半椰子和一把勺子扔到东边寓意给死者，另一半连同砂锅中的水给参加葬礼的人点洒，寓意驱邪。最后宰杀牲畜和死者生前的马，把肉分给参加葬礼的人。下葬第二天清晨，家人会给死者送嫩香蕉和甘蔗等祭品。第四天，家人给死者送米饭、猪肉和椰浆。第五天要用棍子将一条狗打死吃掉，寓意将死者亡灵送走，吊唁结束。在死者去世一周年、两周年时，家人会分别宰杀牲畜祭奠和祈求死者亡灵的保佑和恩赐。

2. 火葬

火葬是将死者的尸骨用火焚烧成骨灰或熏成干尸形式的葬仪。在印度尼西亚，达雅人、巴厘人、卡罗人和巴布亚的部族流行这种丧葬习俗。

加里曼丹岛南部西翁县的达雅人是先土葬再火葬。在达雅人看来，人死后亡灵并不能自己前往天堂，必须有人帮他举行一种叫作“伊参伯”的烧骨仪式，把他的灵魂送到天堂。等死者肉体腐烂只剩尸骨后，家人会把死者的尸骨挖出来装在用树枝编织的 2 米长的棺材里。若死者为女性，则将棺材顶部编织成老鹰的形状，若死者为男性，则将棺材顶部编织成龙形。将装着尸骨的棺材放在一座船形的木棚里，准备烧骨仪式。烧骨仪式之前还需要宰杀一头水牛，好让死者将水牛带到天堂使用。随后点燃木棚，焚烧尸骨，同时将准备的衣服、饭菜、水果和用香蕉叶、树枝等制作的厨房用具、弹弓等，一起烧给死者。烧骨仪式要持续 6 天，第 7 天将死者的骨灰收集起来放在当地的灵堂里，死者家人与之做最后的告别。

信奉印度教的巴厘人认为人死后灵魂可以通过火葬升入天国，因此火葬仪式非常隆重，而且是一件可喜的事情。当家中有人去世，如果家里经济条件不够，家人会用盐、醋、米粉、香料等混合液体浸泡死者的遗体，然后裹上白布和草席埋在地下，防止遗体腐烂，等筹齐火葬所需费用和物品后，再将死者遗体挖出举行火葬仪式。为了满足没有能力自己举行火葬仪式的底层人的期待，巴厘岛每隔 100 年会举行一次集体火葬仪式。巴厘人的火葬仪式需要准备木质的牛、狮子、大象和棺材，动物的性别与死者的性别一致，棺材根据死者的身份而有所区别，僧侣和贵族等地位高的死者的棺材要雕出牛的形态，而地位低的死者的棺材只能雕成半身大象半身鱼的形态。此外，还要准备火葬用的火葬塔以及代表死者的模拟像。为不同身份地位的死者所准备的火葬塔各不相同：贵族的火葬塔分 9 到 12 层不等，高达 20 米，装饰华丽；而普通人的火葬塔一般最多 3 层，高不超过 1 米，装饰也很简单。火葬塔的形态代表着宇宙，塔底是乌龟的形态并缠绕两条神龙，其上是一个平台，代表天地之间的空间用以摆放遗体，再上面是不同层次的塔楼代表着前往天国的阶梯。死者的模拟像用椰子叶编织或用木板雕刻。火葬仪式之前，需要为死者举行“洁身”仪式，家人要带着代表死者的模拟像，盛满鲜花、槟榔的银器以及给死者的祭品前往火葬场举行。火葬仪式前一天，要把死者遗体洗干净用白布裹好，安置在特别设置的走廊里，摆满祭品。这天晚上，家人会盛装打扮，穿着巴厘人传统服装，带着死者的模拟像，拜访当地地位最高的僧人，让高僧在死者的模拟像上洒香水，为死者亡灵超度。火葬仪式当天，死者遗体放置在火葬塔的平台中，抬着木牛、木狮、木象和火葬塔在庭院转三圈，其中抬火葬塔的人要走曲线。然后在乐队、舞蹈队、家人、亲友、邻里等几百人的送葬队伍簇拥下，将火葬塔、模拟像以及各种祭品送到火葬场。到达火葬场后，将死者的遗体从火葬塔中抬出放入棺材中，露出遗体，让婆罗门僧侣祷告、洒圣水并将模拟像放在死者的遗体上。然后点燃棺材和所有的祭品，送葬队伍会围坐喝酒庆祝，等所有的东西烧为灰烬后，再将骨灰用器皿装好抛到海中。最后，所有送葬的人都会下海洗净污浊再回家。遗体火化 12 天或 42 天后，死者家人要举行让死者灵魂“神化”的仪式，并把死者的灵位供奉在家庙里。此后一年里，每个月还要为死者亡灵做功德，让死者早登极乐世界。

卡罗人的火葬仪式根据死者的死因而有所区别。对于正常死亡的人，有的直接火葬，有的先土葬再火葬。首先，由与死者住同屋的家人用柠檬蘸水擦拭死者的脚指甲，再将死者遗体抬出门外。然后，家人和亲属会根据亲属关系依次在死者面前跳舞，后合跳，以此与死者告别，将死者灵魂送出家庭。告别后，将死者面部朝上斜躺，脚在前，头在后，抬往火葬场或墓地，途中停放 4 次，寓意死者不要再返回家中纠缠家人。到达火葬场或墓地后，送葬的人再次跳舞和演奏音乐，送死者亡灵前往天堂。最后，死者最亲的人将嚼碎的西里叶子撒在遗体胸口，表示断绝死者与家中的一切关系。火葬时，只能点一次火，最后把骨灰撒到河里。对于非正常死亡的人，在卡罗人的观念中，非正常死亡的亡灵会游荡在人间纠缠和影响活着的人，所以必须当天就火葬。火葬仪式与正常死亡死者的仪式不同的是，焚烧前，需要族中一位长者念咒驱邪，咀嚼萎叶喷吐在遗体上，并在遗体上来回踩 4 遍，使死者亡灵不要纠缠活着的人。

巴布亚部落的火葬仪式也比较特别，一般在傍晚举行。当有人去世后，先把死者的遗体从屋中抬到村里的广场中间，让遗体盘坐在木椅上。死者的家人在旁边席地而坐，一边用右手搓揉右脚，一边大声哭泣，表达哀悼。村中的男女根据性别分别坐在两边，用褐色或黑色的黏土涂抹死者的身体表达哀悼。然后在广场放置一大堆木柴，傍晚时将用猪油涂抹的死者遗体放在木柴上焚烧，如果死者是男性，还要砍掉其亲属中一个姑娘左手的半个手指陪葬。遗体火化后，首领要向天空射一箭，寓意送死者的灵魂升入天堂。最后将死者的骨灰埋到村外。

3. 天葬

在巴厘岛上一些原住民村落流行着天葬的习俗。所有正常死亡的已婚男性死者都可以进行天葬，回归自然。天葬地位置远离村庄，在火山湖泊边上，放置 11 只存放遗体的竹篓，这里只允许男性进入。当有人去世，村中的男性会将遗体清洗后搬到天葬地的竹篓中，让遗体在自然环境中腐烂，或被野兽和虫蚁啃食。一段时间后，死者家人会来到这里捡骨，将死者的头骨等放在神树下。

4. 树葬

居住在龙目岛上的德班果人流行树葬的习俗。当有人去世时，家人会直接把死者的遗体运到森林里，选择一棵大树，将死者的遗体束缚在大树干上，让死者的遗体自然地腐烂或被野兽、虫蚁啃食，家人不会再返回做任何处理。

5. 悬棺葬

居住在苏拉威西岛中部的托拉查人流行悬棺葬。托拉查人认为他们的祖先是乘船而来的神灵的后代，人死之后，灵魂也需要乘坐船形棺木，通过特别的葬礼仪式，回到灵界。遗体存放的位置越高处越容易返回灵界，因此，托拉查人习惯将死者的棺木存放在悬崖峭壁上或高洞穴里。其灵魂在灵界的地位取决于其葬礼规模的大小和宰杀牛、猪等牲口的多少，因此，托拉查人非常重视葬礼仪式，其规模的大小和宰牲的多少根据死者的社会地位和家庭经济情况而各有区别。在以前，有官职的贵族的葬礼规格是操办 14 天、宰杀 24 头以上的牛，没有官职的贵族的葬礼规格是操办 7 天、宰杀 12 头牛，非贵族但有一定社会地位的人的葬礼规格是操办 5 天、宰杀 6 头牛，而普通平民的葬礼规格是操办 3 天并根据经济条件宰杀 1 头牛以上，而葬礼规格等级森严，严禁越级操办。因此每头牛的价格都非常高昂，葬礼仪式花费巨大。因此，当家中有人去世时，家人需要时间筹备葬礼仪式所需的钱财和物品。在葬礼准备好之前，家人会用防腐的香料涂抹死者的遗体，用当地的布料包裹遗体，存放在家中，将其视为“生病的人”，与家人同吃同住。这个时间，短则数日，多则数年。

当费用和物品筹备好后，家人会给死者举行葬礼仪式。葬礼一般在村中专门的地方举办，有的地方的托拉查人还会竖立柱状的巨石，以护佑死者灵魂平安返回灵界。同样，死者身份等级越高，石柱越高越大。葬礼仪式以竖立的石柱为中心，其间宰杀牛和猪等牲畜，将不同部位的肉按照参加葬礼的宾客的社会地位分发。地位高，就能获得更多和更重要部位的肉。其中，牛头、肝脏、肺是为最尊贵的宾客准备的，其次是牛腿和臀部的肉，然后是牛腹部的肉。葬礼结束后，会将死者的棺木存放在高处的洞穴或崖壁中。如今，因地理限制，托拉查人也专门建造传统的船屋，用来存放死者的棺木。

## 第二节　文学艺术[①]

印度尼西亚不同历史时期的文学艺术，深受当时的政治文化的影响。印度尼西亚的文学艺术先后受到印度的印度教、佛教文化，以及中国文化、伊斯兰教文化、西方现代文化的影响。梁立基等把印度尼西亚文学发展的历史分为六个阶段：古代时期、封建社会前期、封建社会后期、近代过渡时期、现代民族运动时期和民族独立后时期。印度尼西亚古代时期的文学指从印度尼西亚原始社会到奴隶制社会时期的文学，这个时期还没有文字记载，也少受外来文化

① 梁立基:《印度尼西亚文学史》，北京：世界图书出版有限公司，2014 年。

的影响，主要受当地原始宗教信仰的影响，形成传统的口头文学。印度尼西亚封建社会前期的文学深受印度的印度教和佛教文化的影响，形成以爪哇文化为代表的古典文学。印度尼西亚封建社会后期的文学深受伊斯兰教文化的影响，形成以马来文化为代表的古典文学。印度尼西亚近代过渡时期的文学深受荷兰殖民带来的西方文化的影响，形成从古典向现代文学过渡的文学。印度尼西亚现代民族运动时期的文学深受现代民族主义文化的影响，形成反殖民、反封建的现代独立文学。印度尼西亚独立后的文学，受到民族国家建设和世界各地现代化思潮的影响，形成当代文学。

## 一、古代时期的口头文学

印度尼西亚古代时期的口头文学源于万物有灵论、自然崇拜、图腾崇拜、祖先崇拜等原始宗教，形成独特的神话传说、民间故事、咒辞歌谣和板顿诗。

1. 神话传说

印度尼西亚的神话传说分为解释性神话传说和唯美性神话传说。解释性神话传说，主要是各族人民对人与宇宙万物的起源以及自然界各种现象的解释。印度尼西亚关于宇宙万物的起源神话分为神创世和物创世两类。印度尼西亚东部群岛流传着太阳神（天公）与大地神（地母）共创宇宙万物的神话传说。苏门答腊岛的尼亚斯人流传着女神创造宇宙万物的神话传说。印度尼西亚西部群岛流传着一块巨石掉入水中，一条蚯蚓在巨石上打洞便溺，其粪便和泥沙混合形成了大地的传说。加里曼丹岛上流传着海上的一座金山与一座金刚石山碰撞产生宇宙的传说。

印度尼西亚关于人类的起源神话也分为神造人和物造人两类。多数的神造人传说认为神用泥土创造了人类的祖先，也有传说认为神用植物创造了人类，如巴塔克人流传着神用蘑菇培育出了人类的传说，乌厄瓦勒人流传着太阳神用香蕉花创造了人类的传说。弗洛勒斯岛流传着人从竹子里走出来的传说。加里曼丹岛中部流传着狗变成人的传说。龙目岛和苏门答腊岛流传着老鼠生出人类女孩儿的传说。

印度尼西亚也流传着关于自然界各种现象如日出日落、地震等的神话传说。巴塔克人流传着关于日出日落的神话传说。原本太阳和月亮生活在一起，有一天，太阳用其热量焚毁了万物，月亮一家也苦不堪言。月亮求助天神，天神让月亮将自己的子女藏起来，然后架锅煮食邀请太阳赴宴。太阳赴宴后问月亮锅里煮的什么东西，月亮就说是把自己的子女全都宰了煮了孝敬天神，并且让太阳效仿。太阳回家后把子女全煮了，并邀请月亮一起去进献天神，但月亮推托不去。第二年，太阳再次到月亮家邀请月亮，发现月亮子女满堂，问月亮孩子的来历，月亮说是自己这一年里生的，太阳不信，两家结仇。从此，太阳和月亮不再一起相处，太阳升则月亮落，太阳落则月亮出，而雨水就是太阳和月亮争斗的结果。

另外，印度尼西亚位于板块交界处，多地震，因而流传着许多关于地震起源的神话。米南佳保人流传着地球被顶在牛角上的神话传说。相传，每隔一段时间，牛就会晃动脑袋产生地震，以此来确定地球上是否还有人类。这时，米南佳保人就会敲锣击鼓，高喊“我们还活着”，于是牛就停止晃动脑袋，地震就停了。望加锡和沙巴斯地区流传着地球被巨蟒缠着的神话传说。巨蟒一般都沉睡不醒，但当它偶尔松松筋骨时就会产生地震。

印度尼西亚许多地方还流传着各种唯美的神话传说。印度尼西亚主要以稻谷为食，许多地方流传着稻谷来源的传说。苏拉威西岛流传着人与天斗从而获得稻谷的神话传说。有一对父母双亡相依为命的兄弟，哥哥有残疾，靠捕鱼为生。有一天，哥哥在湖边捕鱼遇上仙女，尾随其后踩着彩虹来到天上。哥哥在天上看到晒着的稻谷，稻谷的主人还让他尝到了香喷喷的米饭，告诉他这是人间没有的，并告诉他不可以把稻谷带到人间。哥哥最终想方设法把稻谷带回了人间播种，导致天上的稻谷不再结穗。

加里曼丹岛流传着稻谷女神卢英的传说。有一年，加里曼丹岛上的灵沃村大旱，祖先的灵魂告知灵沃村原因，说是族里有人违背祖训胡作非为，需要有罪的人自愿献出生命，用他的血液浇灌土地赎罪。但有罪的人都不愿牺牲自己，族长天真的女儿卢英挺身而出，牺牲自己，用血液浇灌干裂的土地。卢英倒在血泊中，顿时雷雨大作，大雨下了一天一夜，而卢英血液浇灌的土地里长出了稻谷。此外，巴厘岛还流传着融合了印度教三大主神的稻谷来源的传说。

2. 民间故事

印度尼西亚古代时期的民间故事主题鲜明，一般都是反映忠贞爱情、惩恶扬善、主持正义、披露统治者欺压恶行，以及反映人们勤奋与懒惰、美与丑的故事。

爪哇人和巽他人流传着《迷途黑猴》(*Lutung Kasarung*)的民间故事。安布女王的儿子谷鲁敏达因为梦见自己的情人酷似母王，犯了天规被贬下凡变成黑猴，与凡间王国的七个公主发生各种故事，最终获得纯洁爱情。

巽他人流传着《钟·瓦拉纳》(*Cung Warana*)的民间故事。大王妃用小狗换掉小王妃刚出生的王子，并把王子装进盒里扔进河中，最终小王子奇迹生还并通过斗鸡赢取半壁江山，与大王妃生的大王子分治王国。

巴厘岛流传着《查雅布拉纳》(*Jayapurana*)的民间故事。查雅布拉纳是被王宫收养的孤儿，国王因其忠诚和赫赫战功而给其娶妻，但国王发现查雅布拉纳中意的姑娘十分貌美，便设计杀掉查雅布拉纳，并逼迫姑娘屈从自己，姑娘最后自刎殉情。

苏拉威西岛流传着《马曼奴亚与乌兰昆陶》(*Mamanua dan Ulankundau*)的民间故事。马曼奴亚是一位种植甘蔗的年轻农民。天神的九个女儿天天穿着天鹅羽衣变成天鹅飞到马曼奴亚的甘蔗地旁的湖中，然后脱掉天鹅羽衣变成仙女洗澡，再到马曼奴亚的甘蔗地吃甘蔗，再穿上天鹅羽衣飞回天宫。有一天，马曼奴亚把一件天鹅羽衣藏了起来，最小的仙女找不到羽衣无法飞走，马曼奴亚趁机求婚，仙女答应下来，告知不能弄断她任何一根头发，此后与马曼奴亚生下一个儿子取名乌兰昆陶。有一天，马曼奴亚不小心弄断了仙女的一根头发，导致仙女血流不止，只能回天庭养伤。马曼奴亚与儿子乌兰昆陶来到天宫找到了仙女一家团聚。几年后，乌兰昆陶执意回到人间生活，天神外公给了他一颗蛋，蛋中走出一位美丽少女，并手捧装满五谷杂粮和各种水果种子的小盒子。此后乌兰昆陶与女子让村里的人过上了丰衣足食的生活。

另外，印度尼西亚民间也流传着各种寓意深刻的有关动物的故事，其中小鼷鹿是印度尼西亚人十分喜爱的动物，体形小巧可爱，性情温顺，动作敏捷，因此，有很多关于小鼷鹿的寓言故事，如《聪明的小鼷鹿》《小鼷鹿解羊群之难》《鳄鱼恩将仇报》《小鼷鹿与田螺赛跑》等。

3. 咒辞歌谣

古代印度尼西亚人相信超自然的力量，认为有声的语言具有某种魔力，可以召唤神灵驱邪避凶和带来丰收福报，从而产生了专门的咒辞，以期达到某种效果。此后逐渐产生了专门念咒的人，这些人被奉为祭司或巫师。他们会根据不同的对象、不同的目的，形成不同的咒语。比如解毒的咒语，唤醒昏睡的人的咒语，打猎的咒语，驱虎的咒语，等等。咒辞一般会采用夸张、比喻、排比、叠语等修辞手段，富有节奏，类似歌谣，来打动神灵、走丢的灵魂、猎物或老虎等咒辞的对象。

古代印度尼西亚人相信语言的魔力，因此还创造了一些比喻性表达的用语，以免触犯神灵、猎物和老虎等。如在森林中，忌讳直接说“老虎”，用“爷爷”指代，来让老虎高兴而不吃人。打猎时，怕猎物听到自己的名字跑掉，不直接说猎物的名字，而用指代称谓，如“麋鹿”被称为“长脖子”，“野猪”被称为“矮胖子”，等等。

4. 板顿诗

板顿诗是印度尼西亚、马来西亚、新加坡和文莱一带广为流传的传统诗体，拥有悠久的历史。板顿诗拥有诗歌的韵律，富含情感和思想内容。板顿诗一般有四句式、六句式和八句式，有的以前两句比喻起兴、表达寓意，后两句陈述现实、抒发情感，有的以前四句起兴后四句为正文。板顿诗题材广泛，大部分的板顿诗是即兴诗，根据发生的事情抒发喜怒哀乐等情感，也有的诗表达对异性的爱意、离乡之情等。

## 二、封建社会前期的印度化古典文学

印度尼西亚封建社会前期深受印度的印度教、佛教文化的影响，其文学多有印度教、佛教等宗教思想的元素。印度尼西亚古代王朝多集中于爪哇岛，爪哇人口占到全国总人口近一半，爪哇古典文学可以代表印度尼西亚封建社会前期的主流文学。爪哇古典文学先是传承印度宗教文学，然后不断本土化，从各个时期的格卡温（Kakawin）诗体转向满者伯夷王国时的吉冬诗（Kidung）和历史散文，班基的故事使爪哇古典文学民族化发展达到高潮。

1. 印度宗教文学的传承

对爪哇古典文学影响最大的就是印度的印度教、佛教等宗教文学，其中影响最深远的是两大史诗:《罗摩衍那》和《摩诃婆罗多》。两大史诗均产生于公元前 4 世纪至公元 3—4 世纪，在公元 10 世纪之前，已经在爪哇岛中部广为流传。其中，《罗摩衍那》先于《摩诃婆罗多》被翻译成古爪哇语。

“罗摩衍那”的意思是“罗摩的游行”。《罗摩衍那》全诗总共有 7 篇，2.4 万颂，约 10 万句诗。全诗以印度教三大主神之一的毗湿奴的化身罗摩和悉多的悲欢离合为主线，叙述宫廷内部的王位之争和外部的列国斗争。而古爪哇语的《罗摩衍那》是用了仿梵体诗的格卡温诗体作品，篇幅比原本小得多，而且缺少原本的《后篇》的内容。

到东爪哇王朝的达尔玛旺夏王执政时期，又改写出《摩诃婆罗多》和《罗摩衍那》的《后篇》的古爪哇语版本。“摩诃婆罗多”意为“伟大的婆罗多族的故事”，《摩诃婆罗多》叙述婆罗多王族中的俱卢人与般度人争夺王位的斗争，是世界上最长的史诗。全诗分为 18 篇，约有 10 万颂，共有约 40 万行。

受印度教和佛教的影响，这一时期产生了两部最早的古爪哇语文学作品。一部是《尚 · 希扬 · 卡马哈雅尼坎》（*Sang Hyang Kamahayanikan*），内容有关佛教教义，有不少用古爪哇语解释的梵文句子。一部是《梵卵往世书》（*Brahmandapurana*），内容主要叙述印度教三大主神之一梵天的出生和创世的故事。

2. 格卡温诗体

格卡温是梵文与爪哇文的混合体，格卡温诗体是最早的古爪哇语诗体，是东爪哇宫廷诗人模仿《罗摩衍那》和《摩诃婆罗多》两大印度史诗的梵文诗律而创造的。格卡温“kakawin”的词源就是梵语的“kawi”，意为“非凡的智者”，后来演变成专指“诗人”的“kawya”，再加上古爪哇语的前缀“ka”和后缀“n”，组成“kakawin”。格卡温的代表作包括《阿周那的姻缘》《爱神遭焚》和《婆罗多大战记》。

《阿周那的姻缘》是东爪哇王朝恩蒲 · 甘哇创作的作品，讲述了暗喻艾尔朗伽王的史诗英雄阿周那打退敌人、统一复国，以及他与公主结下美满姻缘的故事。《爱神遭焚》是谏义里王朝的宫廷作家恩蒲 · 达尔玛查创作的作品，赞扬爱神卡玛为拯救天庭而献身的故事。《婆罗多大战记》是谏义里王朝的恩蒲 · 赛达和恩蒲 · 巴努鲁创作的作品，前者撰写前面部分，讲述查耶巴雅王获湿婆大神的帮助成为天下霸主，与湿婆神重新结合的故事；后者撰写后面部分，讲述毗湿奴大神为拯救苍生而化身查耶巴雅王，恢复天下太平的故事。

新柯沙里王国建立以后，模仿印度史诗的格卡温诗体日渐式微，出现了越来越多有关本国历史和现实题材的文学作品，新柯沙里王国的宫廷阴谋和斗争成为文学作品的创作素材。到满者伯夷王国时期，以《罗摩衍那》和《摩诃婆罗多》两大史诗内容为题材的文学作品更为稀少了，大量涌现了叙述本民族王朝更替和历史传奇人物的故事，以及贴近本民族社会现实的故事。例如，出现很多赞扬满者伯夷王国繁荣昌盛和国王丰功伟绩、揭露和批评王朝统治者和社会问题，以及关于民间传奇故事的作品。而文学作品的形式也从格卡温诗体逐渐发展出爪哇民间唱词的吉冬诗。

3. 吉冬诗

吉冬诗体在谏义里王朝时已经出现并在民间流行，到满者伯夷王国时期已经打破了格卡温诗体的垄断地位。吉冬诗体是爪哇“土生土长”的诗体，形式和内容均不受梵体诗的影响，诗律遵循古爪哇语的规律，内容直接取材爪哇古代王国的历史事件和传奇人物故事，以满者伯夷王国初期的宫廷斗争为主。其中，具有代表性的吉冬诗作品有《哈尔沙维查亚》(*Harsawijaya*)、《朗卡·拉威》(*Rangga Lawe*)、《梭兰达卡》(*Sorandaka*)、《巽达吉冬》(*Kidung Sunda*)等。

《哈尔沙维查亚》讲述了满者伯夷王国的开国之王拉登·维查亚建立满者伯夷王国的历史故事。《朗卡·拉威》讲述了满者伯夷王国初期开国功臣朗卡·拉威的故事，前面部分讲述朗卡·拉威追随哈尔沙维查亚东征西战建立满者伯夷王国的故事，后面部分讲述了朗卡·拉威因为受到不公正的待遇而叛乱的故事。《梭兰达卡》的故事与《朗卡·拉威》类似，着重讲述了满者伯夷王国初期宫廷内部的阴谋与叛乱。《巽达吉冬》讲述了哈奄·武禄王与巽达公主的婚姻悲剧，是对满者伯夷王国褒贬最深刻的作品。

4. 历史散文

满者伯夷王国时期开始出现历史散文，其题材也主要是古代王国更替的历史事件和传奇人物故事。其中最有影响力的代表作是《爪哇诸王志》(*Pararaton*)。该作品的内容与吉冬诗《哈尔沙维查亚》基本相同，着重讲述了从新柯沙里王国到满者伯夷王国的历史演变，集中在两个王国的开国君主的非凡经历。

还有一些带有神话色彩的历史散文，把湿婆、毗湿奴、梵天等印度教主神视为爪哇人的主神，与爪哇的历史结合起来，代表性的作品是《丹杜·邦格拉兰》(*Tantu Panggelaran*)。《丹杜·邦格拉兰》讲述了湿婆神到爪哇岛创建人类文明的经过，其中穿插一些生动的民间传说故事。

5. 班基的故事

班基的故事出现在满者伯夷王国时期，被视为爪哇古典文学本土化的巅峰之作，是印度两大史诗之后，东南亚传播最广的具有本土特色的文学作品，对印度尼西亚乃至马来西亚、泰国、柬埔寨、缅甸等国的后世文学，有着深远的影响。

班基的故事在不同国家、不同地区流传着数十种长短不一、不同故事细节的版本，但内容都是以绒牙路王国的王子和谏义里王国的公主之间的爱情故事为主线。流传比较广泛和完整的版本是《班基·固达·斯米朗传》(*Hikayat Panji Kuda Semirang*)。该版本以古代四兄弟分别担任固里班、哈达、格格朗和新柯沙里王国的国王被背景。故事中有三个主要角色：一是固里班王子。固里班王向天神求子，大神派阿周那下凡投胎为固里班王子，取名伊努·克尔达巴迪，后来出走改名为班基，又改名克拉纳·埃丹。二是哈达公主。哈达王向天神求女，大神派阿周那的妻子苏帕特拉下凡投胎为哈达公主，取名赞德拉·吉拉娜，后来被卡拉神卷走，改名恩当·桑拉拉，后又改名班基·固达·斯米朗。三是村长女儿。天上的花神被贬下凡投胎为村长女儿，取名玛尔达朗娥。故事起点是固里班和哈达王国决定让固里班王子与哈达公主联姻，但忘记酬谢神灵，大神决定惩罚王子与公主，让他们好事多磨，要经历种种分离与考验才能有情人终成眷属。故事主体分为两个部分：第一部分是王子先爱上美丽的花神的凡体玛尔达朗娥，玛尔达朗娥被王子的母后设计杀害的悲剧故事；第二部分是王子与公主有情人终成眷属的故事。

其他各种版本班基的故事，仅在细节上不同，或着重选取其中一部分，大体上都分为两个部分，前一部分都是固里班王子与村长女儿的爱情悲剧，后一部分都是固里班王子与哈达公主经历磨难最终花好月圆的爱情喜剧。

## 三、封建社会后期的伊斯兰化古典文学

17 世纪后，印度尼西亚封建社会后期，伊斯兰教王国兴起，西方对印度

尼西亚的殖民开始，但此时，西方殖民者注意力主要在对印度尼西亚经济和资源的掠夺，并没有主动冲击印度尼西亚的传统文化，所以这一段时间里，印度尼西亚文学深受伊斯兰教文化的影响，形成伊斯兰化古典文学。伊斯兰化古典文学，首先在苏门答腊岛和加里曼丹岛等爪哇古典文学盛行之外的马来人地区盛行，然后与爪哇古典文学融合，形成融合印度教、佛教和伊斯兰教文化的文学作品。早期的伊斯兰化古典文学主要是传入的伊斯兰文学，分为以下几类：一类是宣传伊斯兰教教义、教法、行为规范等的著作，包括《古兰经》《圣训》等经典和其他著作；一类是有关伊斯兰教先知以及先知的英雄伙伴们的神话传说故事；一类是阿拉伯、波斯、印度等国的民间神话传说、动物寓言、传奇人物故事等提炼的故事说，如《一千零一夜》《王书》等。随后出现了记述本土历史和传奇人物的马来伊斯兰王国的历史传记文学。印度尼西亚马来地区出现两种新的文学载体：一是被称为“希卡雅特”（Hikayat）的散文体裁的传奇故事，一是被称为“沙依尔”（Syair）的诗歌体裁的长叙事诗。“希卡雅特”散文传奇故事取材主要有三类：一是源于印度史诗传奇故事，二是源于阿拉伯、波斯的传奇故事，三是源于本地民间传奇故事。

1. 伊斯兰教先知及先知英雄伙伴们的故事

关于伊斯兰教先知的故事主要出自《古兰经》，统称《先知传》（*Kisah Nabi-Nabi*），真主创世，有25位先知，其中有六大使者尤为著名，即阿丹、努哈、易卜拉欣、穆萨、尔撒和穆罕默德。关于穆罕默德的故事最为丰富。穆罕默德是真主最后一位使者，创造了伊斯兰教，有大量的关于穆罕默德生平、显示神迹和指挥战斗的故事，包括《切月记》（*Hikayat Bulan Berbedah*）、《先知修发记》（*Hikayat Nabi Bercukur*）、《先知登霄记》（*Hikayat Nabi Mi'raj*）、《先知归真记》（*Hikayat Nabi Wafat*）、《先知的海巴尔之战》（*Hikayat Nabi Perang Khaibar*）等。

有关先知英雄伙伴的故事主要是穆罕默德的伙伴密友的故事，代表性的作品有《达敏·尔-达里传》（*Hikayat Tamin ad-Dari*）、《萨马温传》（*Hikayat Sama'un*）、《阿布·萨玛赫传》（*Hikayat Abu Samah*）等。对印度尼西亚马来古典文学影响最大的有《伊斯坎达·左卡那因传》（*Hikayat Iskandar Zulkarnain*）、《阿米尔·哈姆扎传》（*Hikayat Amir Hamzah*）和《穆罕默德·哈乃菲亚传》(*Hikayat Muhamad Hanafiah*)。《伊斯坎达·左卡那因传》讲述的是马其顿的亚历山大大帝征战的传奇故事。《阿米尔·哈姆扎传》讲述了阿米尔·哈姆扎在权力斗争和“圣战”中捍卫伊斯兰教，并立下丰功伟绩的故事。《穆罕默德·哈乃菲亚传》故事分为三个部分：第一部分讲述了先知穆罕穆德的生平，第二部分讲述了穆罕默德的外孙哈桑和侯赛因的故事，第三部分讲述了先知穆罕默德的外孙侯赛因被杀之后，穆罕默德·哈乃菲亚重新整合其家族成员征伐斗争的故事。

2. 马来伊斯兰王国的历史传记

苏门答腊巴赛苏丹国存在于1267年至1521年，位于苏门答腊岛北部巴赛河口处，是有较为详细记载的印度尼西亚第一个伊斯兰教王国。王国统治者想要通过文学创作来神化马来王族的合法性地位，以及讲述马来王朝伊斯兰教化的历史经过，于是产生了第一部马来伊斯兰王国的历史传记文学作品《巴赛列王传》(*Hikayat Raja-raja Pasai*)。《巴赛列王传》记述巴赛王国13世纪中叶到14世纪中叶的兴衰过程，包括马来王族的由来、巴赛王国的建立经过，以及巴赛王国皈依伊斯兰教的经过等。为了神化和美化的效果，很多神话传说和流传广泛的伊斯兰教英雄故事被借用，因此《巴赛列王传》算不上严格意义上的历史传记。

另一部更为经典和有影响力的马来伊斯兰王国历史传记是《马来纪年》(*Sejarah Melayu*)。全书共有34章，前9章讲述了马来王族的起源、第一个马来伊斯兰王国的建立和马来王国伊斯兰教化的经过，第10、11章讲述了马六甲王国建立的经过，第12章讲述了马六甲王国日渐强盛并成为东南亚伊斯兰教政治、经济和文化中心，最终因统治者内部的腐败和相互倾轧导致被葡萄牙殖民者灭亡的经过。

其他印度尼西亚伊斯兰王国历史传记还有《梅隆·马哈旺夏传》(*Hikayat Merong Mahawangsa*)、《古戴世系》(*Silsilah Kutai*)、《亚齐志》(*Hikayat Aceh*)等，分别讲述各伊斯兰教王国的建立与伊斯兰教化的经过。

3. 源于印度史诗和本地的“希卡雅特”传奇故事

取材于印度史诗传奇故事的希卡雅特作品主要取材于印度两大史诗《罗摩衍那》和《摩诃婆罗多》。最古老的印度史诗希卡雅特作品是《室利·罗摩传》（*Hikayat Sri Rama*），该作品没有沿袭《罗摩衍那》风格，而是融入了大量伊斯兰教的文化成分。《室利·罗摩故事》（*Cerita Sri Rama*）更是只保留了罗摩的名字，故事情节已经改变了。取材《摩诃婆罗多》的希卡雅特作品主要讲述"般度"的故事，如《般度五子传》（*Hikayat Pandawa Lima*）、《伟大的般度族传》（*Hikayat Pandawa Jaya*）、《般度族五杰》（*Pandawa Panca Kelima*）等，都是根据般度的故事改编而成的，融入了伊斯兰教的文化成分。

取材于本地民间传说故事的希卡雅特作品，除了改编于班基的故事，还有一篇"地道的马来故事"，即《杭·杜亚传》（*Hikayat Hang Tuah*）。《杭·杜亚传》讲述了马来民族英雄杭·杜亚的传奇一生，展现了杭·杜亚出身贫寒，但学得一身好武艺，智勇双全，为马六甲王国效忠，出使罗马、阿拉伯诸国、印度和中国，并英勇抗击葡萄牙殖民者的传奇一生。

4."沙依尔"长叙事诗

伊斯兰教文学传入后，印度尼西亚除了板顿诗外，还出现了"沙依尔"长叙事诗这一新的诗体。沙依尔诗根据叙事的需要，长短不限，有的诗长达数千行甚至上万行。沙依尔长叙事诗取材有的是传奇故事，有的是历史事件。

有大量沙依尔诗取材于班基的故事，其中最受欢迎的作品是《庚·丹布罕》（*Syair Ken Tambuhan*），讲述了班基故事中前面部分的悲剧爱情故事。取材班基故事的沙依尔诗还有《班基·斯米朗之歌》（*Syair Panji Semirang*）和《昂格列尼之歌》（*Syair Angreni*）等。还有一些沙依尔诗取材于印度、阿拉伯流传的神话传奇故事，如《贝达沙丽》（*Syair Bidasari*）讲述了公主落难历经考验最终苦尽甘来的故事，《阿卜杜尔·慕禄》（*Syair Abdul Muluk*）讲述了巾帼英雄救驾寓意伊斯兰教战胜印度教的故事。还有一些沙依尔诗以动物为主角寓意人的爱情悲欢，如《猫头鹰之歌》（*Syair Burung Pungguk*）讲述叫猫头鹰的青年与月亮公主之间因为等级观念而被阻碍的爱情悲剧故事，《蜜蜂与茉莉花之歌》（*Syair Kumbang dan Melati*）讲述蜜蜂向茉莉花求爱失败的故事，寓意失恋的痛苦。

还有一些沙依尔长叙事诗取材于当地的历史事件。如《望加锡之战》（*Syair Perang Mengkasar*）讲述望加锡人英勇抗击荷兰殖民者入侵的故事，《荷兰人和华人打仗的故事》（*Cerita Welanda Berperang Dengan Cina*）详细描述了1740年的“红溪事件”的经过。还有《加里翁伍之战》（*Syair Perang Kaliwungu*）、《门登之战》（*Syair Perang Menteng*）、《马辰之战》（*Syair Perang di Banjarmasin*）等作品，都讲述了印度尼西亚各地人民英勇抗击荷兰殖民者的故事。

## 四、近代过渡时期的过渡文学

19世纪70年代到20世纪初，是印度尼西亚近代过渡时期。荷兰殖民者实行新的“自由主义”的殖民政策，西方资本纷纷涌入印度尼西亚，带来了资本主义的生产方式和生活方式，改变了印度尼西亚的社会结构，产生了无产阶级和民族资产阶级。西方资本主义文化也直接冲击着当地的封建社会古典文化。荷兰殖民者兴办学校，培养本土人才为殖民统治服务，统一行政管理，马来语逐渐成为印度尼西亚较为通用的语言。印度尼西亚的文学在中西文化的碰撞中形成过渡性的文学，并从以前封建王国的分散性文学变成了印度尼西亚全国性的文学。

过渡时期的文学创作形成了“高级马来语文学”和“低级马来语文学”两类。“高级马来语文学”是上层社会沿袭马来古典文学反映封建社会上层精神生活的作品。“低级马来语文学”又叫“通俗马来语文学”，是市民社会反映殖民社会各阶层市民现实生活、精神生活的作品。其中，“低级马来语文学”大胆吸收西方文学的特点，迅速发展。土生印欧人、土生华人、印度尼西亚原住民等文人墨客结合东西方文学积极创作。

1. 土生印欧人的文学创作

土生印欧人有印度尼西亚血缘，又从小接受西方文化教育，因此认同西方文化的同时又同情被殖民压迫的原住民和华人等。土生印欧人从19世纪70年代开始，把西方小说和荷兰人的殖民小说翻译成马来语，包括《鲁滨孙漂流记》《红蜘蛛》《基督山伯爵》《一个女人环游世界的故事》等。

土生印欧人也使用西方文学的方式创作反映印度尼西亚殖民地社会现实和历史的小说。例如韦格尔斯（F. Wiggers）创作的长篇小说《从奴隶到国王》（*Dari Boedak Sampe Radja*），描写了印度尼西亚抗荷奴隶起义的领袖苏拉巴迪的传奇一生。戈墨尔（H. Kommer）创作了由华人农庄中一位土生华人的故事改编的小说《孔红娘夫人》(*Njonja Kong Hong Nio*)。弗兰西斯(G. Francis)创作了由给英裔白人当姨娘的印度尼西亚原住民女人达希玛的悲剧故事改编的小说《达希玛姨娘的故事》(*Tjerita Njai Dasima*)。

2. 土生华人的文学创作

土生华人从 19 世纪末创造了独具一格的华裔马来语文学，融合了中国文化、西方文化与印度尼西亚本土文化。土生华人类似土生印欧人，先是将中国的小说翻译成通俗的马来语，包括《三国演义》《水浒传》《西游记》《列国志》《隋唐演义》《包公案》《梁山伯与祝英台》《白蛇传》等。

土生华人也使用通俗马来语创作诗歌和小说，取材都是印度尼西亚殖民地社会发生的真实事件和人物故事，尤其是华裔的故事。长叙事诗《暹罗王驾临巴打威》(*Sair kadatangan Sri Maharaja Siam di Betawei*)，记述了应荷兰殖民政府邀请到印度尼西亚巴打威访问的暹罗王六天的行程与活动情况。陈登举(Tan Teng Kei)创作的长叙事诗《铁路歌》(*Syair Jalanan Kreta Api*)，记录当时新修铁路全过程。张振文(Thio Tjin Boen)创作的小说《黄习的故事》(*Tjerita Oey Se*)，改编自爪哇岛中部的一个华裔暴发户罪恶的发家史。他创作的小说《苏米拉姨娘的故事》(*Tjerita Nyai Soemirah*)，讲述了华裔与原住民姨娘之间异族通婚的故事。

3. 原住民的文学创作

原住民的文学创作有的赞扬西方文化的先进性，也有的多受华裔马来语文学的影响，多创作反映原住民受殖民压迫的文学作品。阿卜杜拉·门希(Abdullah bin Abdul Kadir Munsyi)是第一位公开赞扬西方文化先进性的马来作家，他的代表作是《阿卜杜拉传》(*Hikayat Abdullah*)，讲述了自己的生平，表明自己为英国人效劳的过程中感受到西方文化的先进性和本土封建文化的落后性。

庞格玛南(F. D. J. Pangemanann)的代表作《罗欣娜的故事》(*Tjerita Rosinna*)讲述了原住民女奴罗欣娜在白人庄园中的悲惨遭遇。庞格玛南的另一部代表作《大盗希·佐纳的故事》(*Tjerita Si Tjonat*)，讲述了 19 世纪令人谈虎色变的江洋大盗的人生故事。

## 五、现代民族运动时期的现代独立文学

从20世纪初到1945年，受西方民族主义文化和苏联、中国等民族主义运动的外部因素影响，以及印度尼西亚无产阶级和民族资产阶级觉醒的内部因素影响，印度尼西亚也开始了现代民族运动，争取民族的独立。印度尼西亚现代独立文学是民族运动的直接产物，以反荷兰、日本等帝国主义，反封建和争取民族独立为主题，形成无产阶级革命文学和民族资产阶级民族文学两种阶级属性的文学。

1. 无产阶级革命文学

20世纪初，印度尼西亚已经有了工会组织，1920年，印度尼西亚共产党成立，无产阶级领导印度尼西亚民族运动走向高潮。印度尼西亚无产阶级革命文学便产生于20世纪20年代前后，无产阶级领导的革命斗争，利用各种革命报刊，包括《人民呼声》（*Suara Rakyat*）、《火焰》（*Nyala*）、《警号》（*Titir*）、《我们的呼声》（*Suara Kita*）等，刊登革命诗歌和通俗小说，宣传无产阶级革命思想。无产阶级革命文学的代表人物有玛斯·马尔戈·卡多迪克罗摩（Mas Marco Kartodikromo）、司马温（Semaoen）等。印度尼西亚无产阶级革命文学存在的时间比较短暂，1926年大起义失败后，随着印度尼西亚共产党的式微而销声匿迹，但无产阶级革命文学具有重要的历史意义。

马尔戈高举反帝国主义、反封建主义旗帜，他的小说和长诗揭露殖民主义、资本主义和封建主义的丑恶现象，抒发自由、平等的思想。如他的小说《宫廷秘密》（*Rasia Keraton*）揭露了梭罗苏丹国封建宫廷的腐败内幕，他的长诗《人人平等》（*Sama Rasa dan Sama Rata*）揭露了世间的不平等，他的长诗《放牛娃》（*Botjah Angon*）揭露了荷兰殖民主义者的殖民侵略与压迫。

司马温只写了一部小说《卡迪伦传》，但司马温在印度尼西亚无产阶级革命文学界占有重要的地位，因为《卡迪伦传》是印度尼西亚第一部反帝国主义、反封建主义的长篇小说，讲述了印度尼西亚早期革命知识分子卡迪伦的成长经历。

2. 民族资产阶级民族文学

印度尼西亚民族资产阶级的民族文学产生于20世纪初，是民族觉醒和民族运动的产物，主要分为两类：一类是宣扬爱国、反殖民主义的民族主义文学，

一类是追求个性解放、反封建礼教的反封建文学。

20 世纪初，一些觉醒的民族知识分子先驱，已经在民族报刊上发表民族主义的文学作品。他们吸纳西方自由、平等、博爱的思想，采用西方文学的格式创作，宣传、激发民族主义和爱国主义精神。民族主义文学代表人物迪尔托·阿迪·苏里约（Tirto Adhi Soerjo）特别关注印度尼西亚被殖民的现实处境，如他创作的小说《拉特纳姨娘的故事》（*Tjerita Njai Ratna*）讲述了一位原住民妇女成为姨娘后对爱情的渴望与悲惨命运，他的小说《金钱夺妻》（*Membeli Bini Orang*）讲述了殖民者有用金钱夺人妻子的丑恶行为。穆罕默德·耶明（Muhammad Yamin）的长诗《印度尼西亚，我的祖国》（*Indonesia, Tumpah Darahku*）歌颂了印度尼西亚的秀美河山，表达了强烈的爱国主义情怀。鲁斯丹·埃芬迪（Rustam Effendi）的诗《悲叹》（*Mengeluh*）痛斥了荷兰殖民者对印度尼西亚的殖民压迫，他的诗《母亲的怀抱》（*Pangkuan Bunda*）将祖国比作母亲，表达了深沉的爱国情怀。沙努西·巴奈（Sanusi Pane）用浪漫主义的风格表达对印度尼西亚的民族情怀。阿卜杜尔·慕依斯（Abdul Muis）的小说《错误的教育》（*Salah Asuhan*）揭露了殖民教育中的种族歧视及其奴化性质带来的恶果。

反封建文学主要是反对封建包办婚姻，宣传自由恋爱和以爱情为基础的婚姻模式。第一部个人反封建主义的小说是麦拉里·希里格尔（Merari Siregar）的《多灾多难》（*Azab dan Sengsara*），讲述了一对年轻人在封建包办婚姻礼俗下的爱情和婚姻悲剧。同样的，柴努丁（H. M. Zainudin）的小说《亚齐茉莉花》（*Djeumpa Atjeh*）也讲述了封建包办婚姻让两个相爱的青年男女分开并被病魔夺去生命的爱情悲剧。马拉·鲁斯里（Marah Rusli）的长篇小说《西蒂·努尔巴雅》（*Siti Nurbaya*）以两个年轻人的爱情悲剧，直接攻击米南佳保人封建社会的传统习俗。也有以年轻人的恋爱自由为主题的爱情喜剧小说，如巴门扎克（A. St Pamuntjak）的小说《相逢》（*Pertemuan*），阿迪尼哥罗（Adi Negoro）的小说《伟大的爱情》（*Asmara Jaya*）。

### 六、民族独立后的当代文学

印度尼西亚民族独立后不同阶段有着不同风格的当代文学，主要包括

1945 年到 1950 年独立战争时期的战争文学、印度尼西亚独立建国初期的两种文艺路线的论争、1966 年以后“新秩序”时期的文学发展。

1. 独立战争时期的战争文学

独立战争时期，为了对抗荷兰再次殖民的野心，印度尼西亚全国人民团结一致，各派政治力量结成反荷兰殖民统一战线，武装捍卫民族独立。文学领域涌现大批年轻诗人和作家，创作体现战斗激情或战争残酷性的诗篇和小说，他们被称为“45 年派”。他们在文学创作方法和语言风格方面均有重大的变化：诗歌更充分展示个性化，不再囿于传统的诗歌模式，开辟了现代主义诗歌模式；小说风格也更加简练，内容更加贴近现实生活。

凯里尔·安瓦尔（Chairil Anwar）开辟了现代主义诗歌先河，他的诗《我》（*Aku*）显示了他抛却旧传统的决心，他的诗《空虚》（*Hampa*）表达了他对日本占领的消极看法，他的《迪波·尼哥罗》（*Dipo Negero*）表达了高涨的民族战斗激情。普拉姆迪亚·阿南达·杜尔（Pramudya Ananta Tur）的短篇小说《往何处去？？》（*Kemana??*）讲述了前线的年轻战士马南的英雄事迹，马南身负重伤回家被遗忘后追问自己应该往何处去。普拉姆迪亚的代表作《游击队之家》（*Keluarga Gerilya*）讲述了一个游击队之家在民族独立解放战争与人道主义之间的矛盾中毁灭。

2. 建国初期的两种文艺路线的论争

1950 年 8 月，统一的印度尼西亚共和国成立。从 20 世纪 50 年代初到 60 年代中期，印度尼西亚的文学同时受到社会主义国家无产阶级革命文学与西方现代主义文学的影响。印度尼西亚共产党的重建与印度西尼亚第一任总统苏加诺的“左”倾思想，使印度尼西亚的无产阶级革命文学复兴。印度尼西亚共产党成立“人民文化协会”，以“文艺为人民服务”为口号，创作革命文学，作为革命文艺路线。而另一派以耶辛为首，反对“文艺为人民服务”的观点，而支持“普遍性”文艺路线，形成“普遍性文学”。直到 1965 年“9·30”事件之后，苏加诺被迫下台，苏哈托建立“新秩序”政权，印度尼西亚共产党被取缔之后，印度尼西亚共产党成立的“人民文化协会”也被取缔，革命文艺路线也消失了。

3.“新秩序”时期的文学发展

“新秩序”时期，因政治高压影响文坛，印度尼西亚没有文艺协会，也没有作家组织。“新秩序”政权限制言论自由，严禁一切批判政府、官员和宣传革命进步的言论。在此环境下，通俗的文学、反思过去政治文化思想的文学、侨民旅居生活的文学、受西方现代主义流派影响的现代派小说，以及回归印度尼西亚本土现实生活的小说和诗歌成为主流。

## 第三节　文化节日

印度尼西亚作为世界民族国家中的一员，拥有丰富多样的民族文化和宗教文化，其文化节日也可分为国际节日、国家纪念日、民族节日和宗教节日四大类，其中印度尼西亚的法定节假日有16个：元旦节（1月1日）、春节（中国农历正月初一）、登霄节（伊斯兰教历7月17日）、静居日（巴厘历10月1日）、耶稣受难日（耶稣被钉在十字架死去的那天，春分后第一个满月后的第一个星期五）、复活节（耶稣受难日后的第3天）、开斋节（伊斯兰教历10月1—2日）、国际劳动节（5月1日）、耶稣基督升天日（复活节后第40天）、佛诞节（又称卫塞节、吠舍佉节，4月或5月的某个月圆日）、潘查希拉诞生日（6月1日）、宰牲节（伊斯兰教历12月10日）、伊斯兰教新年（伊斯兰教历1月1日）、国庆日（又称独立日，8月17日）、先知穆罕默德诞辰（逊尼派伊斯兰教历3月12日，什叶派是伊斯兰教历3月17日）、圣诞节（12月25日）。除此之外，印度尼西亚还有很多非法定节假日，如青年宣誓节（10月28日）等，宗教节庆有斋月（伊斯兰教历9月）等，民族节日有巽他人的丰收节（巽他年历12月22日）等。元旦节和国际劳动节是国际性的节假日，这里主要谈谈印度尼西亚的国家纪念日、民族节日和宗教节日。

### 一、国家纪念日

1. 潘查希拉诞生日

1945年6月1日，印度尼西亚共和国的第一任总统在印度尼西亚共和国独立筹备会上提出了建国的五项基本原则，被称为“潘查希拉”。建国五项原则的提出，解决了印度尼西亚共和国建立一个什么样的国家的问题，兼顾和团结了伊斯兰教政治力量与民族主义世俗化政治力量，为印度尼西亚共和国宣布独立作出了至关重要的贡献。印度尼西亚共和国总统2016年第24号法令将6月1日设定为“潘查希拉”的诞生日，并将其设为印度尼西亚法定节假日。这天，国家和社区可以通过各种方式组织活动纪念和加强“潘查希拉”的价值观。

2. 国庆日

1945年8月17日，苏加诺与穆罕默德·哈达宣读《印度尼西亚独立宣言》，宣告印度尼西亚共和国独立，1950年8月15日，统一的印度尼西亚共和国正式成立，并将印度尼西亚宣告独立的日子“8月17日”定为国庆日，又称“独立日”。国庆这天，印度尼西亚总统府前的广场都会举行隆重的庆祝仪式。在任总统要把印度尼西亚共和国第一任总统苏加诺的夫人在1945年8月16日赶制的第一面印度尼西亚共和国国旗交给升旗手，举行升国旗仪式。全国各地都要举行升国旗仪式，各地街道会悬挂国旗，各地政府和学校会举办各种庆祝活动。

这一天，雅加达地区会组织爬槟榔树的竞赛，将整棵槟榔树的树干剥皮抛光并抹上油，在顶上插着国旗，并挂满各种奖品，爬上去的人就可以摘取想要的奖品。但槟榔树太滑了，一个人很难爬上去，通常需要几个人团结合作叠罗汉才能够到奖品。吃虾饼比赛是印度尼西亚国庆日的经典游戏，人们将虾饼用绳子悬挂起来，参赛者不能用手和其他工具辅助，只用嘴巴把整个虾饼吃完，速度最快者获胜。扔枕头比赛通常是在池塘上架一根很粗的竹竿，两名参赛选手各持一个枕头攻击对方，谁先把对方击落水中，谁就获胜。另外还会有各种趣味竞赛活动，如拔河、穿布袋跳远、抓泥鳅、踢足球、打羽毛球等。

3. 青年宣誓节

1928年10月28日，印度尼西亚第二届全国青年代表大会在巴达维亚召开，进行了青年宣誓，宣誓忠于一个国家，即印度尼西亚；忠于一个民族，即印度尼西亚民族；采用一种语言，即印度尼西亚语。这对印度尼西亚争取独立具有重要的历史意义，是印度尼西亚人民被殖民数百年来团结起来摆脱殖民统治桎梏的觉醒日。因此，10 月 28 日被定为青年宣誓节。印度尼西亚的一些学校会举行相关的纪念庆祝活动，宣读青年誓词，举办朗诵等文化比赛。

## 二、民族节日

1. 华人的春节

华人人口占印度尼西亚全国人口约 1.2%，华人华侨的生活习惯仍然保留着浓厚的中国文化特色。2002 年 2 月 17 日，时任印度尼西亚共和国总统梅加瓦蒂，在当地春节的庆祝会上宣布将春节定为印度尼西亚全国的法定节假日。每到春节，印度尼西亚各地的华人社会都会在寺庙举办盛大的庙会，各种华人华侨社团和组织会组织各种募捐和义工活动，资助、帮助有需要的人们。华人华侨还会按照春节的传统习俗庆祝节日，包括大扫除、备年货、办除夕宴、发压岁钱、拜年、祭祖、舞龙、舞狮等。

2. 巽他人的丰收节

每年的巽他年历 12 月 22 日，巽他人都会前往爪哇岛西部苦宁岸县的吉古古尔村，举行庆丰收的仪式。吉古古尔村是巽他人曾经创建的西利万吉王朝的中心，也是巽他教的起源地。这里的一座古老的殿堂，是庆丰收仪式的举办地点。12 月 22 日前几天，每个参加仪式的巽他人都会带来当年收获的水果、蔬菜和稻谷，需要凑齐 22 公担稻谷，在 12 月 18 日堆放在殿堂的四方。

庆丰收仪式当天，首先需要运送稻谷到指定地方。运送稻谷队伍最前方是 11 对青年男女，他们身穿民族传统盛装，头顶稻谷，寓意生活充满希望；然后是已婚妇女，她们也是头顶稻谷，寓意为女儿们祈福；最后是已婚男子，他们用肩挑稻谷，寓意父亲承担支撑家庭和教育后代的重任。稻谷运送完毕后，会有一对夫妇用巽他语朗诵吉冬诗，感谢真主的恩赐并祈求来年取得更大的丰收。接下来是舂米，将其中 20 公担的稻谷舂成米，剩下 2 公担作为种子，分发给参加仪式的人们。随后会举行各种传统节目表演，以庆祝丰收。

## 三、宗教节日

1. 登霄节

登霄节是伊斯兰教重要的纪念节日。根据《古兰经》记载，伊斯兰教历前 1 年的 7 月 17 日（公元 621 年 7 月 27 日）的夜晚，真主命令天使长哲伯勒依来带神兽布拉克到麦加迎接先知穆罕默德到耶路撒冷的阿克萨清真寺（即远寺）。穆罕默德从清真寺的登霄石上登上了七重天，见到了穆撒、天堂、火狱，并透过真主的光芒，受真主指示让所有穆斯林每天必须礼拜 50 次。穆撒提醒礼拜 50 次远超穆斯林的承受能力，于是穆罕默德 9 次求真主减少礼拜次数，最终定为每日礼拜 5 次。到黎明时，穆罕默德又返回麦加。因此登霄节又被称为“夜行登霄”。按照这个记载，耶路撒冷成为伊斯兰教第三圣城，这天也被定为登霄节，成为伊斯兰教的重要纪念日。

印度尼西亚的穆斯林庆祝登霄节的活动也通常是在晚上进行。这天，穆斯林家庭会进行聚餐，吃椰浆饭和各种清真食品，到了晚上，会到清真寺举行会礼，诵经祈祷。

2. 静居日

静居日是印度教的重要节日，又被称为“安宁日”。印度尼西亚的巴厘人保留印度教的信仰，巴厘历 10 月 1 日，是巴厘印度教徒的新年。1983 年起，静居日被定为印度尼西亚全国法定的节假日。

静居日前几天，巴厘人就要开始准备过节的一应事务。首先是三净仪式：一是把将用到的宗教器具抬到河里、海里洗干净，二是把庭院、街道等打扫干净，三是把将要宰杀的牲畜（牛、猪、鸡等）洗干净。然后就是宰牲仪式。宰牲的品种和数量要根据行政区的级别而定，行政级别越高，需要宰牲的品种和数量规格越高，如只有省里才能宰牛，各家各户通常宰鸡，用作献给神的祭品。宰牲时，家家户户的男人女人们还要准备过节用的物品：男人要用竹子、木头和纸等材料，制作形态各异的木偶，通常为恶魔、巨龙、雄狮、蝎子、飞鸟、皮影戏中的人物、神猴哈奴曼等，尺寸大小从 1 米到 3 米多高都有，然后涂上各种颜色；女人们要准备节日穿的新衣服，祭祀和吃的菜肴、糕点。静居日的前一天被称为“欢庆日”，这一天巴厘人要举行祭祀和庆祝活动：早上，家家户户都要到家庙举行祭祀仪式；上午，所有人都要穿着传统的节日盛装到寺庙里举行祭祀仪式，载歌载舞；下午，男人们要敲锣打鼓，抬着之前准备的各种木偶，绕家和绕村游行，女人们也会头顶祭品走在游行队伍中；傍晚，要举行“驱鬼”仪式，所有人举着火把游行，绕家和绕村游行，并敲锣打鼓、敲梆子，驱鬼辟邪，游行直到后半夜将木偶、傀儡等烧掉，寓意将鬼怪送回阴界。男人们还会半裸上身，用燃烧的椰壳投到他人身上以驱赶恶魔。

静居日当天，按照印度教教义，新年伊始要忌生火、忌干活、忌出门和忌情欲，这天早上 6 点到第二天早上 6 点，所有人都要静居、沉寂，净化灵魂，达到空明，寻求内心的安宁。因此，这天除了执勤的警察、医护人员和游客外，所有人都待在家中，到晚上也不点灯、不吃饭、不发出声响。等到第二天早上 6 点以后才开斋，一切回归正常生活。

3. 耶稣受难日

耶稣受难日是基督教、天主教的重要纪念日，时间为 3 月到 4 月之间春分月圆之后的第一个星期五，是耶稣被钉在十字架上受难死亡拯救世人的日子。这天也被称为“神圣的星期五”“黑色星期五”。每当这一天，基督教教徒们会身穿深色的衣服，参加严肃的礼拜仪式，并举行圣餐仪式，举行游行活动。

4. 复活节

复活节是春分后第一次月圆后的第一个星期天，是基督教教徒重要的节日之一。在印度尼西亚，复活节当天，教徒们一般在基督教教堂、私人住宅、酒店和休闲度假村举行祷告会，牧师会发表讲演，人们在钢琴声中共进圣餐。教会和相关学校也会举办各种庆祝活动，有些地方还会举办狂欢舞会。其间各地也会举行募捐活动，帮助穷苦的人。

5. 开斋节

开斋节是伊斯兰教最重要的节日之一，时间为伊斯兰教历的 10 月 1—2 日。伊斯兰教历 9 月为斋月，穆斯林会斋戒，即日出到日落之间不吃不喝，直到 10 月结束，10 月第一天为开斋节。在印度尼西亚，开斋节为全国法定节假日，虽然法定的放假时间只有 1 天，但实际上，开斋节会持续 3 天到 1 周，类似中国的春节，所有外出工作的穆斯林都会赶回家中与家人团聚。

开斋节前一天的晚上是不眠之夜，所有穆斯林都会到清真寺举行通宵的会礼，赞颂真主的仁慈并祈求真主的宽恕。开斋节这一天，穆斯林们身穿节日盛装，家家户户要把家里和庭院打扫得干干净净，在门前挂着用鲜嫩的椰子叶制作的装饰品，在早上的礼拜之后开始吃东西，然后出门互相拜访问候，一面祝贺开斋节，一面为过去一年的过失相互致歉。然后穆斯林们要去亲人的墓地扫墓祭奠。一些政府机构和社会团体还会举行团拜活动。有些穆斯林还会在开斋节后的第二天到第七天再次斋戒，直到第八天再开斋，被称为“第二开斋节”，各地会组织各种娱乐竞赛以庆祝开斋节。

6. 耶稣基督升天日

耶稣基督升天日，是圣子耶稣基督完成救世的使命后来到上帝右边的日子，时间为耶稣复活后的第 40 天。这天，印度尼西亚的基督教教会会举行游行庆祝的活动，也有基督教教徒登山野餐休闲。

7. 佛诞节

佛诞节又称卫塞节、吠舍佉节，时间为 4 月或 5 月的某一个月圆之日。这天是世界各国佛教教徒共同庆祝的节日。印度尼西亚将之定为全国性的法定节假日，并把佛诞辰、成道和涅槃的日子合在一起加以庆祝。这天，印度尼西亚的佛教教徒会聚集在爪哇岛中部的婆罗浮屠塔和附近的门突、巴旺等寺庙，举行法会。法会的内容包括用鲜花浸泡过的香水擦洗佛像然后洒向周围，在佛像前供奉灯烛和花果，然后僧侣和尼姑们会坐禅拜佛、讲经布道并为民祈福。而不能前往法会的佛教教徒也会在家诵经或到附近的寺庙敬香拜佛。

8. 宰牲节

宰牲节也是伊斯兰教最重要的节日之一，时间为伊斯兰教历的 12 月 10 日，又称为“古尔邦节”。宰牲节是为了纪念先知易卜拉欣向真主安拉献祭自己儿子的事迹。根据《古兰经》的记载，真主安拉为了考验易卜拉欣，让他将自己的儿子献祭给自己，易卜拉欣真把儿子带到耶路撒冷的一个清真寺的岩石上准备献祭，易卜拉欣通过了真主的考验，真主命令天使带去一头黑山羊，替代易卜拉欣的儿子献祭。根据这一传说，穆斯林们在每年的这一天都宰杀牛羊献祭真主，表达诚挚的信仰。

在印度尼西亚，每年宰牲节前，政府都会调运牛羊，以保证节日期间各地有充足的牛羊献祭给真主。宰牲节当天，穆斯林们会沐浴更衣，身穿节日盛装，参加会礼，赞颂真主。富裕人家和清真寺都会宰杀牛羊，将肉分发给参加观礼的人们。

9. 伊斯兰教新年

伊斯兰教新年时间为伊斯兰教历的 1 月 1 日，对穆斯林而言，最重要的节日是开斋节和宰牲节，相对而言对新年并不那么重视。这天，印度尼西亚虔诚的穆斯林可能会通过斋戒禁食来迎接新年，但多数穆斯林会到就近的清真寺礼拜，然后举行家庭聚餐。

10. 先知穆罕默德诞辰

先知穆罕默德诞辰日也是伊斯兰教的重要节日，但不同教派的节日时间有所区别，逊尼派的节日时间是伊斯兰教历的 3 月 12 日，什叶派的节日时间是伊斯兰教历的 3 月 17 日。据传，先知穆罕默德每年在自己的诞辰日都会进行斋戒，但现在的穆斯林们在先知穆罕默德的诞辰日并不斋戒禁食，而是由清真寺主持，准备吃食一起庆祝，穆斯林们穿戴整齐，到清真寺沐浴、更衣、礼拜，听清真寺的长老讲述先知穆罕默德生前的事迹故事。印度尼西亚的穆斯林还会举行为期 8 天的庆祝活动，除了讲述先知穆罕默德的生平故事外，还有古兰经念诵、宗教诗歌颂唱、加美兰音乐表演、苏丹王掷钱祈福等。

11. 圣诞节

圣诞节是基督教、天主教的重要节日，也是印度尼西亚全国法定的节假日。圣诞节期间，印度尼西亚总统、官员都会向民众祝贺圣诞快乐，在路边可以看到官员祝贺圣诞快乐的横幅，印度尼西亚政府甚至会在圣诞节期间特赦一些犯人。各商场、商店会推出各种圣诞主题的活动和礼盒。基督教大教堂会在平安夜举行子夜弥撒，在圣诞节当天也会有圣诞会礼。

12. 斋月

斋月是伊斯兰教重要的日子，时间为伊斯兰教历整个 9 月，穆斯林们在斋月期间日出到日落之间要斋戒，这对穆斯林而言是磨炼意志、净化心灵的日子。伊斯兰教法规定，在斋月期间，11 岁以上的男性穆斯林和 9 岁以上的女性穆斯林，必须履行斋戒的义务，即日出到日落期间，禁止进食、抽烟、做丑行、说秽语、行房事等，但老人、儿童、病人、孕妇、哺乳期的妇女等可以免除斋戒。

斋月期间，印度尼西亚的穆斯林们每天早上 4 点之前就要起床，沐浴祈祷，开始斋戒，直到傍晚 6 点日落前后，清真寺和广播会响起宣礼的声音，宣布当天斋戒结束，穆斯林们就可以开斋进食了。印度尼西亚的穆斯林们会一家人或与好友、同事、同学一起开斋。

## 第四节 人类非物质文化遗产名录

联合国教科文组织非物质文化遗产名录中记载的印度尼西亚非物质文化遗产，可以充分呈现印度尼西亚非物质文化的精华。截至 2017 年，印度尼西亚教育与文化部将 594 项非物质文化遗产纳入印度尼西亚国家级非物质文化遗产名录，其中有 9 项非物质文化遗产被联合国教科文组织纳入世界非物质文化遗产名录。2019 年到 2024 年又有 4 项非物质文化遗产被联合国教科文组织纳入世界非物质文化遗产名录。被联合国教科文组织纳入的印度尼西亚非物质文化遗产共计 13 项：哇扬皮影偶戏、印度尼西亚佩剑克里斯短剑、巴布亚人诺肯多功用袋手工编结或纺织技艺、千手舞、昂格隆竹器乐表演、印度尼西亚的蜡染印花工艺、北加浪岸的蜡染布博物馆、巴厘岛的三种传统舞蹈、南苏拉威西岛的造船艺术皮尼西、马来武术传统、板顿诗、加美兰乐器、可巴雅。

### 一、哇扬皮影偶戏

哇扬皮影偶戏是印度尼西亚一种独特的皮影戏剧，主要流行于爪哇岛、巴厘岛和周边的龙目岛、马都拉岛等地。哇扬皮影偶戏的故事取材有印度尼西亚的神话故事、印度两大史诗《罗摩衍那》和《摩诃婆罗多》中的故事，以及波斯的英雄故事等。皮偶分为三维立体的木质人偶和平面的牛皮质人偶，关节可以活动自如，非常精美。三维木偶戏主要流行于爪哇岛西部的巽他人地区，平面皮质影偶戏流行于爪哇岛东部、东部和巴厘岛等地区。表演时，表演者藏于幕后操作，可一人，也可多人合作，先将各种角色的皮偶卡在香蕉杆上，用一个小油灯，将出场的皮偶角色借助光线投影在屏幕上，表演者通过系在皮偶上的细棒转动皮偶的关节，做出各种动作，并配有加美兰音乐。

在印度尼西亚爪哇岛、巴厘岛等地区，每逢民族节日和重要事件，如出生仪式、结婚仪式或其他庆祝活动，通常会有哇扬皮影偶戏表演。有些时候，表演会持续整个晚上。

### 二、印度尼西亚佩剑克里斯短剑

克里斯短剑由钢、镍、银、锆、钛以及陨铁等熔合铸造而成，刀身有的呈现波浪蛇形，波纹数量为奇数，象征着进攻，有的呈现直线形状，象征着防守。剑柄多由贵重的木材、象牙等雕刻而成，镶嵌宝石、镀上金银等，高贵无比。刀身用特殊手法制作出细密的花纹，因此，每一把克里斯短剑的纹理因制作过程的偶然性都是独一无二的，且都需要铸造数月时间，反复锻造数百次。

克里斯短剑的起源众说纷纭，普遍的说法是越南北部东山文化的铁制剑和戈等铸造手法传到印度尼西亚后发展而成。因此，“克里斯”便是源于古爪哇语中的“ngiris”，英语拼写为“Kris”，现代印度尼西亚语、马来语拼写为“keris”。在印度尼西亚，早在7世纪时已出现克里斯短剑，我们可以在公元9世纪建造的婆罗浮屠寺庙群和普兰巴南寺庙群的雕塑中发现克里斯短剑的影子。到满者伯夷王国时期，克里斯短剑已经广泛流传，被誉为神剑，流传至马来西亚、文莱、菲律宾、柬埔寨和泰国南部。考古发现的现存最古老的克里斯短剑，是满者伯夷王国在1361年制作的。

在古代，克里斯短剑主要是身份地位的象征，因此只有王公贵族和婆罗门种姓才能佩带。随着时代的发展，克里斯短剑逐渐流传于民间。如今，克里斯短剑主要用于仪式庆典和宗教仪式，如爪哇人结婚仪式上，新郎会佩带克里斯短剑。如今，克里斯短剑主要被当作传家宝、护身符、庆典的装饰品、艺术品，以及游客的纪念品。

### 三、巴布亚人诺肯多功用袋手工编结或纺织技艺

印度尼西亚巴布亚人的诺肯多功用袋，当地称为“诺肯袋”，取材于当地热带雨林中的植物纤维。巴布亚当地语言中“诺肯”寓意美好祝愿，象征和平、美好、富裕。诺肯袋在巴布亚中部高地部落尤为盛行。诺肯袋拥有多种功用：是巴布亚人传统服装的主要佩饰，是各种仪式中不可或缺的物品，是携带随身物品的口袋，是盛放新生婴儿的“育儿袋”，是购物袋，是家中存放物品的收纳袋，等等。巴布亚的女性从小就学习制作诺肯袋，并把制作出诺肯袋视为女性成年和可以婚配的标志。

诺肯袋颜色艳丽，主要材料为树脂纤维、树皮、兰花根、沼泽草等，制作过程烦琐、冗长，有些诺肯袋需要制作几个星期甚至几个月。制作时，首先要到森林中寻找合适的原材料。获取原材料后需要冲洗干净，再通过较长时间

的晾晒、加热、浸泡等方式分离出纤维。分离出的纤维再经过揉捏、晾晒，去掉水分。把干燥的纤维揉搓成线绳，用各种天然染料染成各种颜色备用。最后便可以用不同颜色的线绳通过特殊的手法编织、打结，制作成不同图案的诺肯袋。

## 四、千手舞

印度尼西亚千手舞是印度尼西亚苏门答腊岛亚齐省盖约人（Gayo）的传统舞蹈，如今在公共假日以及宗教节庆时，在村庄里的社区演出。千手舞演员包括歌者与舞者，均由年轻男性与男孩儿演出。表演时，男人与男孩儿们跪坐排成紧密的横列，身穿黑色服装，上面绣着彩色的民族花样，象征着自然与高贵。其中，歌者位于横列的中央，用盖约语领唱；舞者们随着节奏同时或交替摇摆及转动身体和头部，有节奏地弹指、拍击双手、拍击胸口、拍击大腿，以及拍击地面。

现在，舞台表演的千手舞也有女孩儿参加，但千手舞的演出机会越来越少，很多熟悉千手舞的表演者逐渐老去，而年轻人因受现代文化娱乐的影响学习千手舞的人越来越少。

## 五、昂格隆竹乐器表演

昂格隆竹乐器是印度尼西亚爪哇岛西部巽他人的传统乐器，由竹筒制成，是除了加美兰乐器外，最有特色的乐器，是印度尼西亚象征民族团结的乐器，也是印度尼西亚国宝级乐器。

昂格隆竹乐器的结构简单，最简单的由 5 根长短不一的细竹条和三根长短不一的竹筒组成，5 根细竹条作为支撑的主体，底部一根竹筒切槽，嵌入两根长短不一的竖状竹筒，这两根竹筒上部被削成槽状，分别被一根细竹条横穿固定。有的昂格隆会用更多根细竹条和 5 根竹筒制作。只要轻轻摇动，竹筒撞击就会发出清脆悦耳的声音。每个昂格隆乐器，根据竹筒的长短、厚薄以及竹子的年龄不同会发出不同的音调。因此演出时，往往需要多个昂格隆乐器配合，发出高、中、低不同的音调，演奏人数可以从十余人到上千人不等。

昂格隆乐器表演是印度尼西亚海外表演和接待外宾的必备节目。因为昂格隆乐器演奏需要多人配合，具有团结合作的精神气质，因此，荷兰殖民时期不允许印度尼西亚人演奏昂格隆乐器，担心激发印度尼西亚人团结一致反抗荷兰殖民统治。昂格隆乐器也成为印度尼西亚人心目中象征民族团结的乐器。

## 六、印度尼西亚的蜡染印花工艺

蜡染印花工艺在印度尼西亚人的生活中无处不在，从日常服装、婴儿背带到丧葬衣服，都能看到蜡染印花工艺。蜡染印花工艺，先在布匹上用热蜡点出图案，然后放入染缸染色、漂洗、晾干，而点蜡的部分可以防止被染色。通过反复的点蜡、染色，可以做出不同颜色图案的花样布匹。其中尤为著名的是印度尼西亚蜡染巴迪克服装，已有 800 多年的历史。

巴迪克蜡染染料原材料主要有当地的木材、叶子、树皮和香料等植物材料和动物脂肪、泥土等，蜡有石蜡、蜂蜡和树脂蜡等。蜡染工艺包括手工蜡染、铜模印染和机器印染三种。其中传统手工蜡染工序尤为复杂，多达十几道，从 19 世纪开始采用铜模印染：先在铜模上刻上图案，然后用铜模蘸上蜡溶液印在布料上，最后染色、晾晒。20 世纪开始采用机器印染，生产时间更短，产量远超手工蜡染和铜模印染，但图案不如手工蜡染细致多样。

## 七、北加浪岸的蜡染布博物馆

印度尼西亚蜡染印花工艺有着几百年的悠久历史，有极高的非物质文化遗产价值。但现在的年轻人对蜡染印花工艺逐渐失去兴趣。印度尼西亚开启地方项目，在蜡染传统地区将蜡染文化纳入课程，增强年轻人对蜡染印花工艺的了解与审美能力，包括了解蜡染印花工艺的历史、文化价值和传统技艺。北加浪岸 2005 年启动蜡染布博物馆，并与地方教育局紧密合作，将蜡染印花工艺融入小学、初中、高中、职业学校和工艺学校的教育和培训中。北加浪岸蜡染布博物馆开展的非物质文化遗产教育和培训颇有成效，于 2009 年被选入联合国教科文组织非物质文化遗产名录的《优秀实践名册》。

北加浪岸的蜡染布博物馆有 3 个展览厅，每年的 10 月 2 日印度尼西亚的国家蜡染日这天，北加浪岸的蜡染布博物馆都会展示不同主题的蜡染布。例如 2023 年展览厅 1 的主题为“蜡染圈合作”，展示北加浪岸 9 名工匠的各种作品；

展览厅 2 的主题为“蜡染材料工具的发展与印度尼西亚蜡染”，展示蜡染相关的材料和工具；展览厅 3 的主题为“室内和沿海蜡染图案的多样性”，展示不同地方的不同图案的蜡染布。

### 八、巴厘岛的三种传统舞蹈

在印度尼西亚的巴厘岛，舞蹈是印度教仪式不可或缺的一部分，巴厘岛的传统舞蹈按照是否与宗教相关分为神圣的舞蹈、半神圣的舞蹈和社会娱乐功能的舞蹈三种类型。神圣的舞蹈在巴厘岛寺庙的内部圣殿进行表演，半神圣的舞蹈在巴厘岛寺庙的中间院落表演，社会娱乐功能的舞蹈在寺庙外院或其他地方表演。巴厘岛的传统舞蹈源自爪哇古典舞蹈传统，舞蹈题材大多与古印度教文化历史有关，来源包括史诗、诗歌、寓言和浪漫故事，常见的故事多来自《吠陀经》《薄伽梵歌》《摩诃婆罗多》和《罗摩衍那》等。其中，神圣的舞蹈起源最早，约在公元 8—14 世纪，包括神圣的驱邪舞和巴龙舞（Barong）等。半神圣的舞蹈起源于公元14世纪到19世纪之间，取材于传说故事和流行故事，包括雷贡舞（Legong）和凯恰舞（Kecak）等。社会娱乐功能的舞蹈起源于 19 世纪，用以欢迎宾客和社交，包括迎宾舞和裘盖特舞（Joged）等。如今，游客经常能够看到的是一些非宗教用途的社会娱乐功能的舞蹈表演。

传统舞蹈均以加美兰乐器伴奏，由男女舞者身穿传统服装演出。舞蹈动作深受大自然的启发，通过不同姿势、节奏和方向，以及幸福、悲伤、生气、恐惧等各种表情，使舞蹈更加灵动，代表特定的传统与宗教价值。

### 九、南苏拉威西岛的造船艺术皮尼西

皮尼西帆船是印度尼西亚南苏拉威西地区布吉人和望加锡人创造的传统木质双桅帆船，“皮尼西”（Pinisi）一词实际上是船帆的名字。根据《拉加利戈》（*I La Galigo*）史诗记载，公元 14 世纪时，鲁乌（Luwu）苏丹国王子莎维利加丁（Sawerigading）第一次建造了皮尼西帆船，以到中国迎娶一名公主。皮尼西帆船的规模可达 20 米至 35 米长，主体由两个主桅和七面船帆组成，桅杆可能达到甲板以上 30 米。两个主桅喻义伊斯兰教中的两句“清真言”，七面船帆喻义《古兰经》首章的七节启示经文。当地人坚信神明的力量，因此在建

船的每一个阶段都需要严格遵守相关的宗教礼仪和仪式，工匠们严格按照世代相传的传统工艺精心建造每一艘帆船，皮尼西帆船已成为具有印度尼西亚航海文化传奇意义的标志。如今，皮尼西帆船已经遍布马六甲海峡、缅甸、越南和澳大利亚等地。2017 年，皮尼西帆船制造技艺被列入联合国教科文组织世界非物质文化遗产名录。

## 十、马来武术传统

印度尼西亚的马来武术传统叫“本查席拉”（Pencak Silat），又称为“印度尼西亚拳”，是一种传统的武术，盛行于 7 世纪，是马来文化的一部分，源自印度尼西亚的苏门答腊岛和爪哇岛，包括踢、打、摔、拿等技术，有时会结合音乐作为舞蹈展出，具有很高的观赏性，是东南亚运动会的比赛项目之一。除了体育元素外，马来武术舞步和风格受到各种艺术元素的强烈影响，包括与伴奏音乐相匹配的身体和动作的统一。“本查”在爪哇岛更为人所知，而“席拉”在苏门答腊岛更为人所知，每个地区都有自己的动作、风格、伴奏、音乐和配套设备，包括服装、乐器和传统武器。相关知识和技能通常在非正规学校教授。

## 十一、板顿诗

板顿诗是印度尼西亚、马来西亚、新加坡和文莱一带广为流传的传统诗体，拥有悠久的历史，在 2000 年前已经口传流行于民间，约公元 16 世纪后出现文字书写的板顿诗。板顿诗拥有诗歌的韵律，富含情感和思想内容。板顿诗一般有四句式、六句式和八句式，有的以前两句比喻起兴、表达寓意，后两句陈述现实、抒发情感，有的以前四句起兴后四句为正文。板顿诗的押韵有严格的规定：四行板顿诗的第一行与第三行的最后一个字音要押同韵，第二行和第四行的最后一个字音也是同韵；六行板顿诗的一、四，二、五和三、六行的最后一个字音同韵；八行板顿诗的一、五，二、六，三、七，和四、八行的最后一个字同韵。板顿诗题材广泛，大部分的板顿诗是即兴诗，根据发生的事情，抒发喜怒哀乐等情感，也有板顿诗表达对异性的爱意、离乡之情等。

## 十二、加美兰乐器

加美兰音乐是印度尼西亚历史最悠久的民族音乐，流行于爪哇人、巽他人、巴厘人等民族，是一种以金属敲击乐器为主体的合奏音乐。加美兰乐器既包括锣、鼓，也包括木琴、竹笛等管弦乐器等，声音典雅、柔和。加美兰音乐具有悠久的历史，在爪哇岛中部的公元 8 世纪建设的婆罗浮屠寺庙群的浮雕上就有着加美兰的一些乐器演奏的浮雕。加美兰乐器合奏在满者伯夷王国时期发展出今天的传播规模，在印度尼西亚各地的宗教仪式和庆典上，通常会有加美兰音乐伴奏。各地的加美兰音乐各有特色，如爪哇人的加美兰音乐主要源于宫廷音乐，通常比较缓慢和庄重；巽他人的加美兰音乐最著名的风格是地贡（Degung）佳美兰，有着独特的音阶；巴厘人的加美兰音乐以炫技和常变的速度闻名。各地的加美兰音乐虽各有风格，但在乐理、演奏技法等方面是共通的。

## 十三、可巴雅

可巴雅是东南亚广受欢迎的一种传统女性上衣，在不同地区各有特色，但通常长袖、无领、无扣、直身、对称、袖口有绣花，有长款、短款之分，穿着时用别针、胸针将两片衣襟别住。可巴雅由印度尼西亚、文莱、马来西亚、新加坡和泰国五国共同提出，于 2024 年 12 月 4 日被正式列入“人类非物质文化遗产代表作名录”。如今在印度尼西亚，可巴雅主要用于婚礼场合，也广泛应用于各种正式场合。

**思考题:**

1. 列举几个印度尼西亚的宗教信仰文化在风俗习惯中的表现。
2. 印度尼西亚的文学发展经历了哪些阶段?
3. 印度尼西亚有哪些法定节假日?
4. 印度尼西亚有哪些世界级的非物质文化遗产?

# 第四编

## 经济贸易篇

# 第十二章　经济发展概况

## 第一节　宏观经济概况

### 一、经济地位

印度尼西亚是东盟经济规模最大的经济体，近年来，其国内生产总值一直占东盟国内生产总值总量的三成以上，也是东南亚唯一的二十国集团成员国家，在 20 世纪 80 年代至 90 年代经济高速发展，与泰国、马来西亚和菲律宾齐名为“亚洲四小虎”。如今，印度尼西亚经济增长的主力是消费，对外贸的依赖度较低。

### 二、经济资源

印度尼西亚拥有丰富的人力资源和自然资源以支持其经济发展。印度尼西亚人口排名世界第四，其人口的城镇化率截至 2023 年约为 58.57%，达到全球平均水平，预计到 2025 年达到 67.5%。人口基数与城镇化率为其工业和服务业的发展提供了充足的人力资源。

印度尼西亚具有良好的气候条件，地处赤道热带地区，属于典型的热带雨林气候，全年恒温、多雨、潮湿、风小，有利于万物生长。正如第四章所述，印度尼西亚丰富的自然资源包括丰富的矿产资源、森林资源、动物资源、农业资源、水产资源、水资源以及土地资源。其中矿产资源包括丰富的石油、天然气、煤炭、镍、铝矾土、铜、金刚石、金、银等。森林资源主要是分布在苏门答腊岛和加里曼丹岛热带雨林中的各种名贵木材。动物资源主要是20多万种动物群种类和多种珍稀动物。农业资源主要是各种热带水果、农作物以及天然橡胶、棕榈油、咖啡、香料等经济作物。水产资源主要是河流、湖泊和海里的各种鱼、虾、蟹、贝类等水产品。

### 三、产业结构

曾经印度尼西亚的产业结构以第一产业农业为主，如今印度尼西亚的产业结构为制造业、工矿业、农商业和服务业并重。2018年，印度尼西亚政府推出“印度尼西亚工业化4.0”计划，加大第二产业中的食品饮料、电子、化工、纺织、汽车等产业的投资力度，以加快产业升级。2018年，印度尼西亚经济结构中占比最高的是制造业，占比19.9%，其次是贸易、餐饮，占比13%，农业占比12.8%，服务业占比11.6%，建筑业占比10.5%，运输和通信业占比9.1%，矿业占比8.1%，金融、房地产业占比6.9%，电水气业占比1.2%。按照第一产业、第二产业和第三产业来划分，2023年印度尼西亚国内生产总值中，第一产业产值占13%，第二产业产值占43.3%，第三产业产值占43.7%。印度尼西亚的重点特色产业为石油天然气、农林渔业、采矿业、工业制造业和旅游业。

### 四、发展短板

印度尼西亚的经济发展如今也存在各种短板。最突出的是基础设施建设相对滞后。印度尼西亚作为最大的岛群国家，不同岛屿之间的主要交通方式是空运和海运，承担岛内交通的公路和铁路建设相对滞后，如今印度尼西亚仅有从雅加达到万隆的一条高铁。印度尼西亚大部分地区都通了互联网，但互联网的带宽比较小，网速较慢。印度尼西亚的电力设施和水利设施也相对滞后，有些地区会断水断电，受洪涝、旱灾的影响也很大。

印度尼西亚的债务问题严重，到2022年，其外债总额高达约4万亿美元，达历史高位。从债务结构来看，其中公共外债和私人外债规模各占一半。其外债与外汇储备比约为3∶1，印度尼西亚的负债率约35%，债务率约140%，偿债率约为25%。整体而言，中短期内的债务违约风险比较低，但其经济发展受国际经济形势的影响较深。

印度尼西亚国内腐败严重，贫富差距较大，截至 2023 年 3 月，印度尼西亚的贫困人口约 2590 万人，占总人口的约 9.6%，基尼系数为 0.38。

## 第二节　各阶段的经济发展情况①

根据印度尼西亚前副总统布迪约诺亲自撰写的《历史大变局中的印尼经济》，统一的印度尼西亚共和国成立以来的经济发展可以分为以下六个时期：1950—1965 年经济巩固、停滞、恶性通胀时期，1966—1968 年政治稳定时期，1969—1981 年经济建设和石油红利时期，1982—1996 年摆脱依赖石油和建设非油气产业时期，1997—2004 年亚洲金融危机时期，2004 年以来的经济复兴、危机和出口“繁荣”时期。

### 一、1950—1965 年经济巩固、停滞、恶性通胀时期

1950 年 8 月，统一的印度尼西亚共和国成立，面临的主要问题就是独立国家战后的经济恢复、巩固和发展建设。但建国初期的印度尼西亚政治形势并不稳定，内阁更迭频繁，经济政策难以连贯持续，也难以制定长期发展规划。这个时期的主要经济目标是摆脱曾经的殖民宗主国荷兰在印度尼西亚的经济主导，实现自己对本国经济的主导。但因为国内外各种政治、经济问题，此时的印度尼西亚经济发展已陷入停滞和恶性通胀。

其一，印度尼西亚为争取独立在与荷兰的圆桌会议中付出了巨大的经济代价。圆桌会议签订的财经协议条款规定，印度尼西亚偿还荷兰政府 11.3 亿美元的债务，允许荷兰企业像之前一样经营，国有化的政策需与荷兰政府协商并取得其同意，承担前荷兰职员的费用并接纳前殖民军官兵。这些条款使得建国初期的印度尼西亚政府财政负担很重，且经济政策多受荷兰政府干扰。尽管 1956 年印度尼西亚内阁废除了该协议，但印度尼西亚已经偿还了绝大部分的

① ［印尼］布迪约诺:《历史大变局中的印尼经济》，龚勋译，北京：北京大学出版社，2017 年。

债务。

其二，印度尼西亚中央政府与地方政府之间的政治摩擦，加重了印度尼西亚的财政负担。建国初期，印度尼西亚中央政府与地方政府关系并不和谐，因经济利益等原因引发持续的政治摩擦，导致经济发展停滞和较重的财政负担。

其三，印度尼西亚内阁更迭频繁，经济政策难以连贯持续。建国初期，1957 年“有领导的民主”之前，印度尼西亚内阁更换了 5 次，平均每任内阁总理在任仅 10 个月。每任内阁均有不同的经济发展计划，但都没有足够的时间落实。

其四，1957—1965 年“有领导的民主”时期，实行有领导的经济体制，经济为政治服务。“有领导的民主”时期，经济政策总是被政治目标支配，货币政策与银行政策不再独立，为了填补政府的财政赤字和国有企业的经济缺口，银行被迫大量印钞。

其五，苏加诺偏左的政治思想，导致西方停止投资，外汇匮乏。苏加诺在任晚期提出“有领导的民主”政策，偏向共产主义阵营，受到美西方的打压，外资停止经济投资，导致印度尼西亚部分生产原材料和零部件短缺。

以上种种原因，导致印度尼西亚货币发行猛增，流通货币过多，出现恶性的通货膨胀，货币贬值，货币汇率暴跌，官方汇率从 1951 年的 1 美元兑换 3.8 印尼盾，跌到 1959 年的 1 美元兑换 45 印尼盾，而当时的市场汇率达到 1 美元兑换 150 印尼盾。到 1964 年，制定了 1 美元兑换 250 印尼盾的汇率。1965 年，印度尼西亚政府发行新钞，将 1000 盾币值降为 1 盾，新的官方汇率为 1 美元兑换 10 新印尼盾。外资停止投资和外汇的匮乏，导致印度尼西亚的经济生产停滞，工业、服务业等各行业生产总值下降，印度尼西亚人均国内生产总值下降。

## 二、1966—1968 年政治稳定时期

1965 年“9・30 事件”后，印度尼西亚政权更迭，苏加诺被迫下台，1966 年 3 月后，苏哈托开始掌握实权。苏哈托 1967 年 3 月被任命为代总统，1968 年 3 月正式就任总统，1968 年 6 月建立内阁。1966—1968 年的印度尼西亚正

处于政权过渡时期，政治环境不稳定。这个时期，印度尼西亚对外经济最大的困境是外汇储备极度匮乏，外资停止投入，进出口失衡，无法按期偿还贷款。印度尼西亚外债为 23 亿美元，其中 1966 年到期的债务和利息共计约 5.3 亿美元，出口总计 4.3 亿美元，而进口需求总计 7.9 亿美元，印度尼西亚无法在期限内偿还外债。印度尼西亚的国内经济面临着种种困境：严重的通货膨胀，经济停滞甚至倒退，国内收支赤字严重，等等。印度尼西亚这个时期的经济目标主要是抑制通货膨胀，恢复生产，从而实现经济的增长。经济目标的实现需要强有力的政治基础，因此，这个时期，苏哈托支持主管经济的副总理及其领导的经济小组，制定和实施各种经济政策，以稳定印度尼西亚的经济。

经济小组针对印度尼西亚内外经济困境，实施了两项措施：一是希望通过与债权国谈判，争取债务延期，同时争取新的贷款，从而延缓偿还外债的压力，以及增加进口恢复国内生产和消费；二是制定经济稳定计划，抑制通货膨胀，促进经济发展，促进国家收支平衡。两项举措双管齐下，相互助力。

从 1966 年 5 月开始，印度尼西亚与债权国进行了多次会晤与谈判，直到 1966 年 10 月出台经济稳定计划后谈判才取得进展。1966 年 12 月，印度尼西亚延期债务的诉求被提交给巴黎俱乐部。巴黎俱乐部同意将印度尼西亚的债务偿还期限延期到 1971 年，且可以通过 8 次分期偿还。印度尼西亚与债权国在 1967 年的几次会晤中，又争取到了三种新的贷款，包括支持印度尼西亚进口的现金贷款，支持印度尼西亚基础设施建设的贷款，以及提供印度尼西亚粮食、棉花等物资援助（商品信贷）。以美国为首，成立了“多国政府援助印尼集团”（IGGI）。此后，巴黎俱乐部又延展了印度尼西亚偿还贷款的期限，而“多国政府援助印尼集团”给予了印度尼西亚更多的贷款。这极大地减轻了印度尼西亚的经济负担。

在国际货币基金组织的协助下，印度尼西亚 1966 年 10 月出台了经济稳定计划。其中有四大支柱性措施：一是改革经济管理政策，减少政府在经济活动中的直接作用，更多依靠市场机制，发挥政府的间接作用，包括颁布新的法律以简化经济活动的程序，促进经济的发展；二是强化预算纪律，平衡国家收支预算，包括节省部门开支，削减补贴和增加税收等；三是控制货币发行量，抑制恶性通胀，通过调整存贷款利率，控制货币流通量，从而调控货币发行和通胀；四是改革汇率制度，取消双重汇率制度，回归市场决定的单一汇率制，简化进出口贸易程序，从而促进进出口经济贸易。

另外，作为水稻种植和消费大国，大米的价格对印度尼西亚的经济稳定也有着重要的战略意义。印度尼西亚政府通过刺激国内粮食生产政策和安全的进口计划，保障了大米供应安全，以稳定国内经济。

通过种种努力，一定程度上解决了印度尼西亚亟待解决的国内外经济问题。就对外经济而言，外债还款日期的延展和争取到的更多的贷款，解了无法按期偿还外债的燃眉之急，也充盈了外汇储备，推动进出口贸易；就国内经济而言，抑制了恶性通货膨胀，恢复了经济生产。

### 三、1969—1981 年经济建设和石油红利时期

从 1969 年开始，印度尼西亚的恶性通货膨胀问题得到全面有效的控制，经济生产恢复。加上政治稳定，印度尼西亚政府制定了加强经济发展建设的短期（1 年）、中期（5 年）和长期（30 年）发展建设目标，印度尼西亚的经济开始稳步发展。印度尼西亚经济稳定复苏之际，正逢国际石油价格飞速上涨之时，石油出口的红利，促使印度尼西亚的经济也飞速发展。

印度尼西亚拥有丰富的油气资源，于 1962 年加入国际石油输出国组织（OPEC）。从 20 世纪 70 年代开始，石油价格飞速上涨，到 1974 年，石油价格翻了 4 倍，从 1979 年到 1980 年，石油的价格又翻了 2 倍。石油出口的巨额收入，扭转了印度尼西亚的进出口赤字和国内收支赤字不断扩大的局面，充盈的资金使得印度尼西亚可以大力推动各领域的投资建设。印度尼西亚的国内生产总值持续高速增长，1967—1972 年年均增长 10.2%，1972—1980 年年均增长 6.8%。

印度尼西亚政府利用石油出口红利，大力发展农业建设与工业建设。第一个五年建设计划（1969—1974 年），发展农业与基础性工业，储备粮食，保证大米供应安全。第二个五年建设计划（1974—1979 年），继续发展农业，促进粮食生产，并将原材料加工转型为基本材料加工，用农业经济支撑住房和基础设施建设，增加就业机会，促进城市化发展，改善民生。印度尼西亚政府投资建设公路、水利、电力和电信等基础设施建设，带动包括钢铁、水泥、混凝

土、木材加工、冶炼等相关产业的发展，以及发展纺织、化肥等基础工业。

印度尼西亚的经济快速发展，从 1971 年到 1980 年，农业生产率增长了 34%，非油气工业生产率增长了 36%，商业生产率增长了 73%，交通运输生产率增长了 59%。20 世纪 70 年代，随着工业、商业、服务业的发展，印度尼西亚居民从乡村大规模向城市转移，贫困人口数量也有了明显的下降，居民尤其是城市居民人均消费支出有了明显的增长。随着经济的快速发展，印度尼西亚的经济结构也发生了改变。印度尼西亚第一产业占国内生产总值的比例从 1975 年的 27.5% 下降到 1980 年的 20.6%，油气和矿产占国内生产总值的比例从 1975 年的 20.5% 上涨为 1980 年的 26.3%，工业占国内生产总值的比例从 1975 年的 10.9% 上涨为 1980 年的 11.1%。

## 四、1982—1996 年摆脱依赖石油和建设非油气产业时期

印度尼西亚石油出口的红利在 20 世纪 80 年代初终结。1982 年开始，国际油价连续十年暴跌，1982 年每桶 35 美元，1985 年每桶 25 美元，1986 年年中每桶 12 美元，此后油价在每桶 20 美元上下徘徊。石油出口红利的终结，导致印度尼西亚各种经济问题再现，印度尼西亚政府采取种种措施，调控宏观经济，并大力建设非油气产业，摆脱对石油出口的依赖，以恢复和发展经济。印度尼西亚度过危机，并且经济持续快速增长，成为“亚洲四小虎”之一，但金融业的改革与经济泡沫的产生，也为后来的金融危机埋下了伏笔。

20 世纪 70 年代以来，印度尼西亚过度依赖石油出口，到 80 年代初，印度尼西亚出口收入的四分之三，以及国家收支预算的三分之二均来自油气出口，导致印度尼西亚对老油田无节制开采，石油产量到 1977 年达到峰值，此后产量开始下降。随着油价的下跌，印度尼西亚石油出口收入下降。1982 年，印度尼西亚的石油出口收入为 146 亿美元，1985 年下降为 77 亿美元。随着油气出口收入的下降，印度尼西亚政府又面临着进出口贸易赤字和国内收支赤字扩大的问题。

印度尼西亚政府公布了一系列的政策来调控经济。改变印尼盾的汇率，将印尼盾贬值，1983 年印尼盾贬值 28%，1986 年再次贬值 31%，通过印尼盾的贬值来抑制进口、刺激出口。紧缩财政，压缩国家支出预算，取消一些基础

设施建设的项目。加大外交努力以获取更多的贷款。放松对银行等金融业的管制，包括取消银行的贷款上限、给予银行决定存贷利率的自由等，扩大资本市场开放力度，刺激经济发展。改革税务，包括增收所得税、增值税、土地和建筑物税等，以增加非油气收入。放松贸易投资监管，提升印度尼西亚在国际市场上的竞争力，促进非油气产品出口和吸引国际投资。

印度尼西亚政府一系列的政策措施取得了良好的经济效果。从 1986 年到 1996 年，非油气产品的出口收入呈多倍增长，机电产品出口收入增长 53.8 倍，纸浆和造纸业出口的收入增长 40 倍，纺织品出口收入增长 8.4 倍，橡胶出口收入增长 1.6 倍，棕榈油和棕榈籽出口收入增长 8.7 倍。内外投资高速增长，固定资产投资占国内生产总值的比例增长 30%。银行的贷款金额也高速增长。印度尼西亚国内生产总值，1982—1985 年年均增长低于 3%，1986—1988 年年均增长 5.5%，1989—1996 年年均增长 7.3%。印度尼西亚摆脱了对油气出口的依赖，非油气产业的建设取得初步成功。

但对银行等金融业管制和贸易投资监管的放松，导致对金融业治理的疲弱，也推动了房地产、股市等“经济泡沫”的形成，银行贷款的增加也增加了还贷问题的风险。这导致印度尼西亚在接下来的金融危机中失控。

### 五、1997—2004 年亚洲金融危机时期

1997 年，金融危机席卷亚洲，资本纷纷逃离亚洲。首先受冲击的是泰国，然后蔓延到印度尼西亚。国外投资停止流入甚至逃离，使得印度尼西亚的外汇严重失衡，也使印尼盾的汇率出现震荡。印尼盾持续贬值，而美元价格持续上升，引发了人们的恐慌，国内外生产贸易倾向全额付款，且倾向美元支付。印度尼西亚政府控制汇率的努力失效后，引发了更广泛的恐慌。越来越多的企业和居民提取印尼盾抢购美元，或转移财富到国外，或从私人银行、小银行提款存到相对有安全保障的国有银行和大银行，从而引发了更严重的问题。

前期对银行等金融机构管制的放松，导致诸多资质参差不齐的银行纷纷成立，银行贷款上限的取消，导致银行贷款增加，坏账增加，流动资金过少。1997 年 8 月开始，很多居民在银行排队取款，流动资金的匮乏，导致一些银行面临倒闭，只能求助央行提供流动性支持。由于情况继续恶化，从 1997 年

10 月开始，印度尼西亚政府只能求助国际货币基金组织、世界银行和亚洲发展银行以解决危机。

国家货币基金组织给印度尼西亚提供了 100 亿美元的贷款，世界银行和亚洲开发银行给印度尼西亚提供了 80 亿美元的贷款。国际货币基金组织与印度尼西亚政府合作提出了三项经济举措：一是进一步紧缩财政，减少外汇需求；二是整顿银行业，关闭问题银行，恢复金融业信心；三是推动实体经济结构性改革，恢复市场信心。但由于政策虎头蛇尾，印度尼西亚没有全面担保存款的安全，尤其是问题银行的关闭引发更大面积的社会恐慌，人们纷纷排队取款，从而引发了更大范围的银行危机。印度尼西亚国内外资本大规模逃离、转移，导致实体经济的衰退甚至停滞，企业倒闭，工人下岗。再加上 1997 年到 1998 年的厄尔尼诺现象，导致印度尼西亚粮食减产，大米大幅度涨价，带动其他物价上涨，引发了更严重的社会问题。

经济危机引发社会问题进而引发了政治危机，苏哈托于 1998 年 5 月被迫下台，副总统哈比比继任总统。1999 年 10 月至 2001 年 7 月，瓦希德出任总统，2001 年 8 月至 2004 年 10 月，梅加瓦蒂出任总统。1998 年后，三任总统不懈努力，以民主改革稳定政治，与国际货币基金组织进一步合作，多次修改合作意向书，继续整顿银行等金融业，紧缩财政，保障基本需求，促进私有化，等等。到 2004 年，印度尼西亚的经济逐渐稳定，经济开始缓慢增长，从 2000 年到 2004 年，印度尼西亚国内生产总值年均增长 4.5%。

## 六、2004 年以来的经济复兴、危机和出口“繁荣”时期

苏西洛 2004 年 10 月当选总统并于 2009 年大选中连任，佐科・维多多 2014 年当选总统并于 2019 年大选中连任。普拉博沃・苏比安托 2024 年当选总统，印度尼西亚国内政治稳定。稳定的政治环境为印度尼西亚的经济稳定提供了保障。2004 年以来，印度尼西亚政府积极吸引外资，投资基础设施建设，整顿银行等金融产业，扶持中小企业发展，取得了良好的成效。

2004 年以来，国际油价上涨，2003 年国际油价每桶 30 美元，到 2004 年年底油价上涨至每桶 40 美元，2005 年底油价涨到每桶 60 美元，2011 年油价达到每桶 100 美元以上，然而印度尼西亚不再具有石油出口的红利。随着印度

尼西亚国内油气资源的日益枯竭和经济发展对油气资源的需求日益增加，印度尼西亚已从石油输出国转为石油进口国，2008 年 9 月，印度尼西亚宣布退出国际石油输出国组织。伴随国际油价的上涨，印度尼西亚的出口商品包括棕榈油、橡胶、煤炭、矿产等的价格也在上涨，但这些出口商品价格上涨的幅度低于国际油价，以及后期这些出口商品价格下跌时国际油价持续居高不下，也导致印度尼西亚进出口收支赤字问题重现。

2008 年，全球经济危机爆发，印度尼西亚经济因此而动荡，包括外资撤资，导致社会恐慌，本地银行资金流动再次面临危机。印度尼西亚吸取 1998 年经济危机的教训，较好地处理了危机，包括政府实行全面的担保政策，接管陷入危机的小银行，安抚了人们的恐慌情绪，恢复人们对政府和经济的信心。到 2009 年，印度尼西亚的经济得以稳定。

总体而言，这个时期印度尼西亚的经济保持了相对稳定的增长。面对 2008 年全球经济危机的爆发，印度尼西亚也很好地应对和解决了危机。印度尼西亚国内生产总值增长率 2006 年为 5.5%，2007 年为 6.3%，2008 年为 6.0%，2009 年为 4.6%，2010 年为 6.2%，2011 年为 6.5%，2012 年为 6.3%，直到 2020 年新冠疫情全面暴发前增长率均在 5% 左右，到 2022 年，印度尼西亚的国内生产总值增速再度回归 5% 以上。根据国际货币基金组织 2024 年 4 月发布的数据，印度尼西亚 2023 年国民生产总值为 1.37 万亿美元，在有国内生产总值数据的 185 个国家或地区中排名第 16 位，相较于 2022 年的 1.32 万亿美元，增长 3.9%。印度尼西亚 2023 年人均国内生产总值为 4942 美元，处于世界银行确定的中高收入国家行列。

**思考题：**

1. 印度尼西亚的经济发展经历了哪些阶段？
2. 哪些因素影响了印度尼西亚经济的发展？

# 第十三章　农业经济①

印度尼西亚的气候特别适合各种农作物和经济作物的生长，印度尼西亚也一直是一个农业生产大国。但随着产业结构的升级，农业占印度尼西亚国内生产总值的比重逐年降低，20 世纪 60 年代占国内生产总值的一半以上，到 20 世纪 90 年代下降到国内生产总值的 20% 以下，到 2018 年占国内生产总值的 12.8%。尽管如此，农业一直在印度尼西亚的经济结构中占有非常重要的地位，为工业发展提供了大量的资金、原料和市场。印度尼西亚的农业经济中，种植业的产值占到 60% 以上，而种植业又以水稻种植为主。

## 第一节　农业资源

印度尼西亚的陆地面积约 191 万平方千米。印度尼西亚的农业总用地为 6230 万公顷，即 62.3 万平方千米，占到印度尼西亚陆地面积的约 32.62%。其中耕地和永久耕地面积为 5130 万公顷，位居世界第八位，永久牧场有 1100 万公顷，位居世界第十六位。2019 年，印度尼西亚 15 岁以上的从事农业生产的人口约 3811 万人，占总体就业人数的约 29.46%。印度尼西亚的种植业主要分布在爪哇岛，其次在苏门答腊岛和苏拉威西岛。

---

① 参见王勇辉等:《印度尼西亚农业》，北京：中国农业出版社，2021 年；吴崇伯:《当代印度尼西亚经济研究》，厦门：厦门大学出版社，2011 年；农业农村部对外经济合作中心:《全球重点国家农业发展情况系列研究报告 · 亚洲 · 东南亚篇 · 印度尼西亚》，北京：中国农业出版社，2019 年；何政主编:《印度尼西亚经济社会地理》，广州：世界图书出版广东有限公司，2014 年；印度尼西亚中央统计局，http://www.bps.go.id/ ；等等。

印度尼西亚主要的粮食作物是稻谷、玉米、甘薯、木薯、大豆等，是东南亚最大的稻谷、玉米、大豆生产国和第二大的木薯生产国。印度尼西亚主要的经济作物是甘蔗、茶、棕榈油、天然橡胶、咖啡、椰子、可可，以及肉豆蔻、胡椒、丁香等香料，是世界最大的棕榈油生产国，世界第二大的橡胶生产国，以及咖啡、可可的生产大国。印度尼西亚主要的水果有香蕉、杧果、木瓜、菠萝、榴梿、山竹、蛇皮果、红毛丹、莲雾等。

印度尼西亚的农业和畜牧业有着良好的气候和土壤条件，但其生产技术相对落后，以小农生产为主，生产技术和基础设施建设落后，其大米、大豆、玉米等主要粮食作物还依赖进口，棕榈油等经济作物的单位面积产量偏低。

## 第二节　粮食作物生产

### 一、稻谷

印度尼西亚气候与土壤条件适合水稻种植，印度尼西亚人民饮食结构以大米为主，稻谷是印度尼西亚粮食作物中的重中之重，占到印度尼西亚农业生产总值的一半以上。其中，水稻种植主要分布在爪哇岛以及苏门答腊岛和苏拉威西岛等灌溉条件好的地区，其他岛屿主要以旱稻种植为主。

印度尼西亚全年温度均衡，水稻一年可种植三季。气候的变化尤其是厄尔尼诺现象严重影响印度尼西亚水稻产量，而其产量关乎整个印度尼西亚的民生，因此，印度尼西亚一直非常重视稻谷的种植和大米的供应安全问题。从20世纪60年代开始，印度尼西亚政府出台了种种政策和措施以提高稻谷的产量，积极引进外来投资和技术以逐步实现粮食自给自足。

印度尼西亚中央统计局公布的数据显示，2019年，印度尼西亚水稻收割总面积为1068万公顷，稻谷产量为5460万吨。其中，爪哇岛六个省份的水稻收割面积为537.63万公顷，产量为3033万吨，占印度尼西亚水稻收割总面积的50.34%，占印度尼西亚水稻产量的55.55%。由此可知，爪哇岛是印度尼西亚主要的稻谷种植生产地区。从水稻种植的生产率来看，位居第一的是苏门答腊岛，每公顷的产量达到5.75吨，爪哇岛位居第二，每公顷产量为5.64吨，然后依次是努沙登加拉群岛、苏拉威西岛、新几内亚岛、马鲁古群岛，加里曼丹岛居于末位。

## 二、玉米

印度尼西亚的玉米生产，一是作为杂粮分担稻谷等粮食作物的需求压力，二是作为畜牧饲料，供养鸡业和养牛业的发展，三是提取玉米油供应饮食用油。20 世纪 80 年代以来，印度尼西亚政府鼓励玉米生产，希望可以停止玉米进口，促进玉米自给自足。20 世纪 90 年代以来，印度尼西亚的玉米种植面积长期保持在 350 万公顷左右。2009 年，印度尼西亚的玉米种植面积达到 416 万公顷，此后又逐渐下降，到 2015 年种植面积为 378 万公顷。随着技术的进步，印度尼西亚玉米产量逐年上涨，到 2003 年突破了 1000 万吨，此后产量持续增长，2010 年玉米产量达到 1836 万吨，2015 年玉米产量接近 2000 万吨，2018 年玉米产量超过 3000 万吨。此后，印尼玉米产量又有下降，2022 年，印尼玉米产量为 2518 万吨。

## 三、大豆

大豆在印度尼西亚经济生活中也占有重要地位，印度尼西亚人尤为喜欢大豆制作的特色食品，包括豆腐、豆芽、发酵豆饼等，也喜欢添加豆酱的虾酱、鱼露和小鱼干。印度尼西亚大豆的产量在 20 世纪 80 年代中期上升，1985 年产量为 86 万吨，1986 年产量增加到 122 万吨，到 1992 年产量增长到最高值 186 万吨，此后产量逐渐下降，到 1995 年后迅速下降，2000 年大豆产量为 86 万吨，跌破 100 万吨，此后印度尼西亚大豆的产量一直低于 100 万吨。印度尼西亚大豆的产量不高，但印度尼西亚人民对大豆的需求量逐年上升，这也使得印度尼西亚的大豆进口量持续增加。印度尼西亚主要从美国和阿根廷进口大豆。2019 年，印度尼西亚社会对大豆的需求量为 440 万吨，需要从美国进口 300 多万吨大豆，以满足国内社会的需求。

印度尼西亚大豆的主要产地也是爪哇岛，2015 年，爪哇岛大豆的收获面积为 36 万公顷，产量为 60 万吨，占印度尼西亚全国大豆产量的 62.28%。除爪哇岛外，大豆的产量由高到低依次是努沙登加拉群岛、苏拉威西岛、苏门答腊岛、加里曼丹岛、新几内亚岛等。从大豆的生产率来看，位居第一的是努沙登加拉群岛，生产率达到每公顷 2.1 吨，其次是爪哇岛，生产率为每公顷 1.68 吨，然后是苏拉威西岛，每公顷 1.66 吨，此后依次为加里曼丹岛、苏门答腊岛、新几内亚岛和马鲁古群岛。

### 四、木薯

木薯是印度尼西亚人钟爱的食物之一，可作为主食，可以作为小吃和加工食品的主要原材料，也可以作为动物饲料。印度尼西亚的气候和土壤适合木薯的生长，因此，其生产率较高，但印度尼西亚木薯种植的土地面积不多，木薯生产难以满足国内社会需求，需要向泰国等国家进口。印度尼西亚木薯的生产地主要在爪哇岛和苏门答腊岛，两地木薯产量近全国总产量的 80%。印度尼西亚木薯产量在 20 世纪 90 年代已经突破 1000 万吨，此后产量逐步增加，到 2008 年产量突破 2000 万吨，到 2015 年一直都保持在 2000 万吨左右。

2015 年，印度尼西亚木薯产量位居第一的是苏门答腊岛，其次是爪哇岛，此后依次为苏拉威西岛、努沙登加拉群岛、加里曼丹岛、马鲁古群岛和西新几内亚岛。以木薯的生产率来看，位居第一的是苏门答腊岛，每公顷产量为 27.43 吨，其次是马鲁古群岛每公顷产量为 24.52 吨，苏拉威西岛每公顷产量为 20.33 吨，加里曼丹岛每公顷产量为 18.08 吨，爪哇岛每公顷产量为 17.77 吨，而努沙登加拉群岛和西新几内亚岛每公顷产量仅 11 吨多。苏门答腊岛和马鲁古群岛的木薯生产率远高于其他地区，这也是苏门答腊岛的木薯耕种面积低于爪哇岛却总产量更高的原因。

## 第三节　经济作物生产

### 一、棕榈油

棕榈油提炼于世界上产油量最大的热带木本油料作物油棕树的果子棕榈果，可以广泛用在餐饮业、食品加工业和油脂化工业等领域，用作食用油、生物柴油和生物燃料。印度尼西亚的气候和土壤环境适宜油棕树的生长，是世界上最大的棕榈油生产国，如今占有全球 50% 以上的市场份额，但印度尼西亚并不是棕榈油的原产地。棕榈树原产于非洲西部，19 世纪中叶被荷兰人作为观赏植物引入到印度尼西亚的爪哇岛，直到 20 世纪初才被商业化种植，用作油料。

油棕树的产油率最高，是花生油的 5 倍，生产 1 吨棕榈油所需的土地仅为同等产量的大豆油、菜籽油、葵花油的八分之一。但油棕树刚在印度尼西亚商业化种植时，产量并不高，因为需要大量的劳动力进行人工授粉，种植成本太高。后来发现采用油棕象鼻虫授粉后，棕榈油的产量暴增，印度尼西亚才开始更大规模地种植油棕树。

印度尼西亚棕榈油的主要生产地为苏门答腊岛和加里曼丹岛，两地的棕榈油产量达到全国总产量的 90% 以上。其中，苏门答腊岛是棕榈油最主要的产地，产量可占到全国总产量的 50% 以上。而油棕树的种植模式主要有三种：一是大型私营企业种植园，二是国有企业种植园，三是个体农户的小型种植园。如今，三种模式的种植园中，大型私营企业种植园是产业支柱，其产量占到全国总产量的 48%，其次是个体农户的小型种植园，产量占到全国总产量的 40%，最后是国有企业种植园，产量占到全国总产量的 12%。

从产量来看，印度尼西亚的棕榈油产量自 2008 年起超越马来西亚。印度尼西亚中央统计局的数据显示，自 2012 年到 2019 年，马来西亚棕榈油连续 8 年增产，2014 年棕榈油的产量突破 3000 万吨，2018 年突破 4000 万吨。2019 年，印度尼西亚油棕的种植面积为 1472.5 万公顷，棕榈油的产量为 4586.1 万吨。2020 年棕榈油产量为 4829.69 万吨，2021 年为 4622.33 万吨，2022 年为 4681.97 万吨，2023 年为 4698.61 万吨。2019 年，苏门答腊岛的棕榈油产量占全国总产量的 59.33%，加里曼丹岛的棕榈油产量占全国总产量的 37.06%，两地棕榈油产量占到全国总产量的 96.39%。各地区棕榈油的生产率为每公顷 2—3 吨。

棕榈油产业已成为印度尼西亚支柱性产业之一，对印度尼西亚的经济贡献率高达 5%。影响棕榈油产量的因素主要是降水量和树龄。生产棕榈油的油棕树，通常 2—3 年开始结果，8—15 年进入结果盛产期，20 年后开始老化，最长寿命为 25—30 年，因此，油棕树最多产油 25 年。油棕树老化，需要砍伐重新种植。如今印度尼西亚的油棕树大多数处于盛产期，需要不断扩大种植面积和更换老化的油棕树，稳定盛产期油棕树的数量，以保证棕榈油的产量。

印度尼西亚棕榈油产量中约 70% 出口进入国际市场，最主要的出口国家和地区是中国、印度和欧盟。印度尼西亚中央统计局发布的数据显示，从 2012 年到 2023 年多数时间里，印度是印度尼西亚最大的棕榈油出口市场，其中，2019 年、2021 年、2023 年，中国是印度尼西亚最大的棕榈油出口市场。

## 二、天然橡胶

天然橡胶是由从巴西橡胶树上采集天然的胶乳，通过凝固、干燥等程序加工而成的。天然橡胶既是农产品又是工业品，广泛用于农业、工业、国防、交通运输、医药卫生和日常生活各个领域，可以制成轮胎、鞋子、手套等，作为工业原料，天然橡胶是国防、航空和基础设施建设的重要基础原料之一。目前，印度尼西亚是全球第二大天然橡胶的生产国和出口国，仅次于泰国。然而，同棕榈油一样，生产天然橡胶的橡胶树并非原产自印度尼西亚。橡胶树原产于巴西的亚马孙河流域，后被引入世界各地，如今已经分布在亚洲、非洲、拉丁美洲和大洋洲 40 多个国家和地区。东南亚地区是天然橡胶种植的主要地区，其产量占到全球的 60% 左右，其中又以泰国、印度尼西亚和马来西亚为主。

印度尼西亚从 20 世纪初开始商业种植橡胶树。印度尼西亚各地区的气候和土壤均适合种植橡胶树，如今橡胶树种植主要分布在苏门答腊岛和加里曼丹岛，其中苏门答腊岛是最主要的种植地，其橡胶树种植面积占到全国种植面积的 70% 以上。印度尼西亚的橡胶树种植模式也分为国营胶园、私营胶园和个体农户胶园三种，主要以个体农户的小型种植园为主，占到全国橡胶树种植面积的 80% 以上，其余的大致由国营和私营胶园平分。

从产量来看，印度尼西亚天然橡胶的生产率不高，每公顷的产量约 1188 千克，低于泰国和马来西亚等国。根据联合国商品贸易统计数据库公布的数据，印度尼西亚的天然橡胶产量在 300 万吨上下，2012 年为 301.27 万吨，2013 年为 323.74 万吨，2018 年为 363.03 万吨，2019 年为 344.9 万吨，2020 年为 288.46 万吨，2021 年为 312.13 万吨，2022 年为 271.71 万吨，2023 年为

265.12 万吨。

印度尼西亚的天然橡胶主要用于出口，出口天然橡胶占到全国产量的 80% 以上。2019 年，印度尼西亚天然橡胶出口量为 237.75 万吨。出口方式主要是新加坡的营销商采购和跨国的大型轮胎公司采购。印度尼西亚天然橡胶主要出口到亚洲、北美洲和欧洲，最主要出口市场是美国、日本、中国、印度和韩国。美国是世界上天然橡胶消费第二大国，但美国的自然环境不适合橡胶树的种植，因此其天然橡胶只能依赖进口，而其最主要的天然橡胶进口国即印度尼西亚，从印度尼西亚进口的天然橡胶占到美国天然橡胶进口总量的约 60%，因此，美国成为印度尼西亚天然橡胶最大的出口市场。日本也是相似的情况，主要从印度尼西亚进口天然橡胶，成为印度尼西亚第二大天然橡胶出口市场。中国是世界上天然橡胶消费最大的国家，中国有些地区可以种植橡胶树，但产量不足以供给消费，自给率仅在 20% 左右，高度依赖进口。中国主要从泰国进口天然橡胶，占到进口总量的 50% 以上，其次从马来西亚进口，印度尼西亚位居第三，而中国也成为印度尼西亚第三大天然橡胶出口市场。

### 三、咖啡

咖啡树只适合生长在热带、亚热带地区，印度尼西亚的气候和土壤环境非常适合咖啡树的种植。17 世纪末，荷兰东印度公司将咖啡引进到印度尼西亚，从 18 世纪开始向欧洲出口，直到印度尼西亚独立前，荷兰东印度公司都是世界上最重要的咖啡供应商。如今，印度尼西亚咖啡种植园的面积约 130 万公顷，位列世界第一，但仅是世界第四大咖啡生产和出口国，排在巴西、越南和哥伦比亚之后。巴西的咖啡种植园面积仅 65 万公顷，可见印度尼西亚的咖啡生产率低于巴西、越南等国家。

印度尼西亚的咖啡树约 27 亿株，广泛分布于爪哇岛、苏门答腊岛、苏拉威西岛、巴厘岛和弗洛勒斯岛。其中苏门答腊岛是印度尼西亚咖啡的主要生产地，2019 年，苏门答腊岛的咖啡产量为 54.6 万吨，占到全国咖啡总产量的 71.7%。印度尼西亚咖啡的产量近年来保持在 70 万—80 万吨，2020 年的产量为 75.39 万吨，2021 年产量为 77.46 万吨，2022 年产量为 77.5 万吨，2023 年产量为 76 万吨。印度尼西亚咖啡种植模式以小农户种植为主，大型种植园被油棕树和橡胶树等经济作物替代，2019 年，小农户种植园的咖啡种植面积为 121.6 万公顷，占到印度尼西亚全国咖啡种植面积的 96.7%。由于印度尼西亚种植咖啡的农户很少使用化学肥料，加上采摘技术不成熟，其咖啡的生产率较低，从 2019 年的数据来看，苏门答腊岛的咖啡生产率最高，每公顷咖啡产量为 0.7 吨，爪哇岛每公顷咖啡产量为 0.55 吨，其他地区每公顷咖啡产量均低于 0.5 吨。而越南的咖啡生产率高达每公顷 2.7 吨。但是，因为不使用化学肥料，印度尼西亚咖啡的口感品质更佳，国际售价更高。

印度尼西亚国内的咖啡消费量逐年递增，但其大部分的咖啡仍用于出口，每年咖啡的出口量波动较大，2009 年、2013 年，咖啡出口量超过 50 万吨，而 2018 年、2023 年，咖啡出口量低于 30 万吨。印度尼西亚主要的咖啡出口市场是美国、德国、意大利、日本、新加坡和马来西亚等国家。

## 四、可可

可可喜欢温度高、湿度大和土壤肥沃的生态环境，印度尼西亚的气候与土壤环境很适合可可生长。可可原产于非洲西部，后被殖民者引入南美洲和东南亚。16 世纪中叶，西班牙人将可可引入印度尼西亚的苏拉威西岛。此后，荷兰人又将可可引入印度尼西亚的爪哇岛和苏门答腊岛。21 世纪以来，亚洲的可可产量迅速增加，以印度尼西亚和马来西亚为最。如今，印度尼西亚是世界第三大可可生产国和主要的可可供应国。印度尼西亚可可树种植模式也是以小农户种植园为主，占到全国可可种植面积的 90% 以上。

印度尼西亚的可可树种植面积从 2000 年的 80 万公顷增长到 2012 年的 177.45 万公顷，此后又逐年减少，2018 年可可种植面积为 167.83 万公顷，2019 年为 160.03 万公顷。印度尼西亚可可的产量常年在 50 万—80 万吨。可可产量从 2000 年的 40.8 万吨增长到 2010 年的 83.79 万吨，此后产量波动性降低，2018 年产量为 59.38 万吨，2020 年产量为 71.34 万吨，2021 年产量为 70.65 万吨，2022 年产量为 65.06 万吨，2023 年的产量为 64.17 万吨。印度尼西亚可可产量降低的原因一方面是可可树种植面积从 2012 年开始减少，被橡胶树、油棕树和玉米等代替，另一方面是气候变化、管理不善和可可树衰老等因素导致可可的生产率降低。

印度尼西亚可可的主要产区在苏拉威西岛，这里的可可树种植面积占到全国的 55% 以上。2019 年，印度尼西亚可可产量为 78.41 万吨，其中，苏拉威西岛的产量为 46.6 万吨，占到全国总产量的 59.43%。可可的第二大种植区在苏门答腊岛，2019 年的可可产量为 20.9 万吨。就 2019 年可可的生产率来看，苏门答腊岛的可可生产率最高，每公顷可可产量为 0.56 吨，其次是苏拉威西岛，每公顷可可产量为 0.5 吨，爪哇岛位居第三，每公顷可可产量为 0.49 吨，其他地区包括努沙登加拉群岛、马鲁古群岛、新几内亚岛和加里曼丹岛每公顷可可产量均低于 0.4 吨。

印度尼西亚是全球第三大可可生产国和出口国，但其生产的可可大部分用于满足国内消费者需求，每年出口的可可产量仅占总产量的 10% 左右，甚至在可可减产时需要进口可可以满足国内消费者需求。印度尼西亚可可出口量整体上呈现下降的趋势，2013 年可可出口量为 18.84 万吨，而 2018 年的可可出口量仅为 2.78 万吨。印度尼西亚的可可主要出口到美国、德国、新加坡、马来西亚、泰国等国家。

## 五、椰子

椰子既可以作为水果吃椰肉喝椰汁，又可以作为油料作物提炼椰油，还可以制作椰奶等美食，是印度尼西亚人最欢迎的食物之一。椰子树是热带作物，适宜生长在高温多雨的环境中，原产地就在亚洲热带地区，通过自然传播的方式繁衍于热带沿海岛屿。印度尼西亚的椰子树便是这样自然生长繁衍的。20 世纪，印度尼西亚开始人工种植椰子，如今，印度尼西亚的椰子种植面积位居世界第二，但其椰子的产量位居世界第一。印度尼西亚的椰子种植模式也是以小农户种植园为主，种植面积占到全国椰子种植园总面积的 97% 左右。

印度尼西亚的椰子产区分布各地，最主要的产区在苏门答腊岛、爪哇岛和苏拉威西岛。近十几年来，印度尼西亚椰子种植面积逐年下降，从 2012 年的 378.17 万公顷，下降到 2019 年的 341.3 万公顷。因为椰子种植面积的逐年降低，椰子的产量也呈现降低趋势。从 2013 年的 305.16 万吨下降到 2019 年的 282.8 万吨，2020 年产量为 281.19 万吨，2021 年增加到 285.33 万吨，2022 年产量为 286.71 万吨，2023 年的产量为 289.09 万吨。因为小农户种植园占多数，缺乏专业种植知识和技术，所以椰子的生产率较低，自 2011 年以来，椰子产量常年保持在每公顷 0.7—0.8 吨。就 2019 年各产区椰子生产率来看，生产率最高的是马鲁古群岛，每公顷椰子产量为 0.99 吨，其次是苏门答腊岛，每公顷椰子产量为 0.86 吨，然后是苏拉威西岛，每公顷椰子产量为 0.85 吨，爪哇岛每公顷椰子产量为 0.81 吨，其他种植产区包括努沙登加拉群岛、新几内亚岛和加里曼丹岛，每公顷椰子产量均在 0.7 吨以下。

印度尼西亚是世界最大的椰子生产国和出口国，而其生产的椰子绝大部分用于满足国内消费者需求。印度尼西亚每年的椰子产量约 300 万吨，而用于出口的仅十几万吨，占到全国椰子产量的 5% 左右。印度尼西亚的椰子主要出口到荷兰、中国、美国和马来西亚等国家。

## 六、茶

茶树喜欢温暖湿润的气候，原产于中国，后传播到日本和欧洲等地。印度尼西亚的气候和土壤环境也适合种植茶树，17 世纪末期，荷兰殖民者将茶树从日本和中国引入印度尼西亚爪哇岛种植，印度尼西亚成为世界上第三个种植茶树的国家。在 20 世纪初，印度尼西亚曾是世界第三大产茶国，如今是世界第六大产茶国。印度尼西亚的茶叶种植模式以私营的大规模种植园和国有种植园为主，小农户种植园的茶树种植面积在 2019 年仅占全国茶树种植总面积的 12.56%。

印度尼西亚的茶叶产区主要在爪哇岛和苏门答腊岛，其中爪哇岛西部和中部地区茶树种植面积占到全国茶树种植总面积的 83% 以上。印度尼西亚的茶树种植面积自 2011 年以来呈现逐年下降的趋势，2011 年的茶树种植面积为 12.33 万公顷，到 2019 年下降为 10.88 万公顷。印度尼西亚茶叶的产量，因种植面积的减少、茶树的老化和厄尔尼诺现象等因素，也呈现波动和减少的趋势，2012 年的茶叶产量为 14.34 万吨，2014 年茶叶产量增长为 15.44 万吨，2015 年、2016 年受厄尔尼诺现象的影响，茶叶产量均低于 14 万吨，2017 年、2018 年茶叶产量又恢复到 14 万吨，到 2019 年茶叶产量又降到 13.8 万吨，2020 年产量为 12.79 万吨，2021 年增长为 14.51 万吨，2022 年又下降到 12.47 万吨，2023 年的产量为 12.27 万吨。从茶叶的生产率来看，印度尼西亚的茶叶生产率受气候影响波动较大，2019 年茶叶生产率最高的地区是苏门答腊岛，每公顷茶叶产量为 1.92 吨，而爪哇岛的茶叶生产率为每公顷 1.18 吨。

印度尼西亚是世界第六大茶叶生产国和出口国，其生产的茶叶超过一半用于满足国内消费者需求。随着国内消费者需求的增加和茶叶产量的减少，印度尼西亚的茶叶出口量逐年减少，2012 年的茶叶出口量为 7.01 万吨，到 2018 年下降到 4.9 万吨。印度尼西亚的茶叶主要出口到俄罗斯、英国、马来西亚、巴基斯坦、德国、美国、波兰、阿拉伯联合酋长国、乌克兰和荷兰等国家。

## 七、甘蔗

甘蔗是温带和热带农作物，喜欢温暖、阳光充足的环境，原产于印度，现在被广泛种植于热带、亚热带地区，种植面积最大的国家是巴西，其后是印度、中国、古巴、泰国等国家。甘蔗可以直接食用，也是制造蔗糖的原材料，是印度尼西亚主要的经济作物之一。印度尼西亚的制糖业起源于 17 世纪，到 20 世纪初发展到鼎盛时期。后因战争和糖价下降，甘蔗被油棕树、橡胶树等经济作物替代，印度尼西亚的制糖业衰落。

2008 年以来，印度尼西亚每年甘蔗的产量在 200 万—260 万吨，2008 年为 266.84 万吨，2014 年为 257.92 万吨，2019 年为 225.8 万吨，2020 年为 213.07 万吨，2021 年为 241.84 万吨，2022 年为 240.26 万吨，2023 年为 227.1 万吨。印度尼西亚的甘蔗种植如今以小农户种植园为主，2019 年印度尼西亚小农户甘蔗种植园面积为 23.3 万公顷，占全国甘蔗种植园总面积的 56.8%。印度尼西亚的甘蔗产区主要在爪哇岛、苏门答腊岛，两个岛屿的甘蔗种植园面积占到了全国甘蔗种植园总面积的 90% 以上，其中，爪哇岛的甘蔗种植面积占到全国甘蔗种植总面积的 55% 以上。就印度尼西亚 2019 年甘蔗生产率来看，爪哇岛的生产率最高，每公顷产量为 5.6 吨，其次是苏门答腊岛，每公顷产量为 5.5 吨，其他地区的生产率均低于每公顷 5 吨。

印度尼西亚的甘蔗主要用于提取蔗糖，在 20 世纪 30 年代之前，多出口到欧洲市场。后因制糖业衰落，印度尼西亚的甘蔗直接用于国内消费，但仍无法实现白糖的自给自足，还需要从国外进口以满足国内消费者需求。

## 第四节　农业政策

作为农业大国，农业发展关乎民生大计，印度尼西亚政府一直将推动农业发展视为重点工作。印度尼西亚的五年经济建设计划中，前五期均将农业发展作为重点优先发展对象，到第六期五年经济建设计划才将发展重点转移到发展工业，但仍以农业作为后盾。印度尼西亚政府颁布了各种有关农村、农业、农民的政策法令，以促进农业发展。

### 一、土地政策

土地是农业的根本，为了让农民有地可种和获得更多的耕地，印度尼西亚政府一方面实行土地改革，给农民分配土地，另一方面鼓励移民开荒，增加耕地的面积。

印度尼西亚独立建国后，1960 年颁布了《土地基本法令》，规定只有印度尼西亚国籍的人才可以拥有土地的所有权，规定了占有土地面积的最高和最低额度，以及土地的所有权、开发权、建筑权、使用权等各种土地权力。该政策的主要目的在于减少帝国主义资本对土地的占有，调整农民与地主之间的关系。从 1960 年到 2000 年，根据该政策分配的土地有 88.5 万公顷，不到全国耕地面积的 2%，获得土地的农户也不到全国农户的 7%。

政府还从 20 世纪 60 年代起制定了鼓励移民开荒以增加耕地面积的政策。印度尼西亚政府以土地、贷款和劳动工具等，吸引居民从人口密集的岛屿，主要是爪哇岛，迁移到土地面积广、垦殖指数低的岛屿，如苏门答腊岛、苏拉威西岛、加里曼丹岛和西新几内亚岛。如今，印度尼西亚全国预计仍有上千万公顷的土地可以投资开发。

2018 年 9 月 24 日与土地有关的第 86 号总统条例签署，目的在于规范土地所有权，实现土地再分配，减少土地所有权的不平等，处理土地纠纷问题，促进农业的繁荣发展，创造就业机会，减少贫困。

### 二、粮食政策

为了保证国内粮食供给安全，增加粮食产量、储备量和稳定粮价，印度尼西亚政府制定了多项政策。

一是引进、培育、推广和普及农作物新品种，以提高单位面积产量。包括培育和推广单位面积产量更高的杂交稻种、玉米，和成熟周期更短、更抗病的优良大豆品种等。

二是成立专门的机构负责管理粮价和粮食储备。成立国家粮食后勤总署，建立省级和县级的粮食机构。其中，国家粮食后勤总署直接向内阁汇报工作，并决定大米的价格、进出口和储备量，同时也规定玉米、大豆等粮食的最低价格，通过各种措施，使粮食价格维持在国家调控范围内。

三是规定粮食的最高和最低价格，稳定农民收入和保护消费者利益。从1970年开始，印度尼西亚政府对大米、稻谷、玉米等粮食实行基本价格政策，基本价格会根据物价上涨的幅度不断变化。如果粮食的市场价低于基本价格，政府就会以基本价收购，如果粮食的市场价接近甚至高于基本价格，政府就会抛售以维持最高价格。

## 三、农业投资政策

20世纪90年代以后，包括第六个经济建设计划时期，政府将发展重点转移到工业，印度尼西亚的粮食减产，无法自给自足，需要再次进口。为了发展农业，印度尼西亚政府采取了多项增加农业投资的政策。

一是增加对农业生产的投资。包括增加农业的财政预算、提供农业相关信贷的津贴支持、发放优良种子、提供相对便宜的化肥、分配肥料、提供化肥补贴等，以促进粮食增产。

二是加大对农业基础设施建设的投资力度。印度尼西亚政府增加的财政预算主要用于农业基础设施建设，包括修建水坝、水库等农业灌溉设施，通过提供信贷津贴促进畜牧养殖场、粮食生产加工厂、农业种植园等的建设。

三是注重引进外资发展农业。印度尼西亚爪哇岛人口密集，垦殖率较高，而其他岛屿的垦殖率较低，仍有大量的土地有待开发。为了进一步发展农业，印度尼西亚放宽了外资投资农业的政策，以吸引外资。沙特阿拉伯政府为保障粮食安全，推出各种政策鼓励企业在海外投资农业，返销沙特阿拉伯。印度尼西亚成为沙特企业的首选地之一。韩国的一些集团也在印度尼西亚投资或购买土地，种植粮食返销韩国。

## 四、农村政策

关于农民社区发展，印度尼西亚政府制定了各种法律法规和发展计划。法律法规包括关于乡村发展的法规准则，关于农村发展资金的国家预算和分配法规，关于法律法规实施的解释性法规，等等。发展计划包括乡村扶贫计划，商业资本援助农村农业的发展计划，农村基础设施建设计划和农村农业企业家培养计划，等等。

## 五、农民文化技术培训政策

1989 年，印度尼西亚政府与联合国粮农组织合作，率先开展了“农民田间学校”项目。让农业专家、技术人员与农民互动，在互动式学习中，让农民掌握更多的农业专业知识和技术。同时让农学专业的学生到地里田间学习互动，成为更加专业的专家学者。项目开展以来，印度尼西亚开办了几万所农民田间学校，培训了上百万名农民，该模式也被推广到亚洲、非洲和欧洲许多国家。

**思考题：**

1. 印度尼西亚主要的粮食作物有哪些？
2. 印度尼西亚主要的经济作物有哪些？
3. 印度尼西亚畜牧业的主要产品有哪些？

# 第十四章　工业经济

在印度尼西亚的国民经济中，农业、工业和服务业均有着重要的地位。印度尼西亚的产业结构已经从农业为主型转变为工业为主型再转变为服务业为主型。如今，第二产业仍然是印度尼西亚的支柱产业，其中又以工业为主，建筑业为辅。工业经济中又以制造业为主，其次是采矿业，最后是电力、燃气及水的生产供应业。

## 第一节　工业资源

### 一、自然资源

印度尼西亚拥有丰富的自然资源以促进工业经济的发展。首先是丰富的矿产资源，包括石油、天然气、煤炭等油气燃料资源，镍、锡、铅、铜、铝矾土、金刚石、金、银、锰、铬等金属资源，以及石灰石、大理石、花岗岩等石矿资源，这些资源为印度尼西亚的能源工业、采矿业、冶金工业、化工工业等的发展提供了基础资源。其次是丰富的动植物资源，为印度尼西亚的制造业、纺织工业等的发展提供了基础资源。还有丰富的农业资源、水产资源等，为印度尼西亚的粮食 / 食品加工业、制造业等的发展提供了基础资源。

### 二、人力资源

根据印度尼西亚中央统计局公布的数据可知，印度尼西亚 2024 年年中的人口约 2.82 亿，其中年龄在 15 岁及以上的人口约 2.14 亿，其中 15—60 岁的人口约 1.82 亿。印度尼西亚城镇化率约 58.57%。2023 年，印度尼西亚城乡小学及同等学历教育完成率为 97.83%，中学及同等学历教育完成率为 90.44%，高中及同等学历教育完成率为 66.79%。印度尼西亚有着丰富的人力资源，以满足其工业生产所需。

## 三、市场

印度尼西亚拥有巨大的国内消费市场。CEIC（香港环亚经济数据有限公司）数据显示，印度尼西亚人均国内生产总值从 2016 年的 3601.982 美元增长到了 2023 年的 4914 美元。2022 年，印度尼西亚人口约 2.76 亿，人均国内生产总值为 4783.269 美元，人均家庭支出为 1072.966 美元。印度尼西亚是东盟经济规模最大的经济体，且保持着较高的经济增速，消费是其经济增长最稳定的动力，其净出口、投资、消费对国内经济发展的贡献度约为 3%、33%、63%。[①] 由此可见，印度尼西亚拥有巨大的国内消费市场，可以支撑其工业生产。

印度尼西亚也拥有巨大的国际消费市场。东盟拥有共同有效的优惠关税计划，在此计划下，东盟内部所有的工业产品只征收 5% 以下的进口关税，这为印度尼西亚的工业产品出口到东盟其他国家创造了价格优势。东盟还分别与中国、日本、韩国、印度、澳大利亚、新西兰等签订了《区域全面经济伙伴关系协定》（RCEP），建成了当前世界上人口最多、经济规模最大和最具发展潜力的自由贸易区。印度尼西亚作为东盟成员，与其他各国签署自由贸易协定，扩大了其工业产品的出口市场。

## 四、基础设施

印度尼西亚的基础设施主要由中央政府出资建设，私营企业、地方政府和国营企业也会出资建设。中央政府划拨的基础设施建设经费仅占到国民生产总值的 1.5% 左右。印度尼西亚的基础设施仍然落后，缺乏道路交通、港口、电力、水利等基础设施。这一方面阻碍了印度尼西亚经济发展，导致有些本地

---

① 张亚澜、郭嘉沂:《印尼宏观经济概览》，https://app.cibresearch.com/shareUrl?name=402388a08a4f8a31018a5f74b7d93f82[2023-09-04/2024-03-04]。

产品的价格比进口产品价格更贵，很多跨国公司因为印度尼西亚的基础设施建设落后而放弃投资；另一方面，为印度尼西亚的工业发展提供了发展空间，基础设施建设需要大量的建材，可以刺激其相关产业的发展，同时也给了外资和私营企业更多参与的机会。

## 第二节　工业生产

印度尼西亚的工业生产包括能源工业、冶金工业、制造工业、采矿业、化工工业、建筑材料工业、粮食 / 食品加工业和消费品工业。其中以能源工业、制造工业和采矿业为主，对印度尼西亚的国内经济发展发挥了重要的支撑作用。

### 一、能源工业

印度尼西亚的能源工业又可以细分为油气工业、煤炭工业、电力工业和新兴清洁能源工业几大板块。

1. 油气工业

印度尼西亚地处欧亚大陆板块、太平洋板块和印度—澳洲板块交界接触带，丰富的森林资源和海洋资源也使其拥有丰富的石油、天然气资源。印度尼西亚是东南亚的主要产油国，曾是国际石油输出国组织成员国之一，也是全球最大的液化天然气生产国之一。石油和天然气工业是印度尼西亚国民经济的支柱产业，其中尤以石油产业为主，满足了印度尼西亚 50% 以上的能源需求。

印度尼西亚的石油勘探历史悠久，最早在公元 8 世纪就已经在苏门答腊岛开采原油。而印度尼西亚的近代石油工业兴起于 19 世纪 50 年代，由英国、荷兰和美国石油公司竞相掠夺。印度尼西亚独立后，石油工业实现国有化，1962 年加入国际石油输出国组织。1969—1981 年，印度尼西亚进入石油红利时期，无限度大量开采老油田井出口石油，疏于对新油田的勘探。此后，印度尼西亚的老油田逐渐枯竭，石油产量不断下降。加上印度尼西亚的油气勘探技术落后和资金缺乏，在勘探新油井方面没有取得实质性的进展，导致印度尼西亚的原油产量逐年下降。但国内工业发展对能源需求不断增加，导致印度尼西亚的石油供需失衡，石油产量不能满足国内能源需求，还需要从国外进口。如今，印度尼西亚石油的日产量不足 100 万桶，而国内的石油日消费量超过 120 万桶。印度尼西亚从 2003 年开始成为石油净进口国，因此，到 2008 年，印度尼西亚宣布退出国际石油输出国组织。

印度尼西亚的天然气储量十分丰富，是亚洲最大的天然气生产国和世界第三大的液化天然气出口国。印度尼西亚开采的天然气大部分用于液化天然气出口，主要的出口国按照出口量从高到低分别是日本（41%）、韩国（38%）、中国（20%）、美国以及泰国。随着石油产量的降低，印度尼西亚政府近年来越来越关注天然气的开发，包括非常规天然气和页岩气、煤层气的开发，以增加天然气的产量，替代日益减少的石油能源，逐渐使天然气成为国内最重要的能源之一。

2. 煤炭工业

印度尼西亚具有丰富的煤炭资源，其煤炭的储量位居全球前十。截至 2020 年，印尼煤炭探明储量为 348.69 亿吨，位居全球各国已探明煤炭储量第七位，占全球探明储量的 3.2%。根据印度尼西亚能源与矿产资源部数据，截至 2022 年，印度尼西亚煤炭资源量为 991.93 亿吨。印度尼西亚煤炭资源分布相对集中，主要分布于加里曼丹岛和苏门答腊岛。截至 2022 年，东加里曼丹、南苏门答腊、南加里曼丹三个省份的煤炭储量占印度尼西亚全国储量的 80% 以上。

从创造印度尼西亚国内生产总值的行业来看，过去 10 年采矿业占印度尼西亚国内生产总值的比重在 10%—15%，其中煤炭行业占采矿业国内生产总值的比重在 20%—30%。印度尼西亚能源与矿产资源部公布的数据显示，印度尼西亚 2023 年煤炭产量为 7.6581 亿吨，同比增长约 12%。1981 年到 2023 年，印度尼西亚的年均煤炭产量为 1.0333 亿吨。

印度尼西亚能源需求的大部分增量由煤炭满足。根据能源学会（Energy Institute）的数据，2000—2022 年，印度尼西亚一次能源消费总量由 1.43 亿吨标准煤增长至 3.33 亿吨标准煤，而煤炭消费增量最大，由 1877 万吨标准煤增加至 1.49 亿吨标准煤，贡献了过去 22 年印度尼西亚 60% 以上的一次能源消费增长，这反映出过去 20 年印度尼西亚日益增长的能源需求离不开对煤炭的依赖。

印度尼西亚国内煤炭需求增长主要由电力、钢铁和冶金行业需求驱动。印度尼西亚能源与矿产资源部公布的数据显示，印度尼西亚国内煤炭销量由 2012 年的 8214 万吨增加至 2022 年的 2.16 亿吨，10 年的复合年均增长率达 10.1%。驱动该国煤炭需求增长的主要是电力、钢铁和冶金行业。同期，印度尼西亚电力行业煤炭需求量由 5282 万吨增长至 1.29 亿吨，钢铁及冶金行业煤炭需求量由 28.9 万吨增加至 4938 万吨。

印度尼西亚也是世界上主要的煤炭出口国之一，2020 年、2021 年煤炭出口量位居世界第二。2021 年，印度尼西亚煤炭出口量为 4.27 亿吨，同比减少 1.0%，占全球 25.6%。2022 年，印度尼西亚煤炭出口量为 4.67 亿吨，同比增长 9.4%，占全球 28.3%。印度尼西亚煤炭出口量由 21 世纪初不到 1 亿吨逐步增长至 2022 年的 4.67 亿吨，从出口总量来看已成为全球最大的煤炭出口国。根据能源学会公布的数据，按标准煤口径，截至 2022 年，印度尼西亚煤炭出口量占全球煤炭出口总量的比重达到了 28.3%，较 2000 年的 14.3% 几乎翻倍。根据国际能源署（International Energy Agency, IEA）公布的数据显示，2021 年印度尼西亚煤炭出口量占全球总出口量的比重达到 32.7%，高于第二大出口国澳大利亚的 27.8%。

3. 电力工业

印度尼西亚是世界上最大的群岛国家，有典型的热带雨林气候，拥有丰富的矿产资源和丰富的地热、风能、太阳能及水资源等，土地也相对宽裕，具备良好的建设电站的资源条件。但印度尼西亚群岛的地理形态和人口分布，使印度尼西亚国内的电力覆盖面临挑战。印度尼西亚拥有 17000 多个岛屿，印度尼西亚人民在其中 6000 多个岛屿居住，电网互联程度较低，呈现分布式结构。印度尼西亚受到岛屿众多的限制，架设电力设施和输配电相当困难，至今未能建立联通全国的电力网络，多数岛屿间缺乏电网相联通。目前印度尼西亚最大且发展最完整的电网为联通爪哇岛、巴厘岛、马都拉岛的联合电网，苏门答腊岛部分电站也已经联通，主要覆盖人口、商业活动密集的地区。爪哇岛和苏门答腊岛的发电量和配电量占到印度尼西亚全国的 88%。装机量和用电量超过了全国的 80%。其他岛屿如婆罗洲、苏拉威西岛、小巽他群岛等地区，大多由几个发电站联通在一起形成小区域电网，某些区域甚至是独力电站，仅对周边地区供电。因此，常出现供电不足问题，甚至有些地区无电可用。

近年来，伴随着印度尼西亚经济的高速增长、工业化与城市化的加快与人均消费水平的提高，印度尼西亚的电力行业处于快速发展阶段。印度尼西亚的电力装机容量从 2018 年的 64.9 吉瓦快速增加到 2022 年的 83.8 吉瓦，年复合增长率达到了 6.59%，发电量从 2018 年的 2837.8 亿千瓦时增加到 2022 年的 3335.4 亿千瓦时，年复合增长率达到 4.1%。

印度尼西亚的发电类型仍然以火力发电为主，占比达到 85.4%，可再生能源发电只占到 14.6%。印度尼西亚电力装机主要以化石燃料为主，占到整个装机量的 84.84%。化石燃料中，燃煤发电所占份额最高，截至 2022 年装机容量达到 46014.26 兆瓦，占到所有化石燃料发电的 64.62%，其次是天然气发电占到化石燃料发电的 29.25%，最后是柴油发电，占 6.1%。印度尼西亚可再生能源中，水力发电占比最多，占可再生能源发电总量的 53.03%，其次是生物质发电和地热能发电，印度尼西亚风电和光伏装机容量比较少，所占比重不多。

印度尼西亚的电力系统主要由三个部分组成，其中国家电力公司（PT Perusahaan Listrik Negara, PLN）垄断国家电力，约占 80% 的份额，其余小部分主要是民营部分，又由独立电站（Independent Power Producer, IPP）以及私人供电（Private Power Utility, PPU）两部分组成。

印度尼西亚政府对电力行业的监管和对电力企业的控制比较强，电价由政府主导。印度尼西亚电力市场的国有化程度较高，发电、输电和配电主要掌握在政府手里，由印度尼西亚国家电力公司来组织实施。国家电力公司是印度尼西亚唯一完全覆盖电力全流程的电力公司，由印度尼西亚政府全资拥有，并垄断印度尼西亚电力的输配销售。据统计，2022 年印度尼西亚国家电力公司的自身发电量为 183819 吉瓦时，占到印度尼西亚总发电量的 55.11%。

由于人口、经济发展和自然资源分布不均衡，印度尼西亚电力分布也不均衡。中长期内电力需求增长空间大，电力不均衡问题有望改善。印度尼西亚政府的能源政策向可再生能源倾斜。在碳中和的背景下，印度尼西亚加快了可再生能源发展的脚步，计划到 2025 年使可再生能源占比达到 23%，到 2030

年使这一比例上升到31%。同时提出了减排目标，计划到2030年减排8.34亿吨温室气体，到2060年实现净零排放。这一过程中，可再生能源比例会不断提升，印度尼西亚能源结构也随之转型。

4. 新兴清洁能源工业

印度尼西亚可再生能源储量丰富，水能、太阳能、生物质能和地热能等资源优势明显，开发潜力较大。根据印度尼西亚政府公布的数据，截至2022年10月，该国可再生能源资源利用率仅为0.3%，风电、光伏发电等可再生能源发电在电力结构中的占比仍然较低。

印度尼西亚政府正积极挖掘现有资源潜力，建设水力、地热和太阳能发电等清洁能源项目。清洁能源的开发和使用，不仅将助力印度尼西亚节能减排，支持经济绿色和可持续发展，还将降低石油和天然气的进口压力，延长煤炭储量的使用年限。2022年，印度尼西亚的可再生能源发电占比为12%左右，印度尼西亚政府计划到2025年将可再生能源发电占比提高至23%。

印度尼西亚地处太平洋火环带，地热能储量丰富，是利用地热能的领先国家。《2022年印度尼西亚能源转型展望》报告指出，该国地热能潜力高达29.5吉瓦，约占全球总量的40%。印度尼西亚政府的目标是，到2025年将国家能源结构的利用率提高到5%以上。截至2022年底，印度尼西亚地热发电装机容量达到2356兆瓦，超过菲律宾，成为仅次于美国的世界第二大地热发电国家。

印度尼西亚的水电资源蕴藏量共95吉瓦，截至2022年10月，已开发6679兆瓦，利用率为7.03%。印度尼西亚的水电资源主要集中在加里曼丹岛北部、苏门答腊岛北部和巴布亚岛。印度尼西亚的水电资源正处于大发展时期，但是大多数已开发的水电站都为小型和微型水电站。印度尼西亚水电发展主要由政府和印度尼西亚国家电力公司主导，但为了应对日益增长的电力需求，政府也允许私人参与水电站开发，并且私人独立发电商已在水电开发领域占有了越来越重要的地位。

印度尼西亚地处赤道两旁，常年日照时间较长，是太阳能比较丰富的国家。就太阳能产业而言，一方面，随着技术的进步和成本的降低，太阳能发电的效率正在不断提高，这将进一步推动行业的发展；另一方面，随着全球气候变化的影响日益显著，越来越多的国家和地区开始重视可再生能源的开发和利用，这将为印度尼西亚的太阳能发电行业提供更多的机遇。印度尼西亚政府在积极推动太阳能发电行业的发展，例如通过提供补贴、优惠政策等方式鼓励企业和个人投资太阳能发电项目。总的来说，印度尼西亚的太阳能发电行业有着广阔的发展前景。然而，这个行业也面临着一些挑战，例如资金短缺、技术瓶颈等问题。截至 2023 年上半年，印度尼西亚太阳能总发电量已超 322 兆瓦，在过去 10 年中增长了 800% 以上。同时，印度尼西亚也正式启用了其东南亚最大、全球第三大的浮动太阳能发电厂，容量达 145 兆瓦并可在未来将总容量扩展至 1000 兆瓦。

## 二、冶金工业

印度尼西亚独特的地理位置和丰富的矿产资源，为冶金铸造产业提供了得天独厚的优势。近年来，印度尼西亚的冶金行业也取得了长足的进步。

印度尼西亚的镍矿储量在全球排名第一位，丰富的镍矿储量为其不锈钢制造业和电动汽车电池制造业吸引了大量投资。2020 年初，印度尼西亚全面禁止镍矿石出口，只允许出口价值更高的镍产品，在印度尼西亚设厂加工后再出口也进一步成为相关企业的优先选择。

印度尼西亚的铁矿石产量在东盟国家中曾一度居领先地位。随着印度尼西亚经济的发展，印度尼西亚的钢铁行业得到了快速的发展。印度尼西亚的钢铁产能从 2000 年的 590 万吨增加到了 2020 年的 1960 万吨。印度尼西亚的铁矿石产量在 2013 年达到顶峰，但之后政府颁布了未加工矿物的出口禁令，并逐步提高了铁精矿的出口关税，导致其铁矿石产量自 2014 年开始不断萎缩。

印度尼西亚钢铁产业发展相对滞后，目前主要以中小型企业为主。由于技术和资金的限制，当地钢铁企业难以与进口产品竞争。同时，市场供需状况也不利于当地企业的发展，市场需求多集中于低端产品，高端市场则被外国铸造品牌垄断。据统计，近年来印度尼西亚钢板的主要进口国家为中国、韩国和日本，进口量逐年增加。其中，来自中国的进口量最大，占总进口量的 70% 以上。随着“一带一路”倡议的实施和印度尼西亚基础设施建设的加快，预计未来的进口量还将持续增加。

建筑业是推动印度尼西亚钢铁需求增长的主要因素，建筑业钢铁用量占钢铁总使用量的 78%。由于印度尼西亚拥有大量的在建基础设施项目和不断增长的住房需求，因此其建筑业在 2000 年到 2019 年的复合年增长率达 6.8%。

推动印度尼西亚钢铁需求增长的另外一个因素是汽车行业的发展。在打造“印度尼西亚制造 4.0”工业革命路线图中，汽车行业被定义为该国五大优先发展的制造业之一。目前，印度尼西亚已成为继泰国之后东盟的第二大汽车制造中心，因此其汽车行业拥有非常好的发展前景。

印度尼西亚的制造业预计也会表现出更为强劲的增长势头。通过释放国内市场潜力，利用自然资源优势发展电动汽车产业，同时加大出口，将使印度尼西亚汽车行业成为推动其钢铁需求增长的另一个重要引擎。此外，印度尼西亚政府也在努力推动经济转型，实现从原材料出口转向利用其丰富的自然资源发展中下游产业，这些都将刺激和促进印度尼西亚冶金工业的发展。

## 三、制造工业

制造业是印度尼西亚经济增长中最强劲的组成部分。Business Indonesia 数据显示，截至 2022 年第三季度，该行业对印度尼西亚国内生产总值的贡献达到 6158 万亿盾，占印度尼西亚国内生产总值总额的 17.33%。

印度尼西亚拥有丰富的石油、天然气、煤炭、镍、铝土矿等矿产资源，还是全球棕榈油、天然橡胶的主要生产国，这些资源为制造业提供了丰富的原材料和坚实的能源基础。其次，劳动力方面，印度尼西亚拥有约 2.75 亿人口，平均年龄为 29.7 岁，印度尼西亚 15—64 岁的适龄劳动人口占比高达 70%。截至 2022 年，印度尼西亚约有 1867 万 15 岁及以上的人在制造业领域工作，且这一数字持续增长。与其他亚洲国家相比，印度尼西亚的劳动力成本相对较低，制造业工人的平均月净工资约为 95 美元至 350 美元不等。食品制造、服装制造和纺织品制造等子行业的就业人数占有很大比重。由于劳动力成本低、效益高且丰富，印度尼西亚正日益成为吸引外国投资的目的地。最后，在地理位置上，印度尼西亚位于东南亚中心地带，连接亚洲和大洋洲，是重要的国际贸易航道，有利于制造业产品的进出口。制造业在印度尼西亚出口中举足轻重，占该国 2022 年总出口总值的 70% 以上。然而，印度尼西亚多个行业主要集中在中间产品出口上，其中最突出的是采矿、木材、造纸、石油、化工、橡胶和基本金属行业。

过去几十年来，印度尼西亚政府一直将制造行业作为优先发展领域。印度尼西亚政府于2018年启动“印度尼西亚制造4.0”计划，通过大力发展制造技术来提振国家经济。印度尼西亚政府把纺织、服装、汽车、电子等定为重点支持行业，计划到2030年使这些行业每年带动经济增速提高两个百分点，创造超过1000万个就业机会。为了更好实现制造业多元化，印度尼西亚还不断推动电动汽车产业发展，力图成为全球电动汽车电池供应商，并建立完善的电动汽车供应链。另外，为吸引更多外商投资制造业，印度尼西亚政府近年来努力改善投资环境，包括改进政府服务、简化投资审批程序、加强基础设施建设等。

1. 汽车业

印度尼西亚是东南亚最大的经济体，同时也是该地区最大的汽车市场。根据印度尼西亚汽车工业协会最新公布的数据，印度尼西亚2022年的汽车产量达到了1470146辆。当前印度尼西亚汽车千人保有量仅为99辆，而中国的千人汽车保有量已达200辆，随着印度尼西亚人均收入的不断提高，即将进入汽车量普及阶段，印度尼西亚具备了汽车生产和销售大市场的基础条件。

目前印度尼西亚的汽车产业基本分布在爪哇岛西部，在印度尼西亚生产的汽车也大部分是外国品牌，尤其是日本品牌，并通过与当地合作伙伴的合资工厂或全资工厂在印度尼西亚生产汽车。

印度尼西亚汽车行业正经历从传统燃油车向电动汽车的转型阶段，印度尼西亚的新能源汽车市场正呈现上升趋势。印度尼西亚政府积极推动电动汽车产业的发展，出台了一系列激励措施，包括降低电动汽车及相关技术和原材料进口关税，下调电动汽车行业增值税，为电动汽车购车提供补贴，并为电动汽车车主提供免费停车位等。

2. 纺织服装业

纺织及纺织制品业是印度尼西亚经济最重要的产业之一。纺织服装业对印度尼西亚国内生产总值的贡献约为6%，并为超过370万人提供了就业机会。

与亚洲和世界大部分地区不同，印度尼西亚劳动力年轻且增长迅速，年轻且低廉的劳动力让印度尼西亚的纺织业蓬勃发展。印度尼西亚的制造商生产各种各样的服装，因其制造工厂产品品质高，许多高级时尚服装品牌都在印度尼西亚进行生产。

2023 年，印度尼西亚约有 5000 家注册运营的大中型纺织服装公司，以及约 50 万家小型和微型企业。纺织服装产业链主要集中在爪哇岛，特别是中爪哇和西爪哇地区，因为这些地区劳动力成本较低，基础设施较好，且政府提供一定的税收优惠和投资津贴。印度尼西亚政府推出了各种支持该行业的举措，包括税收优惠、基础设施改善和职业培训计划，以促进纺织服装行业的发展。

作为群岛国家，印度尼西亚拥有众多港口，海运畅通，有利于纺织服装产品的进出口。印度尼西亚是世界十大纺织品生产国之一，是世界第四大鞋类生产国和第三大鞋类出口国。印度尼西亚纺织品和服装总产量大部分用于供应国际需求，其中 70% 的产量用于出口。2022 年，印度尼西亚纺织服装业出口收入约 120 亿美元，其中 50% 以上来自美国和欧洲。除美国和欧洲以外，印度尼西亚纺织产品的主要市场也包括日本、土耳其、东南亚其他地区、澳大利亚、南美洲、巴西以及非洲和海湾地区。

3. 木材工业与家居业

印度尼西亚地处赤道附近，降水量充沛，有着丰富的森林资源，占据世界森林总面积的 5% 以上。印度尼西亚丰富的林业资源，为木材及其产业链行业发展提供了充足的生产原材料。

印度尼西亚政府采取了一系列政策措施，以支持木材和木制品产业的可持续发展。比如持续放宽木材出口限制，以支持出口商和商人利用政府的出口设施，鼓励出口表现并促进出口流动；颁发木材产业经营合法核实证明书，以确保从源头上杜绝非法砍伐和违章生产，保证木材产品质量；严格控制原木出口，同时提高国内木材加工业的生产和技术能力，提高木材产品的附加值等。

2023 年 1 月到 7 月，印度尼西亚木制品出口总额为 77 亿美元，出口量最大的产品分别为纸张、纸浆和胶合板，其中胶合板出口额占同期木制品出口总额的 16%。印度尼西亚木制品的主要出口目的地是亚洲市场，占出口总额的 67%，其次是北美洲和欧盟，分别占 14% 和 11%。印度尼西亚木业发展潜力巨大，但仍需要在可持续管理、技术创新和市场开拓等方面持续努力 。

## 四、采矿业

印度尼西亚盛产煤炭、石油、天然气、镍矿石、金银矿石、铜矿石、铝土矿石等矿产品。这使得印度尼西亚能源、黑色金属、贵金属、工业金属整体自给率较高，但锌仍需依赖进口。印度尼西亚采矿业在全球都具有竞争力，是印度尼西亚最具潜力的行业之一，近年来快速增长。2022 年，印度尼西亚采矿业的产值为 2393 万亿卢比，同比增加 57%，占印度尼西亚国内生产总值比重从 2015 年的 7.65% 上升至 2022 年的 12.2%。

印度尼西亚采矿业有着悠久的历史，早在荷兰殖民时期就已经开始进行锡和石油的开采。2010 年以前，为鼓励矿产资源开发，印度尼西亚政府并不严格限制原矿出口，2010 年以来，印度尼西亚逐渐收紧原矿石出口政策，借助丰富的资源优势发展矿业相关产业链，鼓励外国资本在印度尼西亚投资建厂，发展矿产资源的下游产业，吸引了大量国际矿业公司进入，尤其是在煤炭、镍、铜和金等矿产资源的开采上。

印度尼西亚的矿产资源管理制度将矿产资源分为石油与天然气和矿产与煤炭两大类，实施矿业活动需要取得中央政府许可。从 2014 年开始，印度尼西亚相继对所有原矿石发布出口禁令，虽然在之后曾短暂并有限制地开放镍的开采，但是从2020年开始再次收紧镍矿石出口，又在2023年限制铝土的出口，并计划将该禁令延伸至铜、锡等工业金属，推动更多金属冶炼行业的外资企业在印度尼西亚本土发展采矿、冶炼一体化的下游资源品加工行业。

印度尼西亚政府逐步限制镍矿石出口，推动国内资源品加工产业发展。2020 年 1 月，全面禁止所有镍矿石出口。从 2023 年 1 月开始，印度尼西亚禁止铝土矿出口，鼓励采矿企业在其国内进行冶炼。印度尼西亚政府限制锡矿石的出口，要求所有锡矿石都必须在国内冶炼，以促进相关下游产业的兴起。

1. 铜

印度尼西亚铜储量充足，2022 年铜储量占全球比例为 2.7%。根据美国地质调查局数据，印度尼西亚 2022 年铜储量为 2400 万吨，占全球铜储量 8.9 亿吨的 2.7%，为全球第十大铜储量国。印度尼西亚铜矿产量全球占比为 4.2%。根据美国地质调查局数据，印度尼西亚 2022 年铜矿产量为 92 万吨，占全球铜矿总产量 2200 万吨的比例为 4.2%，排名全球第七。

2. 铝

2022 年印度尼西亚铝土矿储量为 10 亿吨，占全球总储量的 3%。2014 年，铝土矿出口禁令导致当年印度尼西亚铝土矿产量断崖式下滑至 255.5 万吨，同比减少 95.5%；2017 年，铝土矿允许以配额方式出口，铝土矿产量逐步回升至 2022 年的 2100 万吨附近，但 2023 年 6 月，铝土矿出口再度被禁止，旨在大力发展下游氧化铝—电解铝产业链。依靠铝土矿和煤炭资源，印度尼西亚电解铝产业发展有了一定比较优势。

3. 黄金

2022 年印度尼西亚黄金储量为 2600 吨，居全球第六，约占全球储量的 5%。全球十大未开发金矿中两座位于印度尼西亚。印度尼西亚黄金消费需求呈下降趋势，2013 年，印度尼西亚黄金消费需求量达到 88 吨的历史峰值，随后逐年下滑，2023 年需求量 45 吨，整体逐渐趋于稳定。

4. 镍

印度尼西亚镍矿储量丰富，产量全球第一。美国地质调查局数据显示，2022 年全球镍矿储量 1 亿吨，印度尼西亚、澳大利亚、巴西储量居世界前三，占比分别为 20.6%、20.6%、15.7%；从产量上看，2022 年全球镍矿产量 328 万吨，印度尼西亚产量全球第一，占比高达 48.8%。印度尼西亚镍资源分布较为集中，主要在苏拉威西岛及其附近岛屿和马鲁古群岛及其附近岛屿，这一地区的镍矿资源储量占据整个印度尼西亚镍资源的 80% 以上。

5. 锡

全球锡资源储量分布较为集中，印度尼西亚锡资源较为丰富。全球锡矿床主要集中分布在环太平洋东西两岸，包括东南亚、东亚、南美洲等地，根据美国地质调查局数据，2022 年全球锡矿储量约 460 万吨，印度尼西亚锡矿储量约 80 万吨，排名第一，占比约 17.31%。但印度尼西亚锡矿开采正在历经陆上锡矿资源品位下降、开采枯竭而逐步转向滨海锡矿资源的过程。

印度尼西亚锡矿资源面临陆地资源贫化，海底采矿难度及成本增加的问题。印度尼西亚锡矿行业主要被国营天马公司垄断，其拥有陆地锡矿的 90% 的开采权，印度尼西亚锡矿资源主要分布在邦加岛、勿里洞岛、昆杜尔岛和卡里汶岛等地。

印度尼西亚是全球主要的锡出口国，锡及其制品呈现显著的净出口状态。印度尼西亚一直收紧原矿出口政策，2014 年，印度尼西亚贸易部颁布贸易法规禁止锡精矿出口，要求所有锡矿都必须在国内冶炼，因此印度尼西亚目前主要以精炼锡及下游制品形式出口。

## 五、化工工业

印度尼西亚的化工工业在历史上一直是该国经济的重要组成部分，也是印度尼西亚政府优先发展的行业之一。在印度尼西亚的“印度尼西亚制造 4.0”路线图中，化工工业是被重点支持的五大优先发展行业之一。

印度尼西亚的化工产品和原材料是该国最大的贸易商品之一，化工产品和原材料的进口在制造业类别进口中居首位。印度尼西亚政府为了推动石化行业的发展，减少对进口石化产品的依赖，推出了一系列政策和激励措施，包括税收优惠和设立经济特区等。

印度尼西亚化工工业的主要产品包括基础油脂化工产品、生物柴油、上游石化产品、化肥、涂料、塑料和橡胶制品等。其中，化肥产业占据了重要的地位，印度尼西亚不仅是化肥的生产大国，同时也是一个农业大国，国内对化肥的需求十分旺盛。而塑料产业则因其轻量化、耐腐蚀的特性，在包装、建筑和汽车行业中得到了广泛应用。

根据印度尼西亚工业部（Kemenperind）的数据，截至 2022 年 11 月，加工化学品的出口额达到 200.1 亿美元，而进口额达到 278.5 亿美元。化学品一直是印度尼西亚最大的进口类别，尽管随着该国工业化程度的提高，化工行业的进出口差距也在缩小。目前，印度尼西亚约 70% 的石化产品依赖进口，其中进口量超过 20 万吨的产品主要包括聚丙烯、聚乙烯、对二甲苯、甲醇、乙烯、乙二醇、纯苯等。印度尼西亚乙烯、聚乙烯和聚丙烯的生产量约为需求量的 50%。

尽管印度尼西亚化工行业的发展势头良好，但也面临一些挑战。例如，技术落后、环境污染和能源消耗大等问题日益凸显。为了应对这些挑战，印度尼西亚政府和企业正在采取一系列措施。在技术方面，通过引进国外先进技术和加强本国研发力度，努力提升化工产品的质量和生产效率。

未来印度尼西亚化工行业将继续保持增长态势。一方面，随着印度尼西亚基础设施的不断完善和制造业的快速发展，对化工原料和产品的需求将进一步上升。另一方面，预计政府将继续推行利好政策，吸引更多的投资进入化工领域，尤其是在石油化工、特种化学品和绿色化学等领域。

## 六、建筑材料工业

随着经济的发展和人口的高增长，尤其是中产阶级人口增长带动的住宅需求上升，以及印度尼西亚政府大力发展基建的政策，印度尼西亚的建筑材料行业在过去几年中保持了稳定的年增长率，成为推动国家经济发展的重要力量之一。目前，印度尼西亚建材市场规模在全球排名第五，位居中国、美国、印度和日本之后。

印度尼西亚的建材市场主要由水泥、钢材、陶瓷和玻璃等产品构成。其中，水泥是最大的单一市场部分。随着城市化进程的加快，预制构件和绿色建筑材料的需求也在逐渐增加。印度尼西亚丰富的自然资源为本土建材企业带来了原料优势，同时，政府对外资的开放态度也吸引了许多国际建材巨头进入当地市场，加剧了市场竞争。

当前，印度尼西亚的建筑材料行业也面临一些问题。印度尼西亚的建材市场正面临供不应求的局面，部分建材需要依赖进口。原材料价格波动较大，尤其是钢铁和水泥等关键原材料。本土企业的生产技术和产品质量与国际标准存在一定差距。

未来，印度尼西亚建材行业的发展前景依然乐观。一方面，随着“全球海洋支点”战略的实施，大量的基础设施项目如道路、桥梁、港口和机场的建设将进一步刺激对建材的需求。另一方面，随着环保意识的提升和技术的进步，生态友好型和高性能的建材产品将更受市场欢迎。此外，数字化和智能化技术的融入也将推动传统建材行业向更加高效、精准的方向发展。

## 七、粮食 / 食品加工业

印度尼西亚的粮食 / 食品加工业是该国规模最大、充满活力和增长最快的行业之一。在大宗农产品方面，印度尼西亚是大宗农产品的进口国，2022 年，农产品进口额达 284 亿美元，包括小麦、乳制品、大豆、糖、盐及玉米等在内均仰赖进口。

印度尼西亚是全球最大的棕榈油生产和出口国，其棕榈油产业对全球市场有着显著的影响。印度尼西亚的棕榈油产量在 2022—2023 年度占全球总产量的 59% 左右，达到 4650 万吨。印度尼西亚的棕榈油出口量占全球总出口量的 56%，主要出口目的地包括印度、中国、欧盟以及巴基斯坦等国家或地区。印度尼西亚的油棕主要分布于苏门答腊岛中部及加里曼丹岛的西部和东部地区。

印度尼西亚是全球第四大人口国，大米是其主食。由于印度尼西亚国内生产的大米无法满足需求，印度尼西亚每年需要进口大量大米来弥补国内需求缺口。如果受极端天气影响，如厄尔尼诺现象，印度尼西亚大米产量下降，大米进口需求会很大。例如 2023 年，印度尼西亚的大米进口量达到 306 万吨，较 2022 年增长了 613.61%。印度尼西亚的大米进口主要来自泰国、越南、巴基斯坦、缅甸和柬埔寨。2023 年从泰国进口的大米最多，为 138 万吨，其次是越南 114 万吨。印度尼西亚对进口大米高依赖度，同时也在努力提高国内产量以减少这种依赖。

印度尼西亚的小麦主要依靠进口。由于小麦无法在印度尼西亚国内大规模种植，印度尼西亚是全球最大的小麦进口国之一，每年需要进口 900 万—1100 万吨小麦，主要来源国为澳大利亚、阿根廷和美国等地。印度尼西亚国内小麦加工产能较强，每年的加工总产能为 1310 万吨，主要用于制作方便面或面包。印度尼西亚政府也在努力提高国内小麦生产能力，以减少对进口的依赖。

印度尼西亚是亚洲最大的大豆消费国之一，每年消耗约 250 万吨大豆，国内大豆产量只能满足一小部分需求，因此印度尼西亚不得不依赖进口。2023 年印度尼西亚进口了约 227.4 万吨大豆，主要供应国包括美国、加拿大、巴西和阿根廷。印度尼西亚的大豆主要用来制作豆腐和天贝，这些是印度尼西亚人民的日常食品。印度尼西亚政府为了提高国内大豆产量，正在鼓励农民种植大豆，但面临诸多挑战，如大部分用于种植大豆的农田都是稻田，容易受到干旱等气候变化的影响。

印度尼西亚的乳制品行业近年来发展迅速，受益于人口增长和消费习惯的变化，市场需求正快速增长。印度尼西亚的乳制品市场仍高度依赖进口，尤其是脱脂奶、无水乳脂肪、酪乳粉、全脂奶粉等，其中澳大利亚和新西兰是主要的进口来源国。印度尼西亚本土乳品生产商面临供应不足和品质欠佳的挑战，国内奶牛养殖业相对落后。因此，印度尼西亚政府实施了一系列政策支持措施，如降低进口关税、提供财政补贴等，以鼓励国内乳品生产并加强乳制品质量安全的监管。

印度尼西亚的饼干产业是该国食品工业中的重要组成部分，饼干类产品的销量和营收规模在印度尼西亚零食市场中占据最大比例，2023 年约占整个零食市场规模的 85%。印度尼西亚的饼干产业包括多个本土和国际品牌，产品种类丰富，口味多样。随着居民收入水平的提高，对饼干等零食的消费需求增长迅速。印度尼西亚饼干的出口市场包括泰国、文莱、菲律宾及日本等。

印度尼西亚是全球方便面的主要消费市场之一。2021 年，印度尼西亚市场对方便面的消费需求达到了 132.5 亿包，人均消费量超过 50 包，具有巨大的市场需求。尽管市场上存在多个品牌，但营多捞面（Indomie）在市场上占据主导地位，2022 年，该品牌占据印度尼西亚市场超过 72% 的份额。印度尼西亚方便面的生产原料，尤其是小麦，大多依赖进口。印度尼西亚方便面不仅在国内市场受欢迎，也出口到其他国家。

## 八、消费品工业

消费品工业也是印度尼西亚经济的重要组成部分，得益于其年轻的人口结构、快速增长的中产阶级以及政府对外来投资的鼓励政策，消费品工业近年来得到快速的发展。消费品工业包括化妆品、纺织品、家用电器等多个行业。

印度尼西亚的消费品工业是该国经济的重要组成部分。印度尼西亚的消费者群体庞大，结构年轻化，印度尼西亚人均可支配收入不断提升，储蓄率低，消费意愿强。这些都有助于提升印度尼西亚整体的消费能力和水平，同时带来广阔的消费升级需求。2022 年印度尼西亚拥有 7200 万中产阶级和 1.28 亿新中产阶级，分别占总人口的 26% 和 47%。

其中，印度尼西亚的化妆品行业是一个充满活力和快速增长的市场，受到经济的高速发展、人均收入提升以及社交媒体网红 /KOL“种草”的推动，年轻一代的消费者对优质美妆产品的需求不断扩大。2022 年印度尼西亚美妆及个护行业总规模达到 75.4 亿美元。

供应链方面，印度尼西亚也拥有一些大型的本土化妆品制造企业，不过，由于资源和技术等因素限制，目前印度尼西亚化妆品行业的大部分原材料仍依赖进口。销售方面，印度尼西亚线下销售渠道有专卖店、药店、百货公司、超市、直销、护肤诊所和美容院。近年来，由电商和社交媒体营销组成的线上渠道也在迅猛发展，TikTok、Shopee 等印度尼西亚主流电商平台继续高速增长，美妆护肤均为第一大品类。

印度尼西亚的化妆品市场受到食品和药品管理局（BPOM）的管控，产品需获得相应认证才能顺利在市场上正常流通。2024 年，印度尼西亚取消了对化妆品的进口许可证（PI）要求，简化了产品清关流程。

## 第三节　工业政策

工业经济尤其是制造业是印度尼西亚经济的支柱性产业，苏哈托总统以来，印度尼西亚历届政府高度重视工业经济的发展。

### 一、中长期发展建设计划重视工业经济发展

苏哈托在任期间，印度尼西亚政府开始制定短期、中期和长期发展建设计划，苏哈托此后历届政府的经济建设计划都强调了工业经济的重要性。印度尼西亚第三期五年经济建设计划（1979—1984 年）期间开始强调加强粮食 / 食品加工业替代原材料出口。随着石油经济红利期的结束，印度尼西亚政府开始重视非油气产业的发展与出口，因此第四期五年经济建设计划（1984—1989 年）强调提高工业水平，加强轻工业生产，建立工业基础框架。第五期五年经济建设计划（1989—1994 年）强调发展以农业为后盾的工业，提高机械化程度并强化制造业。第六期五年经济建设规划（1999—2004 年），印度尼西亚发展的重点转移到工业经济上，强调进一步提高机械化程度。印度尼西亚在

《2025—2045年国家长期发展规划》中提出，要将制造业对印度尼西亚国内生产总值的贡献率提升约10个百分点。

## 二、“印度尼西亚制造4.0”计划

印度尼西亚政府自2018年启动了“印度尼西亚制造4.0”计划，通过大力发展制造技术来提振国家经济。“印度尼西亚制造4.0”工业革命路线图中，制造业作为印度尼西亚经济发展的重要支柱，也成为印度尼西亚“印度尼西亚制造4.0”计划的重点对象。印度尼西亚政府把纺织及服装、汽车、电子等定为重点支持行业，并推动电动汽车产业发展，计划到2030年使重点支持行业如纺织及服装、汽车、电子等每年带动经济增速提高两个百分点。

## 三、改善投资与商业环境

为了促进国内制造业发展和吸引更多外商投资制造业，印度尼西亚政府通过各种努力改善投资环境，包括改进政府服务，简化投资审批程序，加强公路、水库、电力、港口、机场、互联网等基础设施建设，优惠税收，实施资源“下游化”政策，禁止原矿出口以鼓励本地冶炼加工。印度尼西亚工业部2024年第6号工业部长条例，通过限制电子产品等商品的进口，来确保国内市场的稳定，从而优化工业生产的市场环境。

**思考题：**

1. 印度尼西亚工业经济发展有哪些优势资源？
2. 印度尼西亚工业经济有哪些优势产业？

# 第十五章 旅游经济

印度尼西亚在独立建国之前已重视旅游业的发展，建国后于 20 世纪 70 年代大力发展旅游业，于 1975 年加入联合国世界旅游组织。其中，巴厘岛在 20 世纪 20 年代开始就成为印度尼西亚旅游的国际代名词，之后也都是印度尼西亚旅游业发展的重中之重。如今，旅游业已经成为印度尼西亚的经济支柱产业之一。

据东盟的旅游统计，印度尼西亚的国际游客人数低于泰国、马来西亚和新加坡。世界经济论坛发布的《2019 年旅游业竞争力报告》显示，印度尼西亚的旅游业国际竞争力排名第四十位，在东南亚国家中位居第四，低于新加坡、马来西亚和泰国。2018 年，印度尼西亚入境游客最大的客源市场是东盟和其他亚洲地区，分别占印度尼西亚入境游客总数的 41% 和 44%，欧洲排名第三，占印度尼西亚入境游客总数的 15%，其中主要的客源国是英国、法国和德国。2019 年，印度尼西亚入境外国游客人数达到约 1610.7 万人次，其中大多数游客来自马来西亚，约 298 万人次，占印度尼西亚入境游客总数的 18.51%，其次来自中国，约 207 万人次，占印度尼西亚入境游客总数的 12.86%。[①] 新冠疫情之后，印度尼西亚致力于旅游业的振兴，2023 年，印度尼西亚入境游客总数恢复到 1167.8 万人次。

① Eka Budiyanti, "Dampak Virus Corona terhadap Sektor Perdagangan dan Pariwisata Indonesia", *Journal of Economic and Public Policy*, 2020, 12(20).

## 第一节　旅游资源

印度尼西亚旅游业的发展拥有得天独厚的自然资源和文化资源。

### 一、自然景观资源

印度尼西亚是世界上最大的群岛国家，号称“万岛之国”，由 17508 个岛屿组成。地质上，印度尼西亚地跨赤道，板块运动导致火山众多。因此，印度尼西亚具有丰富优质的沙滩、海洋、火山、热带雨林等自然生态景观旅游资源。苏门答腊热带雨林于 2004 年入选了联合国教科文组织世界遗产名录。印度尼西亚的巴厘岛、库塔等沙滩、海洋，婆罗摩、伊真、默拉皮、覆舟等火山，丹绒普丁等热带雨林国家公园，吸引了无数国际游客前往旅游。

同时，印度尼西亚地处赤道两侧，是典型热带气候，分旱、雨两季，通常每年 4 月至 10 月为旱季，11 月至次年 3 月为雨季，没有夏季或冬季的极端情况，全年平均气温在 26℃—33℃，温差不大。宜人的气候环境，使之成为热门的夏季避暑和冬季避寒的旅游目的地。

### 二、文化旅游资源

印度尼西亚因其特殊的历史及地理位置，跨越赤道，沟通太平洋、印度洋，且是亚洲与大洋洲的桥梁，拥有多元的文化。印度尼西亚的苏门答腊岛与马来西亚、新加坡之间的马六甲海峡，是全球贸易海道咽喉。全球各种文明均在当今印度尼西亚的领土上反复交汇，既有原生人文因素，也深受印度、中国、阿拉伯、欧洲（葡萄牙、荷兰、英国）、日本和美国的影响。因此，印度尼西亚具有极其丰富的民族文化多样性，印度尼西亚国民由约 700 个民族构成，语言方言更在 700 种以上。[①] 这也使得印度尼西亚国民拥有多种宗教信仰，包括国家承认的伊斯兰教、基督教、天主教、印度教、佛教、儒教，此外还有多种地方民间原始信仰。印度尼西亚内政部人口和民事登记总局 2021 年指

---

① 印度尼西亚没有官方认定的民族和语言数据。此处采用 2015 年 Zulyani Hidayah 版《印度尼西亚部族百科全书》（*Ensiklopedia Suku Bangsa di Indonesia*）收录的“部族”信息。Zulyani Hidayah, *Ensiklopedia Suku Bangsa di Indonesia*, Jakarta: Yayasan Pustaka Obor Indonesia, 2015.

出印度尼西亚的穆斯林人口约占总人口的86.93%，绝对数达2亿，是全球穆斯林人数最多的国家。印度尼西亚立足其伊斯兰文化特色，发展清真旅游业，2019年，印度尼西亚被全球穆斯林旅游指数确定为全球最佳的清真旅游目的地。①

虽然印度尼西亚国际旅游宣传活动主要集中在“白色沙滩”和“蓝天”等热带特色，但印度尼西亚文化事务与旅游整合至同一部门后，文化旅游也是印度尼西亚旅游业的一个重要组成部分，旅游也被用于促进和保护文化遗产。截至2017年，印度尼西亚教育与文化部将594项非物质文化遗产纳入印度尼西亚国家级非物质文化遗产名录，其中有9项非物质文化遗产被联合国教科文组织纳入世界非物质文化遗产名录，到2021年，达到12项。截至2023年，联合国教科文组织在印度尼西亚指定了10项世界遗产，其中6项文化遗产、4项自然遗产，另有18项遗产列入预备名单。文化世界遗产包括：婆罗浮屠寺庙群、普兰巴南寺庙群、桑义兰早期人类遗址、洛伦茨国家公园、巴厘省文化景观：以苏巴克为三界和谐哲学的载体、沙哇伦多的翁比林煤矿遗产和日惹的宇宙中轴线及其历史地标。

印度尼西亚悠久的历史文化与丰富的民族文化多样性为其提供了丰富的民族文化旅游资源，尤其是婆罗浮屠、普兰巴南和巴厘岛文化等文明遗迹，浓厚的文明底蕴吸引着国际游客入境旅游。

## 第二节　特色旅游资源开发

### 一、印度尼西亚国家博物馆

印度尼西亚国家博物馆位于雅加达，于1979年正式命名，因其前院有一座大象雕像，又称为大象博物馆，是印度尼西亚历史文化中心，呈现了印度尼西亚从公元前一直到当代的悠久历史。如今印度尼西亚国家博物馆的展品数

① 印度尼西亚《国际日报》，“全球穆斯林最佳旅游景点”，参见 http://www.guojiribao.com/shtml/gjrb/ 20190411/1479299.shtml。

量达到109342种，涵盖了印度尼西亚历史、考古、人种、地理等相关文物。[①] 印度尼西亚国家博物馆是领略和研究印度尼西亚民族文化遗产的极佳场所，还可以全面领略印度尼西亚的非物质文化遗产和世界遗产魅力。

## 二、印度尼西亚美丽小公园

印度尼西亚美丽小公园又叫印度尼西亚缩影公园，位于雅加达南郊10公里处，是世界上第一个以介绍国土知识为主题的“缩影公园”，汇集了印度尼西亚全国33个省主要民族部落建筑文化。该公园由苏哈托总统夫人于1971年提议建造，1972年7月动工，1975年4月20日落成。印度尼西亚每个民族部落都自有传统房屋建筑风格，有些民族部落建筑还不止一种。缩影公园将之分为6个园区展示：爪哇、苏门答腊、加里曼丹、苏拉威西、巴厘和努沙登加拉、马鲁古和巴布亚。各园区的位置以中间的湖为准，按照印度尼西亚地图上各岛屿所在位置分列，展现国家民族文化的多样统一。如今缩影公园除了展现各地方各民族传统建筑，还建有呈现印度尼西亚各民族生态、传统技术、物质生活、社会文化、认知方式的19个博物馆，包括印度尼西亚博物馆、艾思迈博物馆、苏哈托生平博物馆，以及印度尼西亚军史、邮票、宝藏、交通、电力新能源、体育、技术、石油天然气、动植物标本等博物馆。其中，印度尼西亚博物馆最能代表民族文化多样性，该馆1976年奠基，1980年揭牌，在三层建筑里展现了印度尼西亚民族文化多样性。

## 三、伊斯蒂克拉尔（独立）清真寺

伊斯蒂克拉尔（独立）清真寺位于雅加达，“伊斯蒂克拉尔”的意思为“独立”，由印度尼西亚开国总统苏加诺亲自监督，历经17年建成，纪念印度尼西亚的民族独立斗争。该清真寺是东南亚最大的清真寺，可以容纳多达12万人同时集会，以45米直径和高大的尖塔闻名。印度尼西亚是世界上拥有穆斯林人数最多的国家，伊斯兰文化是印度尼西亚重要的民族文化之一。前往伊

---

① 印度尼西亚国际旅游宣传网站美妙印尼（Wonderful Indonesia）对印度尼西亚国家博物馆的介绍，https://www.indonesia.travel/cn/zh-cn/destinations/java/dki-jakarta/national-museum[2024-03-07]。

斯蒂克拉尔（独立）清真寺既可以感受该清真寺的宏伟，也可以感受印度尼西亚穆斯林到清真寺做功课的日常生活文化气息。

## 四、日惹王宫

日惹王宫是日惹苏丹的王宫，是由日惹苏丹国首任国王哈孟库布沃诺一世设计并修造的，已经有近 250 年的历史。印度尼西亚独立后政府允许原王族一家继续住在宫内，苏丹王族们在宫内仍然过着传统的生活，宫中所用仆人仍穿着古时传统服装，这里是一个了解苏丹历史文化的独特窗口。整座王宫是伊斯兰文化和爪哇文化的混合体，又具欧洲风格。大部分建筑现已改为博物馆，陈列王室历史资料和家具用品等供游客参观。宫内收藏着 20 多套加美兰乐器，有间专门收藏皮影戏傀儡的房间，里面保存着许多傀儡，还有爪哇传统服装巴迪克的蜡染印花技艺和国王佩剑克里斯短剑的呈现，可以感受印度尼西亚的四项非物质文化遗产的风采。另外，宫内到处都摆放着中国明清两代时的瓷器，可以感受中国与日惹苏丹王国的交流往来。

## 五、婆罗浮屠寺庙群

婆罗浮屠寺庙群位于爪哇岛中部，临近日惹特别行政区，又被称为“千佛塔”，建于 750—850 年，2012 年 6 月底，被吉尼斯世界纪录大全确认为当今世界上最大的佛寺，与中国的长城、印度的泰姬陵、柬埔寨的吴哥窟，并称为古代东方四大奇迹，也是世界七大奇迹之一。婆罗浮屠寺庙群在联合国的援助下于 1970 年得以重建，现已经成为印度尼西亚最著名的景点之一，1991 年被联合国教科文组织世界遗产委员会批准作为文化遗产列入世界遗产名录。婆罗浮屠大约 2670 块浮雕，其中 1460 块叙事浮雕、1212 块装饰浮雕，覆盖了建筑的立面和回廊。浮雕的总面积达 2500 平方米，分布于隐藏的塔基和塔身。这里是了解印度尼西亚古代佛教王国文化和佛教文化的极佳场所。

## 六、普兰巴南寺庙群

普兰巴南寺庙群位于日惹特别行政区东北部，大约建造于 850 年，1918 年开始重建，1953 年前后完成了对其主建筑的重建，是印度尼西亚最壮丽秀美的印度教寺庙群，最初有240座庙宇，同样于1991年被联合国教科文组织世界遗产委员会批准作为文化遗产列入世界遗产名录。它的独特之处在于其高耸的尖顶建筑、印度教建筑的典型风格和高达47米的中心建筑。其中最大的寺庙供奉着印度教的毁灭之神湿婆，位于其左右两边的略小的寺庙里供奉着创造之神梵天和守护之神毗湿奴。这里是感受印度尼西亚古代印度教王国文化与印度教文化的极佳场所。

## 七、婆罗摩火山

印度尼西亚火山众多，有4500座之多，使之产生与之对应的信仰和生活生产文化，火山的壮丽风光也成为印度尼西亚旅游的一大亮点。婆罗摩火山位于印度尼西亚泗水市的婆罗摩—腾格尔—斯摩鲁山区国家公园内，是一个奇特的大火山套小火山的结构，与印度尼西亚的其他火山相比较小，山高2393米，但这里风景秀丽，尤其是太阳从婆罗摩火山升起的景象相当壮丽。火山表面上看是自然景观，但火山美景之后隐藏着许多传说和神话。例如，世居这里的腾格尔原住民相信婆罗摩火山是一个勇敢的王子为其家人而牺牲自己生命的地方。在腾格尔每年的卡萨达节上，当地原住民会把蔬菜、鸡和钱扔进火山口里供奉给至高无上的神。游客可以骑着马穿越沙漠，从陡峭的楼梯一直爬上火山口，感受火山的宏伟景观，理解居住在火山周边民族对火山山神的信仰文化。

## 八、巴厘岛

巴厘岛自20世纪70年代开始着力打造旅游业，一直是印度尼西亚旅游业的龙头，有着“诗之岛”“天堂岛”的美称，最受国际游客的青睐。这里是印度尼西亚古代最后的印度教王国满者伯夷王朝的中心，除了迷人的沙滩和海洋景观以外，保留至今的印度教特色文化，包括奇幻的舞蹈、丰富的宗教仪式、富有特色的艺术工艺品以及随处可见的有复杂雕刻的寺庙，也深受国际游客的青睐。巴厘岛的三种传统舞蹈2015年入选联合国教科文组织世界非物质文化遗产名录，巴厘省文化景观：以苏巴克为三界和谐哲学的载体2012年也入选联合国教科文组织世界遗产名录。在这里著名的景点包括乌布市场、乌鲁瓦图断崖、海神庙、京打马尼火山、蓝梦岛、德格拉朗梯田、神鹰广场、天空之门、金巴兰海滩、库塔海滩、阿勇河漂流、圣泉寺等，游客在这里不仅可以感受沙滩、海洋、火山、梯田的旖旎风光，游泳、潜水、漂流等自然乐趣，还可以感受浓厚的巴厘岛文化。

## 九、科莫多国家公园

科莫多国家公园位于印度尼西亚松巴哇岛和弗洛勒斯岛之间，由科莫多岛、巴达尔岛和林恰岛组成。这里生活着世界上现存最大的蜥蜴——科莫多巨蜥，1991 年被联合国教科文组织列入世界自然遗产名录。科莫多国家公园四周环水，风景宜人，是动植物的天堂。这里除了科莫多巨蜥外，眼镜猴也是世界珍稀动物。为了让游客看到科莫多巨蜥，公园会有组织地为巨蜥喂食。游客购羊拉到喂食区由工作人员宰杀投喂成为常规的旅游项目。

## 十、多巴湖

多巴湖位于印度尼西亚苏门答腊岛北部的马达高原，湖面海拔 906 米，湖水最深处可达 529 米。此湖呈菱形，长 100 千米，宽 30 千米，面积 1130 平方千米，是世界上最大的火山湖，印度尼西亚最大的淡水湖，著名的旅游胜地。在 7 万多年前，这里发生了一次超级火山爆发，爆发形成的巨大火山口就成了今天的多巴湖，湖中央有一个长约 45 千米、宽约 20 千米的岛屿，名叫沙摩西岛。原来是一个半岛，1907 年因开通运河而成为岛。这个小岛和新加坡的面积相当，是世界第五大湖中岛。有狭长人工堤连接湖的西岸，岛上还有湖。岛上有亚齐王国西达布塔尔家族的陵墓，还有巴塔克人传统的长屋建筑。在多巴湖的西北端还有一个著名的瀑布——西比索比瀑布。这里的环境宁静、醉人，游客可以在这里划船、游泳、滑水、攀岩、观赏瀑布，尽享迷人的自然风光，同时，也可以在这里感受巴塔克人的传统文化。

## 十一、苏门答腊热带雨林

苏门答腊热带雨林由古农列尤择、克尼西士巴拉及布基特巴里杉 3 个国家公园组成。2004 年被联合国教科文组织列入世界自然遗产名录，2011 年又被列为世界濒危遗产名录。这里有着生机盎然的热带雨林景观，是天然的生物宝库，是数万种植物、超过 200 种哺乳类动物，以及 580 种雀鸟的栖息之所。这里有着世界上最大花卉和最高的花卉——大王花，世界上最小的老虎苏门答腊虎，以及其他多种世界珍稀动植物。这里还有众多火山、湖泊、瀑布、洞穴和陡峭的岩壁，带给游客深刻的景观感受。

### 十二、洛伦茨国家公园

洛伦茨国家公园位于印度尼西亚的巴布亚省，拥有独特的自然风光和丰富的旅游资源，是全球唯一包括了雪地、高山苔原、雨林、热带海洋、红树林、低地和沼泽地等所有海拔生态系统的保护区。这里是东南亚最大的保护区和最大的国家公园，1999 年被联合国教科文组织列入世界自然遗产名录。这里有着丰富的湖泊、山脉景观和多种珍稀野生动物，每个季节都有独特的自然景观和丰富的旅游活动。

## 第三节　旅游政策

旅游业是印度尼西亚的支柱产业之一，印度尼西亚政府非常重视旅游业的发展。印度尼西亚政府 2011 年第 50 号总统条例公布了《2010—2025 年国家旅游业发展总体规划》，以此作为印度尼西亚旅游业的长期蓝图，旨在提升旅游业的竞争力和可持续性，制定了具体的到访游客人数、旅游业外汇收入、旅游业对经济贡献度等多项目标，计划到 2025 年将印度尼西亚入境游客人数由 640 万提高至 1500 万—2000 万。印度尼西亚设置了全国性的旅游目的地 50 个，国家旅游战略区 88 个，国家旅游开发区 222 个。[①] 为发展旅游业，印度尼西亚政府还制定了一系列旅游相关政策和措施。

① 林梅、那文鹏：《印尼旅游业发展及中国与印度尼西亚旅游合作：已有成果和 2019 年进展》，载韦红、刘明周主编《中国与印度尼西亚人文交流发展报告（2020）》，北京：社会科学文献出版社，2020 年。

## 一、入境便利化

为了吸引国际游客，印度尼西亚不同时期对不同国家和地区实行免签和落地签等入境政策。1983 年，印度尼西亚对东盟成员国和欧盟的 28 个国家和地区的游客提供免签入境便利，游客可以停留 2 个月。到 1993 年，有 45 个国家和地区的游客可以免办签证进入印度尼西亚。2024 年 8 月 29 日正式实施的免签条例将文莱、菲律宾、柬埔寨、老挝、马来西亚、缅甸、新加坡、泰国、越南、东帝汶、苏里南、哥伦比亚和中国香港等国家或地区列为免签对象。另外，印度尼西亚还为其他包括中国在内的多个国家开放落地签证、电子落地签（可从事观光、政府公务、商务会谈、采购、会议及转机等 6 项活动），游客可以这种方式入境雅加达、泗水、巴厘岛、棉兰、巴淡岛、日惹等 15 座主要国际机场，此外，印度尼西亚还简化网上申请手续，增加了更便利的信用卡支付。通过简化外国人入境流程，以吸引更多外国游客。

## 二、积极发展国际航空事业，开辟新航线

印度尼西亚国营鹰记航空公司 1984 年便开辟了国际航线，另外，印度尼西亚政府还允许几十家外国航空公司开通到印度尼西亚的航线。印度尼西亚政府不断与航空公司合作增加航班数量并开辟新的航线，以配合新的旅游目的地的开发。例如，印度尼西亚各个旅航公司在中国各地开辟了直飞航线，甚至在春节等节假日期间也提供旅游包机服务，以方便中国游客前往。

## 三、兴建提升旅游宾馆

旅游业的发展有赖于上下游产业的共同协作，尤其需要交通运输、酒店住宿和食品餐饮业的支撑。近年来，印度尼西亚不断增加和改善酒店住宿服务，通过改善酒店环境和服务质量，提升国际游客的旅游体验，以吸引更多国际游客。根据印度尼西亚统计局东爪哇数据，东爪哇省有星级酒店客房数从 2019 年的 27485 间增长到 2021 年的 30119 间，非星级酒店客房数从 2019 年的 54738 间减少到 2021 年的 48258 间。[①] 根据印尼统计局巴厘岛数据，巴厘

① 印度尼西亚统计局东爪哇省旅游数据，参见 https://jatim.bps.go.id/indicator/16/572/1/jumlah-kamar-hotel-menurut-klasifikasi-hotel-dan-kabupaten-kota.html[2024-03-06]。

岛星级酒店客房数从 2020 年的 54762 间增长至 2022 年的 73521 间，其中五星级酒店客房数从 16569 间增至 25026 间，四星级酒店客房数从 20664 间增至 27483 间，三星级酒店客房数从 12250 间增至 15062 间，非星级酒店客房数从 2020 年的 66340 间降低至 2022 年的 36315 间。①

## 四、加强旅游宣传推广

印度尼西亚政府加强国际旅游宣传推广，通过旅游推介会和促销活动，重点吸引东南亚、中国、日本、澳大利亚、中东和欧洲的游客。近年来，印度尼西亚政府还强化与中国互联网公司的合作，借助数字旅游的热度吸引中国年轻游客，包括与携程旅行网签订《关于共同推广印度尼西亚旅游的谅解备忘录》，与中国的途牛旅游网签署《印度尼西亚共和国旅游部 & 途牛旅游网合作备忘录》，在旅游产品研发、媒体营销、内容营销和数据支撑等方面开展合作。另外，印度尼西亚政府还支持举行体育赛事、国际会议、音乐和文化艺术活动等，推广旅游业，为旅游业发展创造更多机遇。②

**思考题：**

1. 印度尼西亚有哪些得天独厚的旅游资源？
2. 印度尼西亚有哪些著名的旅游景点？

---

① 印度尼西亚统计局巴厘省旅游数据，参见 https://bali.bps.go.id/indicator/16/312/1/number-of-bed-at-star-hotel-by-class-and-regency-municipality-in-bali-province.html[2024-03-06]。

② 人民日报："印尼促进旅游业发展"，参见 http://paper.people.com.cn/rmrb/html/2024-01/04/nw.D110000renmrb_20240104_4-17.htm [2024-01-04][2024-03-01]。

# 参考文献

## 一、中文文献

[澳]阿德里安·维克尔斯:《现代印度尼西亚史》，何美兰译，北京：世界知识出版社，2016年。

[美]阿诺德·C. 布拉克曼:《印度尼西亚“九·三〇事件”前夕的形势》，蔡仁龙译,《南洋资料译丛》，1981年第4期，第103—112页。

[美]安·邓纳姆:《困境中求生存：印度尼西亚的乡村工业》，徐鲁亚译，北京：民族出版社，2013年。

[澳]澳大利亚 Lonely Planet 公司编:《印度尼西亚》，李文雯等译，北京：中国地图出版社，2017年。

[印度尼西亚]布迪约诺:《历史大变局中的印尼经济》，龚勋译，北京：北京大学出版社，2017年。

[英]布塞尔:《东南亚的中国人》(卷一)，徐平译,《南洋问题资料译丛》，1957年第4期，第1—22页。

[马来西亚]蔡静芬:《印尼山口洋的神庙与乩童传统》，卢裕岭译，北京：中国社会科学出版社，2020年。

古小松主编:《东南亚：历史、现状、前瞻》，广州：世界图书出版广东有限公司，2013年。

何政主编:《印度尼西亚经济社会地理》，广州：世界图书出版广东有限公司，2014年。

[澳]J.D. 莱格:《苏加诺：政治传记》，上海外国语学院英语系翻译组译，上海：上海人民出版社，1977年。

[美]克利福德·格尔兹:《尼加拉：十九世纪巴厘剧场国家》，赵炳祥译，上海：上海人民出版社，1999年。

李学民、黄昆章:《印度尼西亚华侨史》，广州：广东高等教育出版社，2016年。

梁立基:《印度尼西亚文学史》，广州：世界图书出版广东有限公司，2014年。

梁敏和:《印度尼西亚史纲》，广州：世界图书出版广东有限公司，2019年。

梁敏和:《印度尼西亚文化概论》，广州：世界图书出版广东有限公司，2014年。

梁敏和、孔远志:《印度尼西亚文化与社会》，北京：北京大学出版社，2002年。

梁志明:《源远流长 多元复合：东南亚历史发展纵横》，广州：世界图书出版广东有限公司，2014年。

林惠祥:《南洋马来族与华南古民族的关系》,《厦门大学学报（社会科学版）》，1958年第1期，第189—213、215—221、223—234页。

林梅、那文鹏:《印尼旅游业发展及中国与印度尼西亚旅游合作：已有成果和2019年进展》，载韦红、刘明周主编《中国与印度尼西亚人文交流发展报告（2020）》，北京：社会科学文献出版社，2020年。

刘新鑫、李婧、[印度尼西亚]梁孙逸:《印度尼西亚大众传媒研究》，北京：中国传媒大学出版社，2015年。

[乌干达]马哈茂德·马姆达尼:《界而治之：原住民作为政治身份》，田立年译，北京：人民出版社，2016年。

[澳]迈克尔·皮尔逊:《印度洋史》，朱明译，上海:东方出版中心,2018年。

[澳]米尔顿·奥斯本:《东南亚简史》，杨浩浩、曹耀萍译，武汉：华中科技大学出版社，2020年。

农业农村部对外经济合作中心:《全球重点国家农业发展情况系列研究报告·亚洲·东南亚篇·印度尼西亚》，北京：中国农业出版社，2019年。

[澳]史蒂文·德拉克雷:《印度尼西亚史》，郭子林译，北京：商务印书馆，2009年。

史为乐:《中国历史地名大辞典》，北京：中国社会科学出版社，2005年。

孙晓萌、傅聪聪主编:《印度尼西亚发展报告(2018)》，北京：社会科学文献出版社，2020年。

汤平山:《印度尼西亚》，北京：当代世界出版社，1998年。

王勇辉等:《印度尼西亚农业》，北京：中国农业出版社，2021年。

吴崇伯等:《举足轻重的东南亚大国：认识印度尼西亚》，济南：山东大学出版社，2010年。

吴崇伯:《当代印度尼西亚经济研究》，厦门：厦门大学出版社，2011年。

杨晓强:《后苏哈托时期的印尼民主化改革研究》，厦门：厦门大学出版社，2015年。

岳蓉:《东南亚地区民族国家研究》，北京：中国社会科学出版社，2016年。

张亚澜、郭嘉沂:《印尼宏观经济概览》，https://app.cibresearch.com/shareUrl?name=402388a08a4f8a31018a5f74b7d93f82[2023-09-04/2024-03-04]。

左志刚主编:《印度尼西亚经济社会发展报告(2021~2022)》，北京：社会科学文献出版社，2023年。

## 二、外文文献

Amri Maarzali, “Klasifikasi Tipologi Komunitas Desa di Indonesia”, E. K. M. Masinambow edt, *Koentjaraningrat dan Antropologi di Indonesia*. Jakarta: Yayasan Obor Indonesia, 1997, pp.139-150.

Aris Ananta, Evi Nurvidya Arifin, M Sairi Hasbullah, Nur Budi Handayani, Agus Pramono, *Demography of Indonesia's Ethnicity*. Institute of Southeast Asian Studies, 2015.

Bayu Ardi Isnanto, “Mengenal 7 Kerajaan Islam di Sumatera yang Bersejarah”, https://www.detik.com/sumbagsel/budaya/d-6758479/mengenal-7-kerajaan-islam-di-sumatera-yang-bersejarah.

Clifford Geertz, *Agama Jawa: Abangan, Santri, Priyayi dalam Kebudayaan Jawa*, Penerjemah: Aswab Mahasin, Bur Rasuanto, Depok: Komunitas Bambu, 2014.

David Bullbeck et al., *Southeast Asian Exports Since the 14th Century*,

Singapore:ISEAS, 1998.

Eka Budiyanti, "Dampak Virus Corona terhadap Sektor Perdagangan dan Pariwisata Indonesia" , *INFO Singkat*, 2020, 12（4）: 19-24.

H Syaukani, Afan Gaffar, M Ryaas Rasyid, *Otonomi Daerah Dalam Negara Kesatuan*, Yogyakarta: PUSTAKA PELAJAR dan PUSKAP（Pusat pengkajian Etika Politik dan Pemerintahan）, 2002.

Hildred Geertz. *Aneka Budaya dan Komunitas di Indonesia*, Penerjemah: A Rahman Zainuddin, Jakarta: Yayasan Ilmu-Ilmu Sosial dan FIS-UI, 1981.

James T. Siegel, *Shadow and Sound: The Historical Thought of a Sumatran People*, Chicago: University of Chicago Press, 1979.

John Bastin, *The Emergence of Modern Southeast Asia:1511-1597*, Englewood Cliffs: Prentice Hall,1967.

Koentjaraningrat, *Pengantar Antropologi I*, Cet. 4, Jakarta: Rineka Cipta, 2014.

M Junus Melalatoa, "Kajian Etnogragi dan Pembangunandi Indonesia" , E. K. M. Masinmbow edt., *Koentjaraningrat dan Antropologi di Indonesia*, Jakarta: Yayasan Obor Indonesia, 1997, pp.93-104.

Masri Singarimbun, "Beberapa aspek kehidupan masyarakat Dayak" , *Humaniora*, 1991, 3: 139-151.

Sartono Kartodirdjo, Marwati Djoened Poesponegoro, Nugroho Notosusanto, *Sejarah Nasional Indonesia*, Departemen Pendidikan dan Kebudayaan, Jilid IV, 1975.

Soelmono. *Pengantar Sejarah Kebudayaan Indonesia* Ⅰ Edisi 3. Yogyakarta: Penerfit Kanisius, 1981.

Suwardono, *Sejarah Indonesia: Masa Hindu-Buddha*, Cerita 3. Yogyakarta:Penerbit Ombak, 2017.

Syarif Moeis, "Pembentukan Kebudayaan Nasional Indonesia" , Bandung: Fakultas Pendidikan Ilmu Pengetahuan Sosial, Universitas Pendidikan Indonesia, 2009.

Tod Jones, *Kebudayaan dan Kekuasaan di Indonesia: Kebijakan Budaya*

*Selama Abad Ke-20 hingga Era Reformasi*, Penerjemah: Edisius Riyadi Terre, Jakarta: Yayasan Pustaka Obor Indonesia, 2015.

Tomascik T, Mahka, Nontji A, Moosa MK, *The Ecology of the Indonesian Seas – Part One*. Hong Kong: Periplus Editions, 1996.

Zulyani Hidayah, *Ensiklopedia Suku Bangsa di Indonesia*, Jakarta: Yayasan Pustaka Obor Indonesia, 2015.

## 三、数据资料来源

《BP 世界能源统计年鉴》

能源学会（Energy Institute, EI）官方网站

国际自然保护联盟濒危物种红色名录（IUCN Red List）

国际能源署（International Energy Agency, IEA）官方网站

联合国教科文组织（United Nations Educational Scientific Cultural Organization, UNESCO）官方网站

联合国粮食及农业组织（Food and Agriculture Organization of the United Nations, FAO）官方网站

《人民日报》

维基百科

印度尼西亚汽车工业协会官方网站

印度尼西亚中央统计局官方网站

印度尼西亚工业部官方网站

印度尼西亚能源和矿产资源部官方网站

印度尼西亚国际旅游宣传官方网站——美妙印尼（Wonderful Indonesia）

印度尼西亚《国际日报》

印度尼西亚经济（Business Indonesia）官方网站

中华人民共和国商务部官方网站

中华人民共和国外交部官方网站

中华人民共和国驻印度尼西亚共和国大使馆经济商务处官方网站